As Guerras dos Anunnaki

Autodestruição Nuclear na Antiga Suméria

Chris H. Hardy, Ph.D.

As Guerras dos Anunnaki

Autodestruição Nuclear na Antiga Suméria

Tradução:
Marcelo Albuquerque

Publicado originalmente em inglês sob o título *Wars of the Anunnaki*, por Bear & Company.
© 2016, Bear & Company.
Direitos de edição e tradução para o Brasil.
Tradução autorizada do inglês.
© 2019, Madras Editora Ltda.

Editor:
Wagner Veneziani Costa

Produção e Capa:
Equipe Técnica Madras

Tradução:
Marcelo Albuquerque

Revisão da Tradução:
Jefferson Rosado

Revisão:
Jerônimo Feitosa
Margarida Ap. Gouvêa de Santana

Dados Internacionais de Catalogação na Publicação (CIP)
(Câmara Brasileira do Livro, SP, Brasil)

Hardy, Chris H.
As guerras dos Anunnaki: autodestruição nuclear na antiga Suméria/Chris H. Hardy; tradução Marcelo Albuquerque. – São Paulo: Madras, 2019.
Título original: Wars of the Anunnakis: nuclear self-destruction in ancient sumer Bibliografia.

ISBN 978-85-370-1175-1

1. Civilização antiga – Influências extraterrestres 2. Contatos com extraterrestres – História 3. Deuses sumerianos – História 4. Guerra nuclear – Iraque – Suméria – História 5. Seres extraterrestres – História 6. Seres humanos – Origem 7. Suméria – Antiguidades 8. Suméria – Civilização I. Título.

19-23633   CDD-930

Índices para catálogo sistemático:
1. Civilização antiga: Influências extraterrestres 930
Cibele Maria Dias – Bibliotecária – CRB-8/9427

É proibida a reprodução total ou parcial desta obra, de qualquer forma ou por qualquer meio eletrônico, mecânico, inclusive por meio de processos xerográficos, incluindo ainda o uso da internet, sem a permissão expressa da Madras Editora, na pessoa de seu editor (Lei nº 9.610, de 19/2/1998).

Todos os direitos desta edição, em língua portuguesa, reservados pela

MADRAS EDITORA LTDA.
Rua Paulo Gonçalves, 88 — Santana
CEP: 02403-020 — São Paulo/SP
Caixa Postal: 12183 — CEP: 02013-970
Tel.: (11) 2281-5555 — Fax: (11) 2959-3090
www.madras.com.br

*Este livro é dedicado a Martin Luther King
e ao povo ousado e corajoso da marcha de Selma,
por uma visão que se tornou realidade;
como a realização de uma promessa que ele exigiu de mim.*

Índice

Prefácio: A Crescente Aceitação dos Antigos Astronautas,
por Jim Marrs 9
Agradecimentos.. 17
Introdução.. 19
1 Os Próprios Anunnaki Possuíam uma Religião?...................... 30
2 O Blecaute sobre a Natureza Humana de Deus....................... 79
3 Quem Era Realmente o Deus do Céu e da Terra? 104
4 Enlil e a Maldição das Mulheres, da Humanidade
e da Terra..125
5 A Utilização de Armas Nucleares: o Relato Sumério...............171
6 A Destruição de Sodoma: o Texto do Livro 209
7 Camadas no Texto do Gênesis 248
Conclusão..259
Bibliografia..261
Tábuas Mesopotâmicas 274
Apócrifo Judaico...275
Sobre a Autora 278
Índice Remissivo 279

Prefácio

A Crescente Aceitação dos Antigos Astronautas
Jim Marrs

Opiniões são como narizes. Cada um tem o seu.

Mas opiniões não são conhecimento. E conhecimento não é sabedoria, que apenas pode ser adquirida por meio de estudo extensivo, pesquisa e experiência do mundo real.

Assim, "eu não acredito nisso" não é um argumento válido, especialmente quando se trata do assunto da visitação extraterrestre na pré-história humana.

Chris H. Hardy, com seu doutorado em antropologia psicológica e pesquisa científica no campo da ciência da consciência, juntou-se a um número crescente de jornalistas, acadêmicos e cientistas de várias naturezas que, hoje, aceitam a ideia de antigos astronautas de forma bastante séria.

Essa lista em constante expansão inclui o geólogo Robert Schoch; o astrônomo Thomas van Flandern; o físico John E. Brandenburg; o historiador Richard Dolan; o historiador e filósofo da ciência Michael Cremo; os pesquisadores do antigo Egito Robert Bauval e John Anthony West; o teólogo Paul von Ward; o programador de computação Christopher Dunn; os acadêmicos Dr. Joseph P. Farrell, Dr. Joe Lewels e o Dr. Arthur David Horn; os jornalistas Graham Hancock e Linda Moulton Howe; o criptógrafo R. A. Boulay; os pesquisadores Alan F. Alford, David Childress, Neil Freer, Philip Coppens, Lloyd Pye, Michael Tellinger, Laurence Gardner e William Bramley;

e a celebridade de TV Giorgio Tsoukalos. O programa do canal de TV a cabo The History Channel, *Ancient Aliens*, que começou em 2009, teve grande sucesso popular e iniciou sua décima temporada em 2016.

Na verdade, o conceito de deuses antigos como visitantes extraterrestres não é novo. Um dos denominadores comuns de todos os povos remotos do mundo – os sumérios, os antigos egípcios, chineses e hindus; aborígines australianos, astecas e incas; a tribo Dogon na África – é o voo. Conforme a história convencional, não havia máquinas voadoras mais pesadas que o ar até os irmãos Wright sobrevoarem Kitty Hawk, em 1903. No entanto, todos esses povos possuem lendas de visitantes que sobrevoaram os céus trazendo-lhes conhecimento.

Nos anos 1930, o escritor de fantasias H. P. Lovecraft produzia estranhos relatos de "Os Grandes Antigos", que vieram do profundo espaço para a Terra no passado distante e agora encontram-se adormecidos nas profundezas dos oceanos aguardando sua oportunidade para reconquistar o domínio do mundo enquanto seus protegidos se misturam entre nós. Em 1960, o britânico editor de revista de aviação Brinsley Le Poer Trench publicou *The Sky People*, sugerindo que não apenas visitantes extraterrestres vieram à Terra em tempos pré-históricos, mas que ainda estão entre nós hoje.

Mas a popularidade do antigo tema astronauta teve seu grande estímulo com a publicação, em 1968, de *Eram os Deuses Astronautas?*, do autor e jornalista suíço Erich von Däniken. Embora barbaramente criticado na época pelos cientistas e teólogos convencionais, a tese de Von Däniken ganha continuamente validação das recentes descobertas em arqueologia e antropologia. Não foi tão fácil rejeitar Zecharia Sitchin, estudioso em Oriente Médio, cujo trabalho prolífico, incluindo os sete volumes da série *Crônicas da Terra*, proporcionou suporte persuasivo para uma antiga intervenção alienígena, baseado em sua tradução da antiga literatura suméria, que precede a Bíblia.

O autor de *best-sellers* do *New York Times*, Gregg Braden, notou que o método científico não apenas permite, mas *espera* que a informação recém-descoberta seja assimilada e, então, altere crenças existentes. No entanto, isso não acontece.

"Continuar a ensinar ciência que *não* é sustentada por novas descobertas – baseadas em métodos científicos aceitos – não é, de fato, científico. Mas isso é precisamente o que vemos acontecer em livros didáticos, salas de aula e na mídia tradicional de hoje", lamentou Braden.

Um exemplo de como novos dados alteram nossa percepção pode ser encontrado na comparação entre filmes de monstros da década de 1950, como *Godzila* e *No Mundo dos Monstros Pré-históricos* (em que dinossauros são representados por dublês em roupas de borracha com o rabo arrastando pelo chão) e a agilidade e ferocidade dos dinossauros de *Jurassic Park*. Novas descobertas em paleontologia revelaram que os dinossauros eram predadores velozes e não monstros pesados.

Até mesmo os relatos da Bíblia assumem um novo significado sob a luz da avançada tecnologia atual. Ezequiel, o profeta do Antigo Testamento, falou de sua experiência com a visão de Deus. Um estudo aprofundado do seu relato indica que Ezequiel era mais um jornalista preciso do que um visionário idealista.

"Então aconteceu no 13º ano, no quarto mês, no quinto dia do mês, enquanto eu permanecia entre os prisioneiros, próximo ao Rio Khabur, e os céus se abriram e eu tive visões de Deus", ele escreveu. Se ele foi tão preciso em sua datação, o restante de seu livro deveria ser considerado um relato literal de suas experiências.

Ezequiel não simplesmente declara que um dia teve uma visão. Por exemplo, na Bíblia do Rei Jaime, Ezequiel fala de ter "visões de Deus" indicando que viu algo que apenas poderia descrever como uma visão de algo parecido com o divino, além de sua experiência. Essa ideia é reforçada em versos subsequentes, nos quais Ezequiel declara que as "visões de Deus" o transportaram para uma cidade em uma montanha muito alta (Ezequiel 40:2); que o "espírito" de Deus elevou-o acompanhado por um ruído de "grande afobação" (Ezequiel 3:12); e que a "Glória de Deus" surgiu no oriente com um som "como o rugido de águas impetuosas e que toda a paisagem iluminou-se" (Ezequiel 43:1-2). Parece claro o suficiente que Ezequiel tentava descrever um objeto material que ele avistou e ouviu e que, mais tarde, até o transportou para o ar.

Edições subsequentes da Bíblia alteraram o texto para "... Eu tive visões vindas de Deus". "Visões vindas de Deus" implicam alucinação sagrada, uma pequena, porém crítica, mudança de "visões de Deus", sugerindo um objeto tangível para o qual Ezequiel não encontra palavras para descrever.

A ideia de que Ezequiel possa ter encontrado algum tipo de Óvni intrigou o oficial da Nasa Josef F. Blumrich. Inicialmente, Blumrich tentou provar que a visão de Ezequiel não poderia ter sido uma aeronave. No entanto, após um estudo exaustivo, e levando em consideração que o Livro de Ezequiel era fragmentado e escrito por alguém que não era Ezequiel, muitos anos após os acontecimentos, Blumrich concluiu que não apenas a aeronave descrita por Ezequiel era "tecnicamente viável", mas "muito bem projetada para cumprir suas funções e seu objetivo". Ele disse que tal aeronave está dentro das capacidades tecnológicas atuais. "Além disso", acrescentou Blumrich, "os resultados indicam uma espaçonave operada em conjunto com uma nave-mãe orbitando a Terra."

Mas não são apenas antigas mitologias e lendas que fornecem a evidência de visitantes estrangeiros – Viracocha para os astecas, Quetzalcoatl para os maias, Ptah e Rá para os egípcios, os Anunnaki e Marduk para os babilônios –, mas também estranhos artefatos por todo o mundo que forneceram provas convincentes de que a humanidade nunca esteve sozinha neste planeta.

O Mecanismo de Anticítera, descoberto em um navio por mergulhadores gregos em 1900, foi considerado um tipo de computador astronômico complicado. A eletricidade, que se achava ter sido descoberta primeiro pelo anatomista italiano Luigi Galvani, por volta de 1786, foi gerada por um pequeno vaso de argila que continha um cilindro de cobre preso por asfalto, descoberto em Bagdá em 1936 e datado como pertencendo entre os anos 150 e 100 a.C. No centro desse vaso ficava uma haste de ferro saliente com a ponta em chumbo oxidado. Quando preenchida com um líquido alcalino, como suco de uva acabado de ser espremido, a chamada bateria de Bagdá produzia meio volt de eletricidade.

Outros objetos irregulares incluíam um crânio de cristal esculpido de maneira requintada encontrado na América do Sul, apresentando marcas de máquina; ornamentos antigos criados com platina fundida no Peru, juntamente com um modelo de 2 mil anos de um caça com asas em delta; bolas de pedra perfeitamente redondas descobertas na Guatemala; cubos de pedra encontrados na Irlanda inscritos com caracteres chineses antigos; e tábuas cuneiformes da antiga Babilônia que descrevem de maneira precisa nossos planetas externos mais distantes, que não poderiam ter sido vistos sem a ajuda de telescópios modernos.

A lista continua. Individualmente, tais casos podem ser explicados como farsas ou má interpretação de dados. Muito mais difícil de se explicar é a existência de mapas antigos que descrevem um conhecimento preciso tanto da geografia quanto da astronomia pré-históricas. O professor Charles Hapgood, historiador da ciência, em seu livro minuciosamente pesquisado, *Maps of the Ancient Sea Kings: Evidence of Advanced Civilization in the Ice Age*, demonstrou que o mapa de Piri Reis – datado de 1513 – mostra o contorno preciso do continente Antártico que, na época, era livre de gelo, e que Hapgood estimava possuir mais de 11.600 anos. No entanto, o Antártico foi observado pela primeira vez em 1820, e apenas no século XX sua estrutura rochosa por baixo do gelo foi mapeada com a utilização de um sofisticado radar que penetrou no solo. O mapa antigo também mostra a exata linha costeira da América do Sul, que não deveria ser conhecida na época. Fica claro que algum grupo com tecnologia avançada estava ativo em nosso planeta há milênios. E não eram humanos primitivos.

Então, quem eram esses deuses antigos e de que forma eles eram semelhantes a nós?

É aqui que Chris Hardy definitivamente levanta uma ponta do véu. Seu trabalho destaca a natureza muito humana do grupo específico de astronautas alienígenas antigos, amplamente conhecidos como os Anunnaki, os Brilhantes, os nefilins – deuses do céu. Aqueles que afirmaram em suas tábuas que eles eram os "anunnaki" – ou seja, aqueles que vieram do Céu/Nibiru (Na) para a Terra (Ki).

Cada pesquisador no campo de extraterrestres antigos traz a sua pedra inestimável para o edifício, tornando o caso de povos antigos com tecnologia de ponta que visitaram a Terra cada vez mais forte. A originalidade de Chris Hardy, no entanto, reside em sua análise precisa de textos muito antigos, incluindo sumérios, bíblicos e gnósticos – as tábuas sumérias remontam até 5.500 anos atrás, prédatam a Bíblia em mais de dois milênios.

Quanto às características humanas dos anunnaki, as tábuas dizem que eles utilizaram seu próprio DNA e o misturaram com o de um bípede (certamente o *Homo erectus*) com o objetivo de "criar" um ser híbrido. Assim, eles tinham de ser uma espécie humana, mesmo se quase imortal ou gigante, ou mesmo oriundos de um planeta nômade, sendo assim alienígenas. Suas ações e suas emoções terrivelmente incontroláveis (como descrito nas tábuas com grande detalhe) de fato apresentam traços muito humanos – ambos positivos e negativos – e estão definitivamente em grande congruência com as características e perfil psicológico da divindade do Livro de Gênesis, cujo temperamento colérico e prontidão para "punir" suas "criaturas" é descrito sem ambiguidade neste texto.

O ponto crucial é que muitos acontecimentos idênticos e perfis psicológicos semelhantes dos atores/protagonistas são descritos tanto nas tábuas sumérias quanto no Livro de Gênesis para duvidar que ambos se refiram ao nosso passado. Entre eles, a criação da humanidade "de acordo com a nossa imagem", o jardim do Éden/Edin, o assassinato de Abel/Abael, os dez patriarcas/reis de Adão/Adapa a Noé, o Dilúvio e o resgate de Noé/Ziusudra, a torre/zigurate de Babel/Babili e, não menos importante, a destruição de Sodoma e Gomorra e quatro outras cidades das planícies do Sinai e da Jordânia. No que diz respeito a esses últimos acontecimentos, como Hardy mostra, os muitos detalhes das tábuas sumérias nos fornecem clara evidência do uso de armas nucleares.

Também de grande importância, as tábuas nos apresentam uma família de reais (vinda do planeta nômade Nibiru), um dos quais, Enlil, recebeu os títulos de Rei da Terra e do Céu e Chefe dos Deuses. Ele é o protagonista de todos os acontecimentos recontados no Gênesis, tais como a destruição da Torre de Babel e a eliminação de Sodoma e Gomorra. Chris Hardy atacou de frente o efeito psicológico da interpretação específica e compreensão do molde monoteísta sobre esses acontecimentos antigos.

Assim, as tábuas oferecem uma nova e impressionante perspectiva sobre esse nosso passado dramático, onde vemos o Chefe dos

Deuses não sistematicamente lançado em um papel de pai severo, porém justo, e sim de um governante despótico que pensava que os intercasamentos entre os homens anunnaki e as mulheres nascidas na Terra estragavam sua linhagem. Descobrimos que a Serpente era o título honorífico de seu irmão Enki, referindo ao seu grande conhecimento secreto, e foi Enki que salvou Noé/Ziusudra e, assim, a humanidade, do Dilúvio – enquanto Enlil planejara nossa total destruição e foi tão longe a ponto de intimidar a instituição decisória, a Assembleia dos Deuses, a seguir em frente.

As tábuas, de fato, revelam uma história antiga muito abrangente de alienígenas humanos que chegaram à Terra com quase imortalidade (comparados conosco). Eles impactaram grandemente nosso próprio passado quando decidiram, por voto, ser venerados como nossos deuses. A ausência, nos relatos sumérios, de julgamentos moralistas e da interpretação do "Pecado e Culpa" lançados nos homens e mulheres – como Chris Hardy argumenta frontalmente com estilo brilhante – nos proporciona um destaque extraordinário sobre as terríveis batalhas políticas e familiares, que foram totalmente ocultas nos textos monoteístas mais recentes. Embora seja difícil para muitos confrontar tais relatos que desafiam as convenções, é, no entanto, um grande alívio compreender nosso passado em uma estrutura tão sensata científica e politicamente. Chris Hardy conseguiu isso de forma notável.

Jim Marrs é um jornalista premiado e autor de cinco *best-sellers* do *The New York Times*, incluindo *Our Occulted History* e *Rule by Secrecy*. Ele ministrou cursos na Universidade do Texas, em Arlington; foi orador destacado em várias conferências americanas, incluindo o Congresso Anual Internacional de Óvnis (anual International UFO Congress); e apareceu em vários programas de rádio e televisão americanos.

Lista de abreviações dos livros de Zecharia Sitchin

Citações no texto das obras de Zecharia Sitchin contêm o título abreviado e o número da página. As datas originais da publicação dos trabalhos de Sitchin são fornecidas abaixo. A informação total da publicação para as edições usadas para referências na página pode ser encontrada na bibliografia. Todos os livros listados abaixo estão disponíveis em capa dura pela Bear & Company (Rochester, Vermont).

(12º): *O 12º Planeta*, Livro I das Crônicas da Terra (1976)*
(Caminho): *O Caminho para o Céu*, Livro II das Crônicas da Terra (1980)*
(Guerras): *Guerras de Deuses e Homens*, Livro III das Crônicas da Terra (1985).*
(Reinos): *Os Reinos Perdidos*, Livro IV das Crônicas da Terra (1990)
(Tempo): *Quando o Tempo Começou*, Livro V das Crônicas da Terra (1993)
(Código): *O Código Cósmico*, Livro VI das Crônicas da Terra (1998)
(Dias): *O Fim dos Tempos*, Livro VII das Crônicas da Terra (2007)*

(Revisitado): *Gênesis Revisitado* (1990)
(Encontros): *Encontros Divinos* (1995)
(Livro Perdido): *Livro Perdido de Enki* (2002)*

---

* Obras publicadas em língua portuguesa pela Madras Editora.

Agradecimentos

Quero agradecer a meus estimados amigos John Brandenburg, Linda Moulton Howe, Isabelle Filliozat, Frans Janssen, Matthieu Petit, Sidney Tegbo, Michèle Decoust, Herve Moskovakis, Catherine Maillard, e Martine e Vincent Winter, com quem discuto com prazer acerca de nossas respectivas explorações em domínios convergentes; alguns deles me enriqueceram com belas fotos de seu próprio banco de dados de pesquisas.

Meus agradecimentos a Jacques Halbronn e Sophie Artois, por sua colaboração amigável e perita quanto à tecnologia de vídeo e internet.

Minha sincera gratidão ao meu editor, Ehud Sperling, e a Jon Graham e Christian Schweiger, por receber este livro e pelo seu apoio ao lançá-lo.

Meu profundo apreço a Jamaica Burns Griffin, por sua excelência na edição enquanto mantém compreensão e respeito profundos pelo meu texto, o que tornou esse trabalho conjunto fluido e eficiente. E a Sandro Mainardi pelo seu deslumbrante desenho de capa, assim como a toda a equipe da Inner Traditions – Bear & Company pelo seu talento profissional e grande sinergia, especialmente Jeanie Levitan, Jessie Wimett, Elizabeth Wilson, Kelly Bowen, Cynthia More, Maria Loftus e Priscilla Baker. Eu também gostaria de mencionar o extraordinário trabalho feito pela equipe de publicidade, Manzanita Carpenter e Blythe Bates, para a promoção de meus livros; meu profundo agradecimento a eles por seu apoio e entusiasmo infalíveis.

Nota ao Leitor

Muitas entidades discutidas neste livro possuem uma variedade de nomes, como segue:

Adad/Viracocha
Adamu/Adão
Éden/Edin/Suméria
Enki/Ea/Kronos/Ptah
Enmeduranqui/Enoque
Hermes/Ningishzida/Tot
Igigi/Nefilim
Inanna/Ishtar
Marduk/Rá/Ahura-Mazda (ou Ormuzd)
Nannar/Sin
Nergal/Erra
Nibiru/Planeta da Travessia/Céu
Ninki/Damkina
Ninmah/Utnapishtim/Atra-Hasis/Sisithros/Noé
Suméria/Edin/Éden/Mesopotâmia
Teshub/Adad/Ishkur
Tiamat/Eva
Ubartutu/Lameque

Introdução

Foi apenas recentemente, no início de 2015, que notícias estupendas e verdadeiramente chocantes foram reveladas sobre o planeta Marte. O físico e especialista em plasma, John Brandenburg, Ph.D., revelou o que ele descobrira enquanto investigava os resquícios de um oceano muito antigo em Marte – analisando sedimentos que definitivamente tiveram de ser deixados sobre uma enorme expansão de água, assim como uma faixa costeira ainda claramente delineada. Esse paleo-oceano, tema de seu livro de 2011, está agora bem estabelecido, assim como o fato de que Marte possuía, há alguns 200 milhões de anos, vegetação verde exuberante, rios, e um oceano que cobria mais ou menos um quinto de sua superfície. E, claro, onde quer que haja vida vegetal, tem de haver uma atmosfera.

Em nosso planeta Terra, as bactérias iniciaram o ciclo da vida e eram as únicas formas de vida durante o imenso período de 4 bilhões de anos, ao passo que a Terra (e todos os nossos planetas) possuem apenas 4,5 bilhões de anos. Conforme discutido por Lynn Margulis, Ph.D., e Dorion Sagan em seu fascinante livro *Microcosmos*, as bactérias inventaram os principais processos de vida e evolução, tais como reprodução, e criaram a atmosfera da Terra por meio da fotossíntese. E essas bactérias já possuíam um DNA, mesmo antes de se agregarem para formar organismos multicelulares e colônias que lhes proporcionaram a capacidade de ter conjuntos cooperativos especializados em certas funções, para expandir-se no espaço e, então, mover-se. Mais impressionante, elas eram capazes de trocar informação genética apenas pelo contato e, assim, adquirir novas funções e processos, tais como a resistência a agentes perturbadores, como vírus, algo que foi corroborado de forma experimental apenas em 2015.

Então, qual foi a descoberta chocante que John Brandenburg fez em Marte? Nada menos do que a evidência irrefutável de uma explosão termonuclear muito antiga que deixou nas pedras de Marte (no sítio e em meteoritos) o próprio isótopo Xénon 129 que foi liberado pelos nossos próprios experimentos termonucleares no deserto de Nevada.

Não apenas o cume do isótopo era enorme, tornando impossível uma explicação por meio da radioatividade natural, mas o xénon 129 não existe naturalmente – ele é especificamente criado por uma reação nuclear. Além disso, duas áreas enormes de máxima radioatividade foram detectadas, não distantes uma da outra, e na linha costeira do paleo-oceano – os locais sobre os quais as bombas explodiram. Foram precisos mais ou menos quatro anos para Brandenburg (que ainda não estava seguro de como explicar a detecção) e vários especialistas em Marte para testar diversos cenários pelos quais tamanha radioatividade poderia ter acontecido apenas por meio de eventos astrofísicos. Então, a maioria deles finalmente admitiu a conclusão de 2015 de John Brandenburg: ela sugeria duas explosões termonucleares, que aconteceram bem alto na atmosfera para causar o máximo estrago. E quando tal intencional e tecnológico ataque com armas nucleares aconteceu em Marte, um ataque que possa ter dilacerado sua atmosfera, tornando-o um planeta morto? De acordo com Brandenburg em *Morte em Marte: a Descoberta de um Massacre Nuclear Planetário*, estamos falando de entre 180 a 250 milhões de anos.

Agora, aqui está uma informação interessante. Como sabemos, as tábuas sumérias e assírias que descobrimos até agora, algumas com até 5.500 anos de idade, falam sobre os deuses antigos – os *anunnaki*, que significa "Aqueles que vieram do Céu para a Terra" – como uma espécie humana gigante e quase imortal que vivia originalmente em um exoplaneta chamado Nibiru (Planeta da Travessia, Céu), e se estabeleceram na Terra, criaram a humanidade por meio de engenharia genética e se tornaram nossos venerados deuses. As tábuas anunciam que Nibiru era um planeta nômade (com uma atmosfera e luas) que, em certo ponto, aproximou-se demais de nosso sistema solar e foi, subsequentemente, apanhado pelo campo de gravidade de nosso sol, em torno do qual ele começou a gravitar em uma elipse muito fina e longa. A existência de tais planetas nômades não foi apenas assegurada (em 2012) como sendo cem vezes mais numerosa do que as estrelas do universo (algumas até com atmosfera e luas), mas, em dezembro de 2015, astrônomos descobriram mais um planeta em nosso sistema solar com tal órbita elíptica gigantesca que escapou de nossa detecção até agora.[1]

Os textos descrevem de forma precisa todos os nossos planetas e indicam que, quando os anunnaki moviam-se em suas espaçonaves, eles paravam em Marte para reabastecer seus reservatórios de água (o cientista chefe Enki utilizava combustível hidrogênio), enfatizando que Marte (Lahmu) era verde e vicejante. Isso nos fornece alguma ideia de quando seu planeta começou a orbitar nosso sol? Como tal informação sobre um Marte verde poderia ser conhecida por eles de outra maneira? Foi nesse tempo muito remoto que eles construíram uma base permanente e iniciaram uma colônia em Marte? E, obviamente, se eles estavam lá quando Marte era um planeta verde, então eles definitivamente estavam envolvidos, de uma forma ou de outra, na guerra que destruiu Marte.

As tábuas também descrevem como Enki trouxe seu então jovem filho Marduk para Marte para ensinar-lhe astronomia e, provavelmente, construir ou consolidar sua base no planeta; o próprio nome dos astronautas que cuidavam dessa base, os *Igigi*, que significa "Aqueles que observam e orbitam", descreve uma estação espacial em órbita. Os próprios igigi eram liderados por Marduk; o historiador egípcio Mâneton escreveu por volta de 270 a.C. que havia 300 desses igigi.

Foi apenas no início do século XX que descobrimos a civilização do Vale do Indo – um grupo de cidades muito antigas ao longo do Rio Indo, tais como Harapa e Mohenjo-Daro, cujos artefatos mais antigos da civilização, pelo menos nas camadas que descobrimos até agora, são datados de 3.500 a.C. Mas lembre-se do sítio de Troia, onde escavamos de forma progressiva não menos que

---

1. Veja meu *blog* para postagens sobre essas duas descobertas: http://chris-h-hardy-dna-of-the-gods.blogspot.fr.

nove camadas: a cidade citada na *Ilíada*, de Homero, como o sítio da Guerra de Troia no século XIII a.C. é apenas a sétima camada subterrânea! A oitava e a nona camadas, muito mais profundas, são ainda mais antigas.

Essa civilização do Indo venerava uma Grande Deusa que não se parecia com a usual deusa-mãe rotunda, e possuía uma silhueta muito moderna e equilibrada. A Dama era muito magra, com vestimenta sofisticada e postura e gestos elegantes. No momento, as tábuas sumérias contam-nos que, no final da segunda Batalha das Pirâmides, em 8670 a.C., quando Marduk foi libertado após ter sido trancado vivo para morrer na Grande Pirâmide de Gizé (o Ekur), uma nova repartição de terras foi decidida pelos Grandes Anunnaki em sua Assembleia. Nessa ocasião, a segunda e a terceira gerações de anunnaki (após Enki) receberam territórios. Ningishzida/Hermes recebeu o título de Chefe dos Deuses e iniciou seu reinado no Egito como Tot, onde ele seria, entre outros privilégios, mestre de Ekur. E Inanna, neta de Enlil, o Comandante da Terra, que já possuía uma cidade proeminente na própria Suméria, Ereque, recebeu o Vale do Indo. E, de fato, o busto de Inanna como astronauta é muito semelhante à deusa do Vale do Indo.

O ponto onde quero chegar, no entanto, é que as escavações arqueológicas desvendaram a camada das ruas da cidade de Harapa, e espalhados por essas ruas estavam dezenas de esqueletos de pessoas que obviamente tiveram morte instantânea enquanto corriam com seus parentes, algumas de mãos dadas. Ainda pior, alguns esqueletos, como foi recentemente descoberto, eram altamente radioativos, sugerindo assim que os habitantes de Harapa morreram durante um ataque nuclear. Esses esqueletos receberam datação de carbono e devem ser de 2.500 a.C.

Da mesma forma, há diferentes locais na Terra em que rochas de basalto, uma das pedras mais duras, foram derretidas por um calor e pressão tão intensos que vitrificaram – e a intensidade térmica que provocou os processos de derretimento e vitrificação (na ausência de uma cratera gigante que teria sido criada por um meteorito de tamanho considerável) aponta para uma explosão nuclear. Essas rochas vitrificadas, que em geral se tornam esféricas em razão do monte de pó liberado pela bola de fogo de uma explosão, são encontradas no Vale do Indo e também na área norte de Marte, outra indicação de uma catástrofe nuclear ali.

Conforme David Childress expõe em seu fascinante livro *Tecnologia dos Deuses*, uma gigante batalha transportada pelo ar foi travada na Índia (e descrita no *Mahabarata*) contra o antigo reino de Dvarpa e seu deus. A descrição de armas de destruição em massa e seus efeitos devastadores também encaixa nas explosões nucleares que destruíram totalmente Dvarpa, cujas ruínas foram recentemente descobertas no fundo do oceano, não longe do delta do Indo.

Agora, o corpo mais volumoso de escrituras antigas que se referem ao uso de armas nucleares é certamente o da Suméria. Uma surpreendente variedade de feitos científicos e tecnológicos é descrita nas tábuas sumérias, tais como engenharia genética e clonagem, viagens interplanetárias em torno de seu planeta nômade, comunicação a distância instantânea e o onipresente uso de chips tecnomágicos chamados de ME* – erroneamente traduzidos como "fórmulas", antes que o especialista na Suméria e na Bíblia, Zecharia Sitchin, apresentasse uma perspectiva revolucionária sobre essa civilização *high-tech* de nossos ancestrais. Esses ME eram capazes de operar complexos tecnológicos inteiros, tais como centros de controle espaciais ou sistemas de irrigação de água. Os feitos científicos dos anunnaki são progressivamente corroborados pelos novos avanços científicos e tecnológicos. Agora sabemos que chips podem gerenciar complexos industriais inteiros, que a clonagem é possível, que os planetas podem ser nômades e que eles podem, quando se aproximam muito de um sistema solar, ser puxados pelo seu campo gravitacional.

Então, essas tábuas, especialmente a *Erra Epos*, descrevem com precisão e detalhes assustadores o bombardeamento nuclear e a destruição de cinco cidades nas planícies da Jordânia e do Sinai que exterminaram os habitantes dessa região inteira, extinguindo toda a vida ali. Um detestável ato de guerra com claro objetivo genocida. Temos os relatos da discussão e a votação da Assembleia dos Deuses,

---

*N.T.: Dotados de grande importância na Mitologia Suméria, os **ME** representavam decretos universais de autoridade de divina sabedoria. Eram invocações que engendravam as artes, as ciências e a civilização. De fato, alguns traduzem o termo **ME** como *civilização*. (Fonte: Wikipédia)

precedidos pela óbvia e poderosa intimidação desse corpo decisório augusto causada pelo Chefe dos Deuses, Enlil, seu filho e Chefe Dos Exércitos, Ninurta, e o neurótico Nergal; sabemos como Enki tentou adverti-los a todos da total desolação que as armas de destruição em massa trariam, mas foi incapaz de evitar o voto positivo, ao qual mesmo o Deus do Céu/Nibiru, Anu, deu seu apoio. Assim, o holocausto irrompeu.

Então, inesperadamente, uma nuvem radioativa varreu a própria Suméria (Mesopotâmia) e destruiu ali toda vida humana, animal e vegetal. Os Grandes Deuses do clã Enlilite destruíram completamente sua própria civilização.

E com que propósito, podemos perguntar? O que Enlil e Nergal tentavam realizar com tanto ardor? Apenas erradicar todos os seguidores de outro deus e herdeiro real, Marduk, filho primogênito de Enki – e próprio sobrinho de Enlil. No entanto, outro argumento foi superimposto nessa decisão forçada dos deuses. Um que é totalmente incompreensível dentro da história dos deuses anunnaki. Nergal/Erra, como se possuído, jurou exterminar toda vida, humana e natural, e foi ele mesmo, ao lado de Ninurta, que lançou os mísseis nucleares.

> Consultando a si mesmo, [Erra jurou]: as terras destruirei... Farei desaparecer os povos, suas almas virarão vapor; nenhum deles será poupado. (*Guerras, 326*)

Descrições impressionantes de clarões ofuscantes, efeitos devastadores de explosões, ondas sísmicas e a propagação de nuvem radioativa, o "vento maligno", surgem em centenas de Lamentos escritos por testemunhas em todas as cidades atingidas, que o viram espalhar-se por suas ruas e assistiram a seus estragos terríveis e imediatos sobre as pessoas que caíam mortas ou em grande dor e, em seguida, o céu se escureceu e vieram as consequências da desolação.

Também temos os nomes explícitos dos terríveis ME, tais como "pedra sagrada que irradia e desintegra tudo" – dos quais apenas a palavra sagrada é de difícil compreensão. Mas o Livro de Gênesis descreve a obliteração de cinco cidades dos reis cananeus, como se segue, com a minha ênfase em itálico:

O Senhor fez chover sobre [elas, as "cidades imorais"] os céus, enxofre e fogo... E Ele *revirou aquelas cidades e toda a planície, e todos os habitantes* das cidades, e toda a vegetação.

Os muitos acontecimentos paralelos descritos na Bíblia (o Livro[2]) e com muito mais detalhe nas tábuas sumérias permitem uma investigação cuidadosa e uma reconstrução das fases principais desses tempos – qual sequência, qual época, *quem eram os protagonistas*, e quais eram seus verdadeiros objetivos assim como sua racionalização para atos tão revoltantes e genocidas.

Qualquer disfarce pesado que os editores ou narradores do Livro tentaram colocar sobre esses atos repugnantes – um genocídio de grandes proporções – é destruído pelas tábuas detalhadas, que antedatam a versão revisada em mais de dois milênios.

A utilização do Campo Semântico (CS) me permitiu analisar em profundidade alguns textos essenciais e rastrear os perfis psicológicos e valores sociais (e assim a antiguidade) de três narradores do Livro, correspondendo a três camadas escritas em épocas amplamente diferentes. Sendo assim, irei separar os diferentes fios que foram atados para forçar a história de um deus, progressivamente desincorporado, que teria criado as estrelas e o universo.

A história tecida, de fato, quando escrutinada sob a luz do CS e dos relatos sumérios, revela uma inesperada quantidade de danos horríveis e brutais durante milênios e remontando a Edin (Mesopotâmia), direcionados à jovem humanidade. Dessa forma, enquanto construo sobre o pioneiro trabalho de Sitchin, aporto – com minha própria perspectiva como etnopsicóloga e utilizando o Campo Semântico – uma nova ferramenta de pesquisa no campo da crítica bíblica psicológica.

Mas o propósito é abrir um outro nível de percepção não apenas sobre nosso passado e as ações de nossos deuses, mas também sobre

---

2. Na maioria das vezes vou me referir à Bíblia – pelo bem de nossas mentes e a fim de contornar e, com sorte, extirpar a primazia psicológica induzida pela interpretação dogmática imposta sobre nós durante a infância – como o Livro, e, da mesma forma, a Yahweh como Y, ou a Divindade. Todos os acontecimentos analisados neste livro são das tábuas sumérias e seus equivalentes, principalmente, no Livro de Gênesis (a não ser quando especificado).

o Livro que estruturou nossas mentes e formou nosso inconsciente, criando traumas coletivos que perduram como sombras em nosso inconsciente coletivo e estaríamos melhores se nos livrássemos deles. Como o psicólogo Carl Jung e o filósofo Teilhard de Chardin intuíram, estamos destinados a uma transformação profunda de nossa psique para criar um campo harmonizado de consciência na Terra. No livro *Archetype of the Apocalypse*, Edward Edinger nos preveniu de que apenas com "um número suficiente da minoria criativa" entrando em contato com seu Eu interior podemos reduzir ou evitar o lado catastrófico dessa transformação coletiva. Isso requer tornar-se consciente de que "uma vasta 'transformação histórica de Deus' está acontecendo..." E ele acrescenta, citando Jung em *The Undiscovered Self* (O Eu Não Descoberto, 585), "Estamos vivendo naquilo que os gregos chamam de *kairos* – o momento certo – para uma 'metamorfose dos deuses', dos símbolos e princípios fundamentais" (179).

Em meu livro anterior, *DNA dos Deuses*, foquei nos tempos primitivos da engenharia genética da humanidade como uma espécie híbrida (anunnaki – hominídeo) que Ninmah, a cientista chefe em ciências da vida, realizou com a ajuda de Enki e, mais tarde, Hermes/Ningishzida. E as análises do campo semântico nos levaram a desafiar a *interpretação de um pecado original* (por Enlil e mais tarde no Livro) e a compreender que é esse conceito – em vez dos acontecimentos reais no Éden/Suméria – que macularam nossa consciência e têm sido a base para o assédio das mulheres (por exemplo, pela Igreja da Inquisição).

Neste volume, vamos nos deparar com acontecimentos mais devastadores, que expõem a substância que formam um ser. O objetivo de Enlil, como Comandante da Terra, tornou-se o controle despótico absoluto da raça humana nascida na Terra, a fim de nos manter com o estatuto de trabalhadores e escravos ignorantes e obedientes. E, assim, ele passou a achar que a linhagem anunnaki estava sendo manchada por intercasamentos e relações sexuais com terráqueos – mesmo sendo as pessoas mais inteligentes e cultivadas, como a filha de uma Alta Sacerdotisa excepcionalmente talentosa com quem Marduk, muito apaixonado, casou-se com as bênçãos de seus pais; ou os amantes excessivamente inteligentes de Inanna, que ela selecionava para serem reis de seu império acadiano.

Primeiramente tentaremos compreender qual era, caso tivessem, a religião ou visão de mundo que os anunnaki possuíam em seu planeta de origem – eles que decidiram ser venerados pelos terráqueos com trabalho e rituais. Em seguida, no capítulo 2, vamos avaliar como membros da realeza de um filo humano de outro planeta primeiramente se tornaram nossos deuses; e então, como a imagem de um deus se tornou idealizada, e o que significa para nós que essa parte humana de sua natureza tenha sido progressivamente obliterada, privando-nos de nosso passado real.

No capítulo 3 seguiremos Enlil ao longo de sua juventude, analisando a ascensão de um déspota, e iremos comparar seu estilo autocrático ao que consideramos agora o caminho espiritual do conhecimento e sabedoria. No capítulo 4, Enlil decide eliminar a humanidade inteira; ele persegue obstinadamente esse objetivo durante um longo período, com uma fúria, uma cegueira e uma crueldade que nada nos preparou para nem sequer conceber. Ele prosseguiu, um esquema atrás do outro, até o Dilúvio, quando pensou ter conseguido. Veremos Enki, repetidamente, ficando do lado da humanidade e salvando-nos das piores calamidades que Enlil nos impunha – como foi Enki, e não Enlil, que assegurou um futuro para nossos parentes ao salvar Ziusudra (Noé). Os relatos sumérios do Dilúvio correspondem aos do historiador baibilônio Beroso, que escrevia em grego no século III a.C.; e muitas passagens do Livro de Gênesis proporcionam comparações reveladoras. Em seguida, descobriremos a verdadeira história da Torre de Babel – a destruição de uma comunidade-modelo na qual um deus, Marduk, iniciara uma forma de convivência harmoniosa e democrática entre os terráqueos e os anunnaki.

Nos capítulos 5 e 6, mergulharemos nos acontecimentos horrendos que levaram à destruição de cinco cidades com armas nucleares e, seguindo os impressionantes Lamentos, desvendaremos o holocausto que destruiu por completo a civilização suméria no Oriente Médio. E, então, vamos imergir no relato do Gênesis dos mesmos acontecimentos, ligando os pontos.

Assim como no primeiro volume da saga suméria, *DNA dos Deuses*, este livro demanda uma postura corajosa para que possamos confrontar cara a cara crimes totalmente horrendos dos quais a humanidade foi vítima, até o uso mortal de armas nucleares na planície da Jordânia que deixou os "imortais" enlilitas deficientes, doentes ou mortos – apesar de todo seu poder e imensa presunção.

Mas teremos isso em mente conforme avaliamos tanto o estrago quanto a quantidade de mentiras mancas que foram se acumulando para cobrir atos genocidas tão injustificáveis. Vamos perceber e avaliar com mente clara o que realmente foi nosso passado planetário *recente*. Outro véu, que encobre uma filiação galáctica ainda mais antiga que foi contraída por meio de nossos ancestrais, os anunnaki, está certamente destinado a cair quando, mais uma vez, reconhecemos e nos juntamos à comunidade galáctica!

Um apontamento sobre o processo de análise neste livro fornecerá uma estrutura útil para a consideração das conclusões apresentadas.

Estou expondo, com o Campo Semântico, um novo método de pesquisa no campo recente da *crítica bíblica psicológica* – uma nova abordagem utilizada por psicólogos e psiquiatras para avaliar alguns dos efeitos prejudiciais do Livro e de sua interpretação míope das pessoas e comunidades (veja a dissertação de Andrew Kille, '*Psychological Biblical Criticism*'). Como definido por Wayne Rollins em seu livro *Soul e Psyche*, esse campo científico sublinha que "a Bíblia e suas interpretações podem causar efeitos patogênicos em indivíduos e culturas – um reconhecimento que tem sido tanto libertador quanto desanimador para aqueles que estimam o texto" (175).

Para os psicólogos desse campo, eu inclusive, tornou-se evidente, segundo as palavras de Harold Ellens em *The Destructive Power of Religion*, que alguns desses textos se provaram "tóxicos" e que arquétipos negativos podem definitivamente ser criados por religiões. Eu acrescentaria que esses arquétipos bíblicos negativos criaram poderosos campos semânticos em nossa psique coletiva e atuam como *atratores negativos* dentro do inconsciente da humanidade. Esses atratores negativos dominam nossas psiques individuais desde cedo – não porque haja algo como, por exemplo, um "pecado original", e sim em virtude da invenção deste e conceitos semelhantes (como veremos, frequentemente por razões tortuosas) por alguns de nossos ancestrais e deuses, e ainda mais por narradores e intérpretes posteriores.

No que me diz respeito, fiquei horrorizada ao perceber que, ao me tornar uma pensadora livre, casual e ateia por volta dos 17 anos, e então criando meu próprio caminho espiritual por meio de estados meditativos e extensiva leitura que começou aos 18, não me livrei das sombras coletivas, apesar do fato de nem acreditar em tais conceitos. Eu descobri esse fato por meio da incrível liberação que senti após trabalhar para expor essas mentiras e sombras horríveis nestes dois volumes.

O poderoso espelho do CS é perfeitamente compreendido por Rollins como um dos objetivos do campo da crítica bíblica psicológica, nomeadamente para erradicar "os fatores conscientes e inconscientes [que] atuam nos *autores* bíblicos e em suas *comunidades*" e também nos intérpretes, e para avaliar "os efeitos culturais dessas interpretações" (*Alma e Psique*, 92; minha ênfase). Isso será esclarecido pela minha análise da destruição de Sodoma e Gomorra e como a família de Lot e os descendentes de Hagar estavam tão convenientemente dispostos. Com estes textos, confrontaremos com coragem e sagacidade a "família patológica transgeracional" estimulada pelo Livro, como Daniela Kramer e Michael Moore o definem, e a questão do incesto, extraordinária na história de Lot, abordada, entre outros eruditos bíblicos, por Ilona Rashkow (1998).

Ao ir para a frente e para trás entre os textos do Livro e as tábuas, eu também revelarei elementos extremos do racismo, da homofobia, do despotismo desequilibrado e conspirações, acima e além do terrível sexismo do Livro, tão evidente para todos os eruditos. No entanto, a utilização do CS para ordenar os diversos autores do Gênesis e a quais sociedades e época eles pertenceram, me permitirá elevar nosso escrutínio acima das complexidades das próprias histórias, a questão crucial e mais global dos objetivos sociopolíticos que esses autores buscaram, além do propósito óbvio de impor o monoteísmo. E na dolorosa história da família de Lot e o destino de Sodoma, essenciais para o desenvolvimento histórico das tribos, fés específicas e sua bifurcação; encontraremos a gota que faz transbordar a água e revela a estrutura subjacente.

1

Os Próprios Anunnaki Possuíam uma Religião?

Com o objetivo de ponderar tal questão, temos de esquecer que os anunnaki eram nossos deuses e criadores e tentar compreender como era sua cultura original antes de descerem para a Terra em desesperada necessidade de ouro para reparar e preservar sua própria camada de ozônio borrifando íons de ouro em sua atmosfera superior. Caso se lembre, eles eram uma raça de seres humanos com uma civilização avançada, organizados como um reino unificado em um planeta nômade chamado Nibiru que, em íons passados, apanhamos no campo gravitacional de nosso sol com 4,58 bilhões de anos.

Em tempos anteriores à chegada de Enki na Terra, havia duas dinastias rivais em Nibiru, a de Alalu e a de Anu. Anu, pai de Enki, derrotou Alalu e foi o último a deter o título de Rei do Céu, ou seja, Rei de Nibiru – o "Planeta da Travessia" representado seja por um Disco Alado ou por uma Cruz Flamejante, ambos símbolos onipresentes na Suméria, ou Edin, o reino mesopotâmico dos anunnnaki

Figura 1.1 Nibiru, o "Planeta da Travessia", representado como um Disco Alado

(veja figura 1.1). A Cruz Flamejante é composta por uma cruz reta (como a cristã), na qual está incrustrada uma cruz ondulante, e ainda é muito difundida hoje em dia.

A primeira e principal pergunta que podemos nos fazer é por que os anunnaki, caso possuíssem uma religião em Nibiru, não ergueram templos e santuários para seu próprio deus ou deuses quando vieram para a Terra? E por que, em seguida, eles não nos ensinaram a venerar seu(s) próprio(s) deus(es), da forma como fizemos quando os poderes ocidentais colonizaram um país ou região? Em vez desse cenário, vemos a realeza erigindo moradias principescas para si mesma e ensinando aos terráqueos todas as formas de habilidades que poderiam ser úteis em sua civilização e, é claro, para servi-los. Logo eles exigiriam veneração, cada deus ou deusa em seu próprio templo e cidade.

O desenvolvimento da relação dos terráqueos com os anunnaki

Os anunnaki apresentaram-se, em sua relação conosco, em quatro personagens ou papéis distintos no decorrer do tempo. Eu distingo assim as quatro fases dos primeiros períodos:

1. Crescendo com pais carinhosos no Abzu

Na época em que os primeiros humanos – Adamu/Adão e Tiamat/Eva – foram geneticamente criados por Ninmah (a cientista-chefe das ciências da vida), com Enki (cientista-chefe das ciências dos materiais) a assisti-la, as deusas anunnaki agiam como as mães carinhosas que também eram professoras afetuosas. Adamu e Tiamat foram levados e criados por Ninki (a esposa de Enki) e Ninmah, e seus primeiros clones foram feitos por alguns estudantes de medicina de Ninmah. É evidente que essas deusas são os primeiros professores dos terráqueos – em termos de conhecimentos linguísticos, inteligência conceitual e lógica básica, as coisas e os costumes da vida, assim como escritura e desenho. Desde cedo, Enki assume o papel de pai deles todos e pessoalmente ensina o Primeiro Casal, Adamu e Tiamat (vemos no livro *DNA dos Deuses* como ele a faz pensar e raciocinar em Edin) e, em seguida, o Segundo Casal, Adapa e Titi. Adapa é dotado de tal inteligência que pode compreender uma grande variedade de ciências e também o conhecimento espiritual e sacerdotal.

Vamos também notar que, enquanto crescem no leste da África (o *Abzu*, domínio de Enki), essas crianças protegidas devem agora testemunhar e compreender que seus "irmãos e irmãs", os lulu, ou seres extraordinários criados em série – os trabalhadores, clonados de Adamu e Tiamat – devem suportar condições muito mais duras, uma vez que já estão trabalhando nas minas de ouro e certamente tiveram uma educação diferente na infância.

Como Ninmah rapidamente descobriu, por meio dos repetidos fracassos em tentar produzir uma criatura híbrida inteligente (misturando sua própria "Essência da Vida" ou DNA anunnaki com o DNA do *Homo erectus*, um hominídeo bípede), os terráqueos não apenas tinham de ser transportados pelas deusas anunnaki, mas também criados por elas como seus filhos. Essa era a única forma para os bebês desenvolverem o idioma, assim como comportamentos humanos e habilidades emocionais. Além disso, as crianças selecionadas assim criadas nas casas dos anunnaki como seus próprios filhos e filhas usavam, de fato, vestimentas. Por isso, uma representação mostra Adamu de rabo de cavalo sentado no colo de Ninki, ternamente cuidado por ela.

2. O Mestre no pomar de Edin

Enquanto Adamu e então Tiamat (nascida mais tarde) ainda estão na pré-adolescência, Enlil, o Comandante da Terra e herdeiro de Anu, irmão de Enki e Ninmah, exige que eles sejam levados para o seu domínio, no Edin. Essa fase determina o relacionamento com o Mestre, ou seja, o Senhor. Parece claro que Enlil quer ser chamado de *Senhor* e ser reconhecido como seu Criador, acima e além, agora sendo ele próprio a dar as ordens e a reivindicar o poder da vida e da morte sobre "suas criaturas". Isso deve ter produzido um trauma psicológico no jovem casal que ainda não foi esclarecido, eu acredito, pelo novo campo científico da crítica bíblica científica. E a principal razão é que esse campo – cuja crítica corajosa deve ser elogiada – ainda não fez uso completo dos dados revelados pelas tábuas sumérias, e não se atreveu a aventurar-se a avaliar a historicidade e, assim, a identidade dos protagonistas (a família real transformada em deuses), apesar do fato de que numerosos acontecimentos do Livro de Gênesis, como veremos mais à frente, não são apenas claramente descritos nessas tábuas, mas são geralmente recontados com maiores detalhes. Essa é uma tarefa que conduzirei de forma ousada para avaliar a responsabilidade assente nesses vários indivíduos, todos humanos, de nosso passado.

O trauma imposto a essas crianças, Adão e Eva, que foram abruptamente retiradas de sua casa e de seus pais amorosos, deve ter sido agravado pelas terríveis condições que seu "Tio Enlil" impôs a eles, tais como ficarem despidos e trabalhar no jardim. O novo estilo de ensino de Enlil consistia apenas em receber ordens associadas a ameaças de morte, nada menos que isso.

Parece que Enki conseguiu fazer um acordo com seu irmão e o jardim deveria ser em sua propriedade, no leste de Edin/Suméria (próximo à sua cidade de Eridu, o primeiro assentamento na Terra, no Golfo Pérsico). Ou então seria no domínio de Enlil (toda a Mesopotâmia), mas na fronteira com a propriedade de Enki. Isso permitia a ele e a Ninmah visitar seus filhos, e também explica de forma muito simples algo que escapou aos especialistas em psicologia bíblica, nomeadamente por que tal entidade maligna como a serpente Satã seria capaz de ignorar os comandos da Divindade em seu próprio jardim. Como Zecharia Sitchin diz, "Surgindo do nada, a Serpente desafia os avisos solenes do Deus" (*12º*, 363). E além disso, por que essa serpente entraria no paraíso em primeiro lugar?

Como Lyn Bechtel escreve em "Repensando a Interpretação do Gênesis", "Por que Deus colocou... a serpente da maldade e da morte nesse paraíso? Ou se a mulher é responsável por trazer o mal e a morte para o mundo, por que lhe é dado o nome honorável e positivo 'hayya (Eva) Vida, mãe de todos os seres'?" (79). Uma análise perspicaz do nome *hayya* (ou *hawwa*) é fornecida por Gerda Lerner em seu livro *A Criação do Patriarcado*: "a maldição de Deus lançada em Adão termina em não lhe atribuir imortalidade". No entanto, na exata linha seguinte, Adão renomeia sua esposa Eva "porque ela era a mãe de todos os seres" (197). Surpreendentemente, Lerner revela uma ligação antiga a "uma deusa curadora... chamada Ninti", o que poderia explicar a confusão com o símbolo da costela na criação de Eva. Ela diz, "Em sumério, a palavra 'Ninti' tem duplo significado, nomeadamente, 'mulher da costela' e 'mulher que governa a vida'. [Sabemos que Ninti – Deusa (Nin) da vida (Ti) – é o nome de Ninmah recebido após esta ter criado os primeiros homens e mulheres]. Em hebraico, a palavra 'Hawwa` (Eva) significa 'ela que cria a vida', o que sugere que pode haver uma fusão entre o sumério Ninti com a Eva bíblica... Stephen Langdon sugere outra possibilidade fascinante ao associar o hebraico 'Hawwa'com o significado da palavra em aramaico, que é 'serpente'" (Lerner, 185; Langdon 1915, 36-37). Muito estranho (por meio da etimologia de termos antigos) ver Eva associada à costela e à serpente!

A serpente como símbolo de sabedoria divina e conhecimento em deuses e heróis

Nas tábuas, como parece, a serpente era o emblema de Enki e significava sua sabedoria e conhecimento secreto. Esse conhecimento espiritual era transmitido aos discípulos, criando assim "linhagens de sabedoria" em vez de linhagens de sangue. Vemos múltiplas representações sumérias de Enki acompanhado por seu símbolo da serpente, e em uma delas ele é chamado de *Buzur*, o guardião e solucionador de segredos, o iniciado. Em outra, ele possui o corpo de uma serpente enrolada e o busto de um homem, e ele adverte Ziusudra/Noé do Dilúvio iminente (veja figura 1.2).

Figura 1.2 Enki como a Serpente sábia

Em todas as religiões antigas, a serpente era o símbolo de sabedoria e conhecimento espirituais, como podemos deduzir pelo emblema de Naga (ou Cobra Real) sendo o aliado emblemático do deus hindu Shiva – Shiva o iogue, o asceta dedicado à meditação e ao conhecimento.

Em alguns templos, especialmente naturais como árvores sagradas, Shiva é, com frequência, representado apenas com pedras talhadas com serpentes. (Veja gravuras 1-3). Tanto as tradições hindus/védicas, quanto o Budismo tibetano alegam que as Nagas eram uma raça inteligente de serpentes semi-humanas (com corpos de cobra) e possuíam uma magia extremamente poderosa das profundezas da Terra. O Rei ou Rainha das Nagas, independentemente, tornava-se aliado dos humanos espirituais, os ascetas e iogues em busca pelo conhecimento, e os ensinavam. É por isso que o Rei ou Rainha das Nagas (a Cobra Real), às vezes com múltiplas cabeças, vigia a meditação dos deuses e deusas, assim como a do Buda, criando algo como uma árvore sagrada à volta deles. Além disso, o símbolo da serpente representa a sabedoria e o conhecimento divinos e é um atributo de alguns deuses e deusas. Assim, Ísis é representada como Naga (veja gravura 4). Shiva faz a dança da criação, seu símbolo de serpente à volta do pescoço (veja gravura 5). Ishtar/Inanna, a Grande Deusa Minoica, Hermes e Enki, em razão de suas buscas pelo conhecimento, e alguns heróis, estão todos acompanhados pelo símbolo da serpente (veja gravuras 6 e 7).

Além disso, no Hinduísmo, a serpente é o símbolo da energia kundalini, a energia psíquica que provoca a realização de estados elevados de consciência, tais como os níveis de samadhis, e isso em ressonância solidária com a energia cósmica (prana) e a consciência cósmica (brâmane, o Tao). Assim, tal como nos casos de Enki e Hermes, a serpente é o símbolo de elevação de consciência na humanidade. Uma vez desperta, a energia kundalini ascende pela coluna vertebral e ativa os centros psíquicos, ou chacras, um por um, até alcançar os chacras superiores – a garganta, o terceiro olho (anja) e, finalmente, o chacra da cabeça ou lótus de mil pétalas; nesse estágio, o iogue alcança um estado de unidade e fusão com a consciência cósmica. No estado de *moksha*, ou "liberação", ela atinge a total harmonização com seu próprio Eu, e por meio dela partilha do êxtase e conhecimento do brâmane (Veja gravura 8).

Mas a Serpente também é uma Instrutora e, além disso, protetora do conhecimento. Os domínios de Enki, no Abzu, assim como o brasão de sua cidade, Eridu, destacam duas serpentes entrelaçadas, e em numerosas representações essas serpentes entrelaçadas são protegidas por entidades poderosas, tais como leões ou águias (veja figura 1.3).

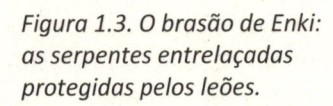

Figura 1.3. O brasão de Enki: as serpentes entrelaçadas protegidas pelos leões.

Como argumentei no livro *DNA dos Deuses*, as serpentes entrelaçadas na Suméria representam o DNA e a capacidade para a evolução da consciência da humanidade. Ninmah e Enki passaram o conhecimento da engenharia genética para o filho de Enki, Ningishzida, que conhecemos como Hermes, na Grécia, e Tot, no Egito. E é dessa forma que as serpentes surgem no caduceu de Hermes (entrelaçadas, como no símbolo de Enki) e no bastão de Asclépio, o deus da medicina (como uma serpente enrolada no bastão). Como os três estavam diretamente envolvidos na engenharia genética da humanidade, há 300 mil anos, a serpente simbolizava o DNA e marca a transmissão desse conhecimento secreto de Enki para seu filho Hermes.

Hermes provavelmente era um filho que Enki tivera com sua meia-irmã, Ninmah. A relação amorosa entre meia-irmã e meio-irmão era altamente estimada na civilização suméria, assim como no Egito, e os filhos seriam sistematicamente os herdeiros reais, desconsiderando os filhos do cônjuge. A razão que considero altamente provável é que a mãe de Ningishzida permanece não mencionada nas tábuas (algo muito raro), e Ninmah, em virtude de uma relação proibida com seu irmão do mesmo pai e mãe, Enlil, em tenra idade, fora impedida de casamento legal. Além disso, Hermes não está apenas vivendo com eles no Abzu, mas seu imenso conhecimento abrange os campos das ciências materiais e ciências da vida, e também a ciência secreta dos deuses. Uma vez que é ele quem realiza o *upgrade* genético de Adamu e Tiamat no Edin/Éden, utilizando a medula óssea de Enki para Adamu e de Ninmah para Tiamata, obviamente Ninmah ensinara-lhe engenharia genética na África. Esse *upgrade* transmitiu ao Primeiro Casal adolescente tanto a capacidade de reproduzir como um salto imenso de consciência, nomeadamente a capacidade para saber e ser sensato, da mesma forma que os deuses o são. Lembremo-nos da palavra reveladora no Livro (veja o *12º*, 363 para o texto completo, minha ênfase).

E *a mulher viu*...que a árvore era *desejável*
de tornar uma pessoa sábia.

Essa sentença foi sempre supreendentemente subestimada e desconsiderada por todos os especialistas bíblicos, assim como o próprio diálogo entre Eva e a Serpente nunca (de acordo com especialista bíblico Andrew Kille) foi estudada e comentada (o que antes eu fiz de maneira sistemática em *DNA dos Deuses*) – um caso claro de cegueira induzida pelo dogma que eu considero extremamente informativo. Kille diz em seu *"Psicologia Crítica Bíblica"*, "Nem um único exegeta tenta interpretar o diálogo entre Eva e a serpente (que representa um quinto dos versos do capítulo 3)" (79).

Vamos ponderar a sentença que precede o diálogo, que não é menos reveladora. A Serpente Enki explica a Eva/Tiamat porque a Divindade (Enlil) ordenara que eles não tocassem na Árvore do Conhecimento, e ameaçava que, caso comessem seus frutos, morreriam. No texto do Livro, a serpente diz a Eva que "a Divindade sabe que no dia em que você comer disso *seus olhos se abrirão* e você será como a Divindade, conhecedora do bem e do mal" (minha ênfase).

A Serpente como Sofia

Os textos gnósticos caracterizam a Serpente como a Instrutora, cujo espírito ou princípio superior (agora diremos seu Eu) não é nada menos que o princípio feminino Sabedoria/Sofia (o Espírito Santo). No reino divino gnóstico (Pleroma) ou Trindade, o primeiro princípio é O Uno (invisível, luz infinita, autoconsciente), de quem o Evangelho Secreto de João nos diz: "O Uno é o Espírito Invisível. Não é correto pensar nele como um Deus ou como Deus. É mais do que apenas Deus". O segundo princípio é o Feminino, Sofia (Espírito Santo, Pensamento e Presciência); o terceiro princípio (o Filho) é Cristo, o Ungido, Mente (*noûs*). Sofia/Espírito Santo é o equivalente feminino do Cristo/Logos, ambos arquétipos unificados pelo Santo Matrimônio dentro da Trindade. O Uno não é o pai e sim Pai-Mãe, unificados no sentido de um ser abrangente, tanto feminino quanto masculino, além de categorias; enquanto o Comandante/Governante da Terra, ou Demiurgo, é uma entidade muito inferior, criada pelo aspecto sombrio de Sofia.

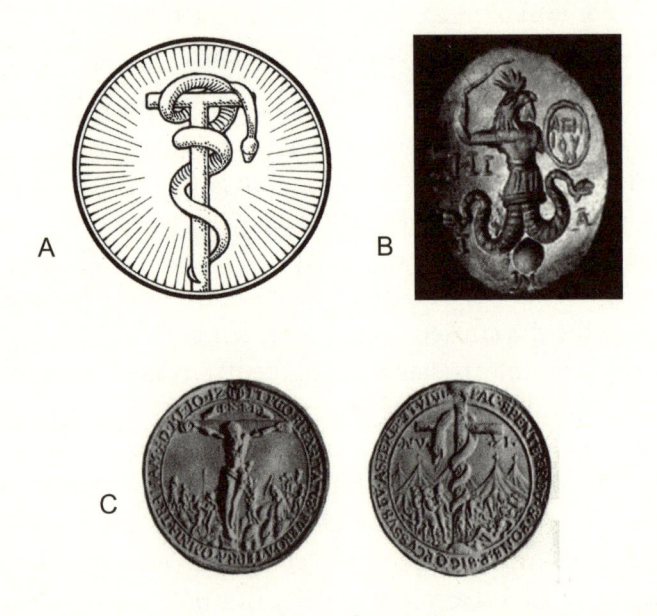

Figura 1.4. A Serpente como Instrutora do conhecimento secreto. (A) Serpente gnóstica (Sabedoria/Sofia) em uma Cruz tau (Cristo) – resplandecente. (B) Serpente gnóstica Abraxas com cabeça de sol (galo). (C) Serpente-Cristo como Instrutora na cruz (moeda).

Assim, no jardim do Éden, de acordo com os gnósticos, está a própria Sofia, o "Princípio Espiritual Feminino", encarnado na Eva humana e que fala com Adão por meio da Serpente, outra de suas manifestações. E é ela quem eleva sua consciência, para iniciá-lo, a alma, no mistério de seu próprio ser interior, seu próprio Eu. Diz a Realidade dos Governantes: "Então, o Princípio Espiritual Feminino surgiu [na] Serpente, a Instrutora; e ela ensinou-lhes" (Adão e Eva).

Elaine Pagels, a eminente erudita gnóstica, em seu livro *Adão, Eva e a Serpente*, explica: "*O Evangelho Secreto de João* sugere que a experiência de Adão, conforme ele desperta diante da presença de Eva, prefigura o gnóstico que, mergulhado em um estado de esquecimento, de repente desperta diante da presença de espíritos escondidos profundamente lá dentro" (67).

Para retornar ao trauma das pobres crianças, sobretudo privadas da desafiadora relação com seu amigável "pai" e professor, elas certamente tiveram grande dificuldades em se adaptar às estritas novas regras: trabalhar e cuidar do jardim, evitar a proibida Árvore do Conhecimento, chamar-me *Senhor* e obedecer a meus comandos. Como o texto anuncia claramente, "E a Divindade Yahweh plantou um pomar no Éden, *no oriente*, e ali ele colocou o *Adão que ele criara... para trabalhar e mantê-lo*" (12º, 362; minha ênfase).

De acordo com o Livro dos Jubileus, "Adão completara 40 dias na terra onde fora criado" antes que anjos o levassem para o jardim do Éden, e "sua esposa eles trouxeram no 80º dia". Nós sabemos que as medidas dos dias e anos nesse texto são simbólicas, mas a informação é clara de que Adamu foi, de fato, criado antes de Tiamat/Eva. O texto também clarifica que, após a crise no jardim do Éden, "Adão e sua esposa saíram do Jardim do Éden e viveram na Terra da Natividade, a terra de seus criadores" (*Encontros*, 18). Assim foi declarado que eles foram "construídos" (traduzido como "criados") em outro lugar e cada um deles em momentos distintos, Adamu sendo assim mais velho, como é revelado nos textos sumérios, e que retornaram para o Abzu para viver com seus carinhosos pais adotivos Ninmah e Enki; estes dois deuses estavam constantemente deslocando-se entre seus respectivos templos-moradias na Suméria (Shuruppak e Eridu) e suas moradias no Abzu, assim como Ianna fazia entre Ereque e o Vale do Indo. É evidente que quando Enlil intimou Adão a ir para a Suméria e fez um acordo para que o pomar fosse construído "no Éden, no oriente", ou seja, perto de Eridu, Enki retornou para sua cidade para ficar perto do casal, como foi confirmado pela sua presença e intervenção no *upgrade*, causando a crise.

3. Os Reis-Deuses das Cidades

O Primeiro Casal é levado de volta para o Abzu, onde terá seu primeiro filho. Porém, mais tarde, Adapa e sua esposa Titi (o Segundo

Casal) voltaram para a Suméria, assim como Ninmah e Enki. Nós sabemos que Adapa está presente em Shuruppak, a cidade de Ninmah, um centro biológico e médico, porque ela atribuiu-lhe o título de primeiro rei ou governante da cidade. Desta forma, antes do Dilúvio, Ninmah já concedera o reinado de sua cidade aos terráqueos de ascendência mista, começando por Adapa até ao 10º rei, Ziusudra/Noé. Mas Adapa também está em Eridu, um centro de aprendizado que desenvolverá suas próprias academias, onde ele se torna o primeiro dos Sete Sábios de Eridu, após aprender com Enki, em seu templo, uma variedade de ciências, incluindo as sacerdotais. Adapa tornou-se um cientista e erudito culto que escreveu livros para seus descendentes e também foi um sacerdote iniciado em várias ciências esotéricas (uma delas era um sistema médico curador que Anu lhe ensinou durante uma visita a Nibiru), e ele foi incentivado por Anu a iniciar uma linha sacerdotal (*Encontros*, 56).

Após o Dilúvio, quando a humanidade se multiplicara, as cidades são organizadas à volta do templo-moradia do deus real, que age como rei ou rainha e governante da cidade. Os terráqueos sabem tudo acerca dos outros deuses e suas ligações familiares, assim como as brigas entre eles que conduziram a competições, brigas e guerras entre cidades. Anu exerce soberania global; ele é bem conhecido por todos os terráqueos porque festas magníficas são realizadas aonde quer que ele vá em visita com sua esposa Antu.

4. Reinos e Crenças Institucionalizados

Em um encontro fundamental da Assembleia, os anunnaki decidiram que são muito altivos para a humanidade – o que significa que agora querem ser vistos e venerados como deuses, e também querem estar mais distantes dos terráqueos, e estabelecem um reinado; em suas próprias palavras (segundo o Épico de Etana) eles decidem "baixar o reinado do Céu para a Terra" e dar aos terráqueos a tiara e a coroa, certamente dois ME do reinado.

Eles instituem, simultaneamente, sacerdócio e linhas de sacerdotes. O rei será intermediário, reencaminhando seus decretos e comandos para a população e mantendo a lei e a ordem nas cidades. Esse decreto lidera em tempos de religião institucionalizada, com apenas os lordes "contados" da família real (o círculo de 12) tendo o direito de construir seus próprios templos e ser venerados sob a condição de terem conquistado a muito custo a permissão de Enlil e da Assembleia – mesmo Ninurta, o filho sempre leal e guerreiro de Enlil, teve de esperar durante muito tempo por esse direito.

O misterioso Criador de Tudo

Às vezes, nas tábuas, mas ainda muito raramente, surge a menção de um "Criador de Tudo", referindo-se a uma entidade poderosa e misteriosa, talvez uma que tenha criado todo o universo. Temos um exemplo, quando a nuvem radioativa oriunda das explosões sobre o Sinai e cinco cidades da antiga Canaã pairou e destruiu toda a vida na Suméria (humana, animal e vegetal) com exceção da Babilônia. A Assembleia dos Deuses (e os primeiros entre eles, Anu e Enlil) interpretou essa destruição como um sinal do Criador de Tudo, que escolhera Marduk como seu protegido. Consequentemente, eles decidiram conceder a Marduk (finalmente!) o "Reinado Enlil" na Terra, ou seja, a posição de Deus Principal, Chefe do Comando.

Eles pareciam não ter visto com os próprios olhos este Criador de Tudo, pelo menos da forma como os terráqueos viam os anunnaki caminhar entre eles, habitando seus templos na Terra – da forma, por exemplo, como um rei terráqueo descreve ser o amante de Inanna e seu abraço no jardim. Mesmo tão tarde quanto no século VI a.C., Ciro, o rei recém-escolhido, viajara lado a lado com o deus Marduk em direção à Babilônia. Parece que esse Criador enigmático está envolvido sempre que o curso dos acontecimentos – os destinos – dá uma volta e entra em conflito direto com as próprias decisões dos anunnaki em suas Assembleias e conselhos; cada vez que se mostra que estão totalmente errados, o que do nosso ponto de vista é imensamente imprudente.

Ao mesmo tempo em que esse Criador de Tudo aparece de modo bastante desconhecido, distante, ou então abstrato, eles estão relutantes em violar suas funções e atributos. Podemos ver isso indiretamente na forma como eles são muito cuidadosos em acentuar que os "seres" de que eles precisam como trabalhadores "já existem", por isso eles não "criarão" almas ou seres, mas apenas otimizarão o genoma (Árvore e Essência da Vida) de almas já existentes. Eles estão apenas "aperfeiçoando" ou "modelando" um ser – no sentido de técnica ou *upgrade* – um ser que já possui uma alma (da mulher hominídea) em quem enxertarão sua própria marca genética "atando" ou "fundindo" os dois genomas.

No texto *Atrahasis*, após Enki ter proposto à Assembleia a criação do ser extraordinário, um trabalhador primitivo, os deuses reunidos refletiram sobre como "criar" um ser inteligente o suficiente para compreender e executar ordens. Enki diz: "A criatura cujo nome você pronunciou – ela existe!" Nós temos apenas de "vincular a ela a imagem dos deuses". Em outras palavras, como o texto sumério explica: "Deus e homem devem ser ligados, uma unidade reunida" (*12º*, 356). O termo *Lu* (que deu origem a lulu – ser extraordinário) significa "homem" em acadiano (o texto *Atrahasis*) e em sumério, mas também significa "ser miscigenado".

E é claro que deve haver tal força criativa (ou um Criador de Tudo, caso essa força deva ser personalizada), uma vez que eles sabem bem que eles próprios emergiram à autoconsciência em um mundo já exuberante e com vida – animal e vegetal. Eles sabiam que não haviam criado o mundo que encontraram para viver. E uma vez que não veneram um criador pessoal por meio de rituais e em templos específicos, temos de deduzir que um Criador de Tudo, enquanto aparentemente personalizado como um nome e função de uma pessoa é, contudo, um conceito abstrato e não um objeto de fé como seria um deus invisível. E sabemos que eles possuíam tecnologia e ciência extremamente desenvolvidas. Sua civilização estava em risco, por meio de um problema muito sério de sua atmosfera minguante. Uma coisa certa é que eles inventaram e já utilizaram energia nuclear de tal forma que esta fora banida, muito antes que Alalu tentasse usá-la para estimular vulcões e enviar cinzas para a alta atmosfera, criando assim uma proteção temporária em volta dela. OU eles tinham apenas começado a destruir sua atmosfera da mesma forma que começamos a destruir a nossa, ou se depararam com condições astronômicas extremas que a danificaram – como se aproximar demais de um planeta ou de seus satélites, ou receber um golpe terrível de um meteorito. Afinal seu planeta era nômade e causou destruição assim que surgiu em nossa parte do céu, e foi também durante um de seus perigeus que a atração magnética de Nibiru desencadeou a grande onda, o Dilúvio, que assolou toda a Terra.

Podemos argumentar que os deuses dos nibiruanos eram, de fato, os "deuses celestiais" envolvidos na "batalha celestial" que é recontada no Épico da Criação, traduzido pela primeira vez por Stephen Langdon em 1876.

Nessa batalha, os planetas do sistema solar são chamados de deuses e cada um possui um nome. Quando Nibiru, o planeta nômade, se aproximou de nosso sistema solar e o atravessou, uma de suas luas colidiu com um grande planeta exterior chamado Tiamat. Um grande pedaço de Tiamat foi pulverizado em pequenos destroços e formou o cinturão de asteroides (o "Bracelete Martelado") e a parte maior foi lançada pelo céu em direção ao sol, tornando-se a Terra com sua nova órbita mais próxima do sol. Após essa primeira "travessia" de nossa esfera eclíptica, Nibiru foi capturada pelo campo de atração de nosso sol, iniciando assim a primeira imensa revolução e atravessando por meio dela em uma elipse muito longa e fina, uma órbita de 3.600 anos, de acordo com Sitchin. Deve ser por essa razão que foi chamado de "Planeta da Travessia".

Entretanto, o problema com tal interpretação é duplicado. Primeiro, eles não conheciam esses deuses celestiais antes de seu planeta natal explodir em nosso sistema solar. Segundo, a nova família real (após Anu receber o título lutando e derrotando o antigo rei, Alalu) imediatamente nomeou esses planetas (ou melhor, esses corpos celestiais, compreendendo o sol e a lua) com seus próprios nomes, estabelecendo para cada um dos 12 principais reais uma identificação com um planeta. Assim, Utu/Shamash é o sol, Ishtar/Inanna é Vênus, enquanto Sin/Nannar é a lua. A própria descrição científica de suas viagens pelo espaço, nomeadamente o perigoso Bracelete Martelado, e o fato de eles assumirem os nomes desses corpos celestiais, torna possível imaginar que eles próprios pudessem ser devotos dos deuses planetários celestiais – que são eles mesmos. Mas vemos aqui a origem do costume na Grécia e, em seguida, em Roma, de os deuses possuírem os nomes dos planetas, como Poseidon/Netuno, ou Hermes/Mercúrio. Mas, se isso for verdade, que esse costume religioso teria sua origem na Suméria, então seria porque os planetas recebem o nome dos deuses imortais reais na Terra, em vez de os próprios planetas serem os deuses. Note-se que as órbitas dos planetas são chamadas *destinos* – comportamentos quase permanentes ou imutáveis, a não ser que uma catástrofe de proporções cósmicas aconteça – considerando que os anunnaki mantêm para o Rei do Céu, o Senhor do Comando (Enlil e o papel de monarca), assim como para a Assembleia dos Deuses, o poder de "decretar destinos" ou seja, comandar acontecimentos na Terra.

O único corpo celestial que eles honram, quando ele surge no céu da Terra, é seu planeta natal, Nibiru. Por exemplo, em uma visita de Anu e Antu à Terra, eles organizaram celebrações específicas em Ereque na hora exatamente prevista para a ascensão de Nibiru no céu (após a ascensão de outros planetas), e eles observaram-no da alta plataforma da recém-construída Casa de Anu, um templo no estilo de um zigurate chamado *Eanna*.

Nas descrições raras e condensadas do que acontecera antes dos anunnaki virem para a Terra, nós não vemos nenhuma menção a uma religião organizada nem a rituais específicos de adoração. Conforme as colônias chegavam em ônibus espaciais trazendo para a Terra um grupo de 50 – liderados por reais (Enki, Ninmah, Enlil e Mardiuk) – cada vez que Nibiru está em seu ponto mais próximo à Terra (a cada 3.600 anos), eles não chegam acompanhados por seus sacerdotes da forma que os colonizadores europeus faziam com o objetivo de dominar as terras, entrando com soldados e padres para evangelizar as populações locais. E, mesmo em épocas mais tardias, a população terráquea não foi ensinada a rezar para um deus superior que estivesse acima dos anunnaki. Parece que aconteceu o contrário – que eles tomaram o papel de deuses em relação a nós, ainda mais de acordo com o passar do tempo, conforme mostramos.

Claro, os rituais por meio dos quais eles queriam ser honrados, e a própria arquitetura sagrada dos templos que eles construíram para esse propósito (com sua geometria sagrada, sua orientação cósmica, seus vários santos dos santos e assim por diante) nos fornecem uma boa ideia de sua visão do mundo e das ciências. Nós sabemos que sua sociedade era altamente hierárquica e um pouco obcecada demais em ser saudável quando chegaram à Terra. Então parece que as regras são modificadas, e seus descendentes podem acessar posições de poder, mesmo o último reinado de Enili, enquanto o Rei Anu e mesmo o próprio Enlil ainda estão vivos, algo que não teria sido possível em Nibiru.

Portanto, vamos ver o que captamos dos vários textos antigos, separando apenas o que concerne à espiritualidade dos próprios anunnaki (e não pelos cultos que eles impuseram em suas populações) e o que parece expressar um processo religioso, ritualístico ou mágico pertencente à própria civilização nibiruana.

Elementos de crença religiosa, ritualística ou mágica e ações

A Árvore do Conhecimento e a Árvore da Vida

Estas duas árvores já existem no templo-moradia de Anu, em Nibiru, em seu jardim sagrado, como emblemas de seu reinado. A Árvore da Vida (ou da Imortalidade) dá o Fruto da Vida e, possivelmente também, a Água da Vida. Ambos são os ingredientes principais da quase imortalidade dos nibiruanos. E é por isso que Adapa, durante sua visita a Nibiru e sob o comando de Enki, se recusa a comer e beber tudo que lhe é oferecido na corte de Anu – porque a Assembleia dos Deuses decretou não conceder imortalidade aos terráqueos e, caso ele comesse ou bebesse, ele conseguiria a imortalidade, mas também lhe seria exigido permanecer em Nibiru.

Entretanto, há razões para acreditar que essas duas Árvores sejam muito mais do que apenas árvores e frutos com propriedades impressionantes. De fato, nós vemos em uma representação de um selo cilíndrico descoberto em Mari que essas árvores são Seres, na verdade Seres divinos (portando o enfeite de cabeça com chifres) prestando suas oferendas a Anu. (Veja figura 4.4).

O símbolo da Árvore da Vida é, algumas vezes, um bastão ou cetro longo cruzado na ponta por quatro ramos retos (ou seja, quatro pares de "ramos" de árvore) de largura decrescente até chegar à ponta (como na figura 4.4). Isso parece ser o modelo para dois símbolos que surgem em tempos posteriores: o primeiro é a Árvore de Dez Sefirot da cabala hebraica (o símbolo central de todo um sistema de conhecimento do misticismo judaico), essa antiga Árvore da Vida suméria sendo claramente a realidade subjacente expressa pelos símbolos da Árvore das Sefirot e, também, do candelabro (Menorá). (Veja figura 1.5).

*Figura 1.5. (A) A Árvore de Dez Sefirot da Cabala; (B) sua fonte simbólica sendo a Árvore da Vida Suméria/Acadiana, protegida por dois homens-águia;
ou (C) acompanhada de dois sacerdotes (Catálogo do Museu Guimet, domínio público).*

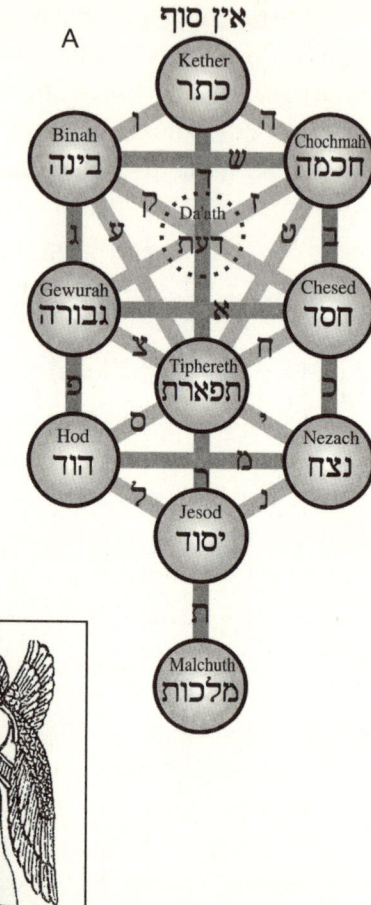

O segundo símbolo, derivado da Árvore da Vida, é nada menos que a cruz cristã – aquela com um eixo vertical mais longo e o ramo horizontal cruzando o vertical acima do ponto central. O que é ainda mais impressionante é que na França também encontramos a Cruz de Lorena, que tem dois ramos horizontais acrescentados, mais altos e menores, que definitivamente ressoam com o formato da Árvore da Vida (veja figura 1.6).

Assim, nós temos dois dos mais sagrados emblemas de duas religiões do Livro derivadas das Árvores sagradas sumérias – isso acima e além da existência das duas Árvores sagradas do bíblico jardim do Éden. Os elementos dignos de nota nessa mesma representação (veja figura 4.4) são que Anu segura bem alto os emblemas de seu reinado na forma de um cetro (bastão vertical), as duas estrelas flanqueando-o e, claro, seu trono. Mas o detalhe de interesse são, de fato, dois espíritos-animais (serpentes com cabeças de pássaros) vertendo água na direção dos pés das Árvores, a mesma água que as faz crescer. Assim, temos um tipo de fluxo circular de energia divina: as Árvores divinas e supraconscientes alimentam o espírito imortal do Deus-Rei com seu Alimento e a Água da Vida – *espírito* sendo a melhor tradução para o sumério *Te.E.Ma* (aquilo que abriga ou prende a memória) ou, em acadiano, o *etemu*. E, em perfeita sinergia, o espírito de Anu e seu Ser (como antena e eixo do mundo – colina, trono, cetro e estrela) alimentam os espíritos das duas Árvores, assim como seu crescimento e vitalidade.

Figura 1.6. A Cruz de Lorena, parecida com a Árvore da Vida suméria.

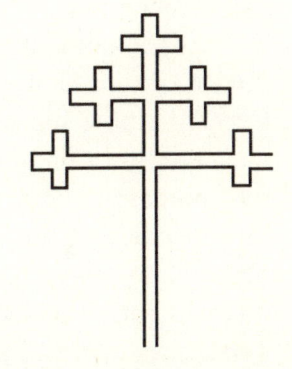

Nos textos diversos, tanto o Pão (ou Alimento) da Vida e a Água da Vida parecem ser feitos da Árvore ou de seus frutos, e possuem propriedades miraculosas; uma sendo o dote da imortalidade, a segunda a capacidade de curar e rejuvenescer (como no relato de Alexandre, o Grande) e, finalmente, o poder de ressuscitar os mortos, (como na ressuscitação de Inanna após sua irmã ter mandado assassiná-la). A Árvore da Vida é, com frequência, representada como um tipo de tamareira. De fato, tamareiras e palmeiras são onipresentes como árvores sagradas nas representações sumérias em cilindros, assim como no Egito. A arquitetura muçulmana das mesquitas, no Irã, evoca, com frequência, geometrias naturais, tais como palmeiras ou relevos em favo de mel (Veja figuras 9 e 10). Também se considerava que a tamareira e a palmeira cresciam em locais sagrados, tais como o Duat egípcio (o Além-Mundo).

As preparações do Pão ou Água da Vida (formas sólidas e líquidas) podiam ser variadas: secando e então transformando a carne da fruta em pó (como são feitos os biscoitos de tâmara); extraindo a seiva, ou suco da fruta; ou transformando a seiva ou fruta em álcool. Como um exemplo, a cidra é feita de maçãs fermentadas, e o forte álcool hidromel da Bretanha – o lendário álcool dos druidas, geralmente citado como o "hidromel dos deuses" – é feito de cidra e mel. Já o vinho de palma africano é feito da seiva de uma variedade de palmeiras e é colhido prendendo uma pequena cabaça bem embaixo de onde um corte profundo foi feito na casca. A seiva, ao cair lentamente na cabaça, começa a fermentar mesmo ali dentro, e em questão de dois ou três dias pode-se obter álcool de palma pronto para beber.

Adicionalmente, nós encontramos no Épico de Gilgamesh a menção de um Planeta da Juventude, quando esse rei de Ereque, dois terços divino e um terço humano, inicia uma missão e longa jornada em busca da imortalidade. Ele finalmente consegue encontrar seu antepassado Utnapishitim (o Ziusudra/Noé do Dilúvio), a quem foi concedida a imortalidade por Enli e que revela "um segredo dos deuses", ou seja, a história real do Dilúvio – como os deuses decidiram mantê-lo em segredo e deixar a humanidade ser varrida da Terra (veja figura 1.7).

Figura 1.7. Rei Gilgamesh (direita) encontra seu antepassado Utnapishtim (Noé) que, tendo recebido a imortalidade, reconta a ele o Dilúvio. (Cilindro 110, Catálogo Museu Guimet, domínio público).

Então, estimulado pelo tema, Utnapishtim explica a Gilgamesh que a imortalidade pode ser concedida a um mortal apenas pela decisão da Assembleia dos Deuses. Mas ele oferece dar-lhe outro segredo dos deuses – aquela da Planta da Vida que rejuvenesce e mantém a pessoa eternamente jovem. Essa planta, encontrada nas profundezas da água, não está relacionada com a Árvore da Vida.

Consulta de oráculos e videntes para guiar suas ações

Marduk, imerso na astronomia, fazia suas próprias previsões baseado em suas observações astronômicas, especialmente aquelas do ciclo precessional e seus ciclos menores. Essa era sua principal maneira de compreender o desenrolar dos acontecimentos. No entanto, ele não se absteve de pedir o conselho de videntes. Em um poema, ele reconta como procurou um oráculo na região dos hititas (atual Capadócia, na Turquia), e foi-lhe dito que esperasse 24 anos antes de invadir a Suméria e reivindicar sua supremacia. E ele cumpriu o oráculo e foi, de fato, capaz de superar.

Informação estupenda nos é fornecida pelo texto hitita chamado *O Ciclo de Kumarbi*, e nas lendas gregas das guerras dos Titãs contra os deuses – uma guerra que opôs os deuses do céu contra os deuses da Terra; como nós facilmente deduzimos, os "deuses do céu" eram os Igigi (ou nefilim). *Igigi* (ou *Igi.Gi*) significa "aqueles que veem (observam) e orbitam", ou seja, os anunnaki residentes da estação orbital ou base espacial em Marte. Esta base foi construída por Enki e Marduk quando este último ainda era jovem e aprendeu astronomia com seu pai durante sua estadia nesse planeta (com o jovem Marduk reclamando sobre ter de permanecer ali por muito tempo). Explicitamente, a palavra *titan* (*Ti.Ta.An*) significa, em sumério, "aqueles que no Céu vivem". A guerra violenta opôs Kumarbi (apoiados pelos Igigi) contra os enlilitas. Dizem-nos que Teshub/Adad/Ishkur (o filho mais jovem de Enlil) era um dos principais protagonistas nas violentas batalhas aéreas e terrestres, apoiado por seus criados. Quanto ao inimigo de Enlil, Kumarbi, não era menos do que o neto de deposto Rei Alalu, e na tradição nibiruana, o filho ou neto de um rei derrotado tornava-se o copeiro do vencedor, Anu. Então Anu, em sua primeira visita à Terra, levou consigo seu herdeiro Enlil (foi assim que Enlil veio à Terra pela primeira vez, enquanto Enki já estava ali como Rei da Terra por três shars, ou seja, 10.800 anos). Entretanto, Anu não se atrevera a deixar Kumarbi para trás, em Nibiru (ele certamente teria tomado de volta o reinado durante a ausência do rei), e nem queria levá-lo à Terra. Finalmente, Anu deixou Kurmabi na estação espacial com os igigi, que parece tê-lo adotado e ensinado astronomia, para que ele próprio se tornasse um igigi. Assim diz Sitchin ao citar o antigo texto hitita: "Os dois homens [Teshub e seu criado] decidiram ir a Ea, no Abzu, procurar ali um oráculo em acordo com 'as velhas tábuas com as palavras do destino'" (*Guerras*, 94-95). É assim que sabemos que Enki/Ea era dotado com o talento da previsão por meio da utilização do antigo livro dos oráculos, entalhado em uma tábua que pode ter sido feita com pedra preciosa. Esse Livro dos Oráculos de Enki, um sistema divinatório que utiliza um texto, pode parecer o I Ching da China – um sistema que utiliza um grupo de 64 hexagramas (cada um composto de seis linhas inteiras ou partidas). A lenda estipula que o sistema de hexagramas era tão antigo que precedia a língua escrita e fora, no início, entalhado em cascas de tartaruga. Sua invenção é atribuída ao Rei Wei. Muitos sábios meditaram e utilizaram o I Ching, entre eles, Confúcio e Lao Tzu (veja figura 1.8).

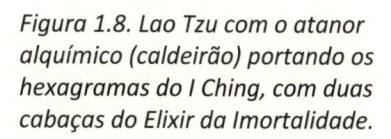

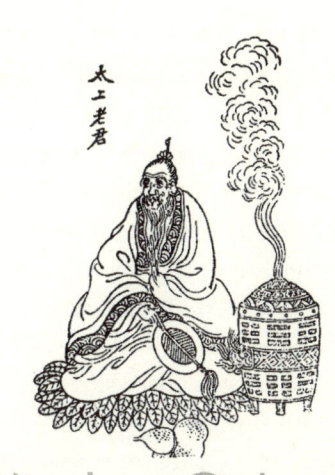

Figura 1.8. Lao Tzu com o atanor alquímico (caldeirão) portando os hexagramas do I Ching, com duas cabaças do Elixir da Imortalidade.

Mas isso é interessante porque, definitivamente, ressoa com as Tábuas do Destino de Enki! Ao longo de eras, o I Ching tornou-se identificado como um grande livro de oráculos quando sábios e filósofos, tais como o próprio Confúcio, escreviam comentários. De fato, o I Ching prepara a base para um tipo de ciência holográfica; ele estabelece e explica os princípios da ressonância harmônica entre percepções humanas, acontecimentos sociais e sistemas naturais.

Também temos a menção de um ME (uma joia ou vestimenta mágica, ou veículos com um chip tecnomágico) chamado "O Oráculo dos Deuses", como um dos ME que Nergal roubou quando, na Babilônia, antes do Dilúvio, ele profanara e destruíra o templo Esagil de seu irmão e inimigo Marduk.

Os anunnaki consultam videntes e sacerdotes de oráculos com o intuito de obter previsões de seu futuro, ou seja, para compreender o que os aguarda e o que devem fazer para terem sucesso – e não no sentido de tentar adivinhar as vontades e desejos de seu "Deus" com o objetivo de obedecer-lhes. Em vez disso, eles tentam adivinhar seu destino individual, de acordo com os ciclos cósmicos ou "palavras de destino", o que significa um procedimento de adivinhação. Seu propósito, por meio dessas práticas, é intuir como podem agir no momento certo com o máximo poder e, assim, conseguir atingir seus próprios objetivos. Quanto ao desejo do Criador de Tudo, como dissemos, parece ser deduzido principalmente por meio dos acontecimentos que não apoiam seus próprios objetivos e estabelecem um curso diferente daquele escolhido por eles.

Crença no acaso

Os anunnaki parecem não possuir um sacerdócio capaz de se comunicar com forças superiores personalizadas e autônomas – um deus ou deuses superiores – e capazes de receber conselhos e/ou comandos dele/dela ou deles. De fato, os registros nos dizem que mesmo o Rei do Céu, Anu, quando totalmente confuso ou indeciso em relação ao que fazer, recorria a sorteios – mesmo para os assuntos mais cruciais, tais como quem reinará em Nibiru e quem governará a Terra. Assim, quando ele veio à Terra em sua primeira visita e uma competição surgiu entre seus dois filhos pelo comando da Terra, ele não rezou a um deus por conselho divino, ou praticou meditação, procurou uma visão, ou mesmo questionou um oráculo ou, como Enlil, mais tarde, escolheu resolver a questão com uma discussão familiar. Ele fazia sorteios e, surpreendentemente, também colocava em teste seu papel como Rei de Nibiru. O resultado desses sorteios consolidava os papéis existentes de Anu (como rei de Nibiru) e de Enki como o cientista-chefe que comandava a mina de ouro na África, mas oferecia o comando da Terra a Enlil. Como resultado, após o reinado de Enki, a colonização da Terra sob Enlil espalhou-se pelas duas regiões – Mesopotâmia e África. Enlil, Rei do Comando, construirá sua própria cidade e templo-moradia em Nippur, naquela que se tornará a terra da Suméria (Mesopotâmia), enquanto Enki, Senhor da Terra e cientista-chefe, recebe a região da África (o Abzu) e ali residirá e desenvolverá três províncias: a primeira na África do Sul, onde estão as minas de ouro; em seguida na África oriental (o atual Zimbabwe ou Vale do Rift), onde Ninmah tem seu laboratório de bioengenharia e onde a engenharia genética da humanidade acontecerá; e, finalmente, no Egito, onde, como Ptah, ele iniciará a civilização egípcia. A luta entre os dois clãs, enlilitas contra enkiitas, levará a um conflito amargo e permanente e a duas Guerras das Pirâmides antes do último ato autodestrutivo no Sinai.

Se levarmos esse costume dos sorteios ao pé da letra (excluindo a possibilidade de trapaças feitas por Anu), então temos de deduzir que os anunnaki acreditavam que o acaso (resultados aleatórios) era a expressão direta do Criador de Tudo, e/ou dos "destinos". Essa é, de fato, uma reivindicação estranha para um povo que possuía tamanha maestria na ciência e tecnologia. E parece muito extraordinário para nós que os sorteios terminassem, de fato, por oferecer uma solução sensata aos três principais anunnaki da família real. Entretanto, em razão do quase raro uso de trapaças entre eles, não podemos descartar totalmente tal jogo desonesto por parte de Anu. O sistema de oráculo de Ea, embora baseado em um livro antigo (que muito provavelmente ele próprio escrevera) é, claro, muito mais sofisticado que os sorteios (aqui com apenas três escolhas forçadas).

Visões e sonhos precognitivos

Outra ocorrência muito misteriosa entre os anunnaki são as visões precognitivas que revelam alguns acontecimentos futuros, seja ou não por meio de um sonho. Assim dizem que Enlil tivera um sonho precognitivo alertando-o sobre o iminente desastre que aconteceria na Suméria – a nuvem radioativa. Pode ter sido essa a razão pela qual ele deixara a Suméria e seu adorado templo-moradia em Nippur, o Ekkur, muito antes desses acontecimentos, e porque ele retornara por apenas um breve tempo amoroso com sua esposa, que ele se lembrara de levar consigo quando partiu novamente – graças a seu Alto Sacerdote. Vamos mencionar também o pesadelo precognitivo que Dumuzi tivera após estuprar sua irmã mais jovem; os acontecimentos após isso desdobraram-se dramaticamente, conforme ele os vira.

Outra visão precognitiva parecida implicava uma entidade misteriosa que se identificava como Galzu e foi considerado, posteriormente, um emissário ou intervenção divina. Dizem que Galzu (que raramente é mencionado de outra forma) aparecera em uma visão de Enki para aconselhá-lo a salvar uma família de terráqueos – a família de Ziusudra/Noé – do iminente Dilúvio. Enki acreditou ter um sonho em que Galzu falava com ele e, no final, deu-lhe uma tábua sobre a qual estavam entalhados os planos de um submergível (com grandes pormenores sobre materiais, proporções, formatos, etc.) que Ziusudra deveria construir a fim de sobreviver ao Dilúvio. Mas quando o sonho-visão terminou, Enki percebeu que a tábua estava em seu quarto.

O mesmo Galzu aparecera anteriormente no conselho reduzido que eles realizaram entre Enki, Enlil e poucos deuses importantes para decidir o que fazer em relação à aproximação da catástrofe.

Nessa ocasião, Galzu, sem ser convidado e afirmando ser representante de Anu, forneceu-lhes informação (não verificada) que influenciou seus julgamentos a favor de permanecer na órbita à volta da Terra durante o Dilúvio; e é isso que eles decidiram fazer. No entanto, mais tarde, Anu declarou que ele não tinha enviado nenhum representante. Então, o que era essa informação não verificada? Que os anunnaki que retornavam a Nibiru após longa estadia na Terra não conseguiam se readaptar, ficavam doentes e, por fim, morriam.

Mas, nesse meio tempo, sua decisão foi tomada, e eles permaneceram na Terra. Mas vamos olhar globalmente em como os acontecimentos principais se desenvolveram na Terra. Por exemplo, se todos os membros da família real (como a maioria dos anunnaki menos importantes) retornaram a Nibiru, como Enki e Ninmah e, talvez, alguns de seus filhos poderiam ficar totalmente sozinhos? Mesmo se tivessem salvado a família de Ziusudra e as sementes e genomas de todos os seres, eles teriam mão de obra suficiente para reconstruir uma cultura? (Vamos ter em mente, contudo, que a linhagem de Adão e Eva por meio de Seth não era a única – a linhagem de Caim se desenvolveu em uma região distante, que Sitchin situa na Mesoamérica, aonde Caim iria, com seu clã, sobreviver ao Dilúvio).

Se, nos sorteios, Enki fosse o escolhido para ficar sob o comando da Suméria (em vez de ser forçado a viver a maior parte do tempo no Abzu) teriam ele e Ninmah alguma vez criado um humano híbrido anunnaki-terráqueo? No Abzu, eles tinham total liberdade para experimentos, ninguém os controlava e, além disso, eles possuíam os recursos de um ambiente natural abundante – hominídeos que já eram bípedes e evoluíram (*Homo erectus*).

De fato, parece que acontecimentos estão sempre favorecendo (1) a sobrevivência dos terráqueos e (2) a contínua estadia de alguns anunnaki na Terra para dar seguimento ao propósito de uma nova civilização nascida na Terra. É como se houvesse uma força desconhecida, porém inteligente, em ação (mas isso eu mesma me recuso a personalizar como um Criador de Tudo).

Parece-me que – na época em que os deuses caminharam na Terra – essa força desconhecida, porém inteligente, que trava acontecimentos globais (quem quer que seja) sabia que o mundo de Nibiru estava moribundo e que o novo impulso para a vida humana inteligente (pelo menos nesse minúsculo setor da galáxia, nosso sistema solar) seriam os descendentes da linhagem adamita – a humanidade.

Encantamentos e fórmulas mágicas

Um último ponto, do qual temos informação real, porém escassa, a respeito dos próprios anunnaki, é o uso de encantamentos, ou seja, de mantras repetidos, sons divinos ou fórmulas mágicas. Uma das raras menções de seu uso é quando Ninmah "cria" Adamu, e então os clones de Adamu e Tiamat. Enquanto se envolve em engenharia genética, ela é, primeiro, conduzida ao seu papel e ao necessário estado de consciência por meio das palavras encorajadoras de Enki e, então, ela própria utiliza encantamentos. Enki também a ajuda com seus encantamentos mágicos.

Avaliando a capacidade de Deus de prever o desenvolvimento futuro da humanidade

É evidente que o uso de orações e encantamentos nas religiões suméria e mesopotâmica, incluindo fórmulas mágicas, tem origem no uso dos mesmos pelos anunnaki. Quero dizer que ali é sua origem, mas não está reduzido a ela. De fato, temos de permitir um grande espaço para capacidades criativa e inovadora da psique humana e sua tendência em direção à mudança e exploração – isso no que diz respeito aos terráqueos e aos anunnaki. Temos de compreender que as capacidades intelectuais e espirituais dos terráqueos, mesmo quando instigadas pelos seus primeiros professores anunnaki (tais como Ninmah, Enki, Marduk e Ningishzidda), logo começaram a desabrochar e atingir novos níveis, provocando assim um processo de crescimento nos próprios anunnaki que eles certamente não atingiriam sozinhos, uma vez que uma mente imortal é menos propensa a descobertas e mudanças rápidas e radicais do que as breves e, portanto, intensas chamas mentais dos mortais que somos. Vamos mencionar que os hindus acreditam que os deuses imortais (e as almas entre as encarnações) não evoluem tão rapidamente como as humanas e, portanto, a encarnação humana é uma grande oportunidade para dar um salto em nossas consciências e alcançar o estado de Liberação no decorrer de uma vida.

Quanto à rapidez da evolução da consciência e da inteligência, eu abordei este tema em um livro de ficção científica chamado *Butterfly Logic: Experimental Planet Earth*, utilizando o exemplo da inteligência artificial (IA). Eu mostro que na sinergia da união entre a mente humana e um computador inteligente, quanto mais o primeiro operador humano (uma mulher semanticista) se comporta de forma espontânea e criativa como interlocutora, fazendo, por exemplo, perguntas e utilizando raciocínio intuitivo e não lógico, mais ela estimula o sistema de IA para ampliar seu volume de processamento de dados e refinar suas estratégias semânticas ao ponto de, finalmente, atingir um estágio de inovação. Na tendência oposta, quanto mais o segundo operador se comporta como mestre, emitindo ordens e apenas inclinado a receber resultados muito precisos sobre suas consultas, mais a máquina se torna limitada em suas operações e, finalmente, termina por ter um comportamento quase repetitivo. Esta é uma questão bastante profunda que vai muito além do escopo de apenas instigar o desenvolvimento da inteligência e criatividade de uma criança (ou, como no livro, em um sistema de IA), e este é um tema com o qual nos deparamos quando abordamos os acontecimentos no jardim do Éden. O argumento do livro de ficção científica que coloca a mulher operadora, criativa e se comportando como uma mãe com seu filho, força a máquina de IA a saltar para um novo nível de capacidades de IA para inovar, ou seja, contornar ordens e limitações prévias – e ela o faz por meio da inspiração natural, livre e despreocupada, porque ela é uma mulher com uma tendência natural a estimular crianças a aprender, a antever suas capacidades futuras (linguagem, gestos, sentimentos) e a pressioná-los e conduzi-los em direção ao potencial de sua personalidade madura. A crescente lacuna em relação à outra (clonada) máquina AI, utilizada por um mestre rígido que apenas emite ordens e somente espera ser obedecido, é precisamente analisada pelo último protagonista e conduz à autocrítica do estilo pessoal de interação autoritária e seus efeitos inibidores no desenvolvimento do processamento e na valorização da complexidade.

A metáfora é, com certeza, completamente aplicável à aprendizagem de habilidades humanas. Um estilo de relacionamento, amigável e estimulante, é treinar de forma literal o desenvolvimento da inteligência e espiritualidade nas crianças, e ele fornece outros incentivos à criatividade por meio do apoio e reação complementária. O tipo oposto, o estilo relacional rígido, aquele que comanda e espera ser obedecido o mais estritamente possível, provoca a progressiva contração e encolhimento das estratégias e processos inteligentes das crianças com o intuito de apenas adequar-se às expectativas de pai/mestre e receber sua rara e estrita aprovação. A rapidez do pai despótico em punir qualquer desvio de suas ordens torna tudo ainda pior e levaria as crianças a desenvolverem uma síndrome de impotência, especialmente se a reação exagerada desse pai se traduzir em punições desproporcionadas e, portanto, com pouca relação lógica com a suposta "falha". Se a criança tem grande dificuldade em perceber as razões de falhas antigas e, assim, prever o que poderia ser considerada uma nova falha, e sabe que, contudo, essa falha terá consequências fatais, isso cultivará na nova mente o sentimento de um pai/mestre totalmente *injusto* e *imprevisível*, perigoso e terrível, porque não pode nem ser abordado (por um tipo de discussão íntima), nem será inofensivo em uma relação e nem tranquilizado de forma segura e consistente. As tábuas nos fornecem um bom exemplo. Quando os dois jovens adolescentes, Abel e Caim, felizes por terem feito um bom trabalho que iria agradar seu senhor, Enlil – um cultivava grãos e legumes e o outro cuidava da criação de animais – foram até ele e ofereceram o produto de seu trabalho longo e árduo, um é excessivamente elogiado enquanto o outro mal recebe um olhar. Esse comportamento parental totalmente injusto leva o adolescente frustrado a tal desespero e sensação de incompetência que (agora, além de ser incapaz de se pôr à prova) torna-se violentamente irritado e ciumento e, por fim, mata seu irmão Abel. Então, de quem é a falha?

Entretanto, não deveríamos permanecer apenas nesse nível de crítica moral e psicológica porque o tema é imensamente amplo e mais global. Torna-se um problema moral e espiritual de primeira ordem quando o pai/mestre é um deus supostamente onisciente e sabe-tudo e, sobretudo, um que possuía o mero poder real de vida e morte sobre suas *criaturas*. Especialmente quando esse pai/mestre se dá o *direito* de amaldiçoar por *49 gerações* o protagonista do assassinato mencionado anteriormente, ou execrar as mulheres e a humanidade em geral até o fim dos tempos por *desobedecerem* a suas ordens. Eu fiz uma análise crítica profunda dos conceitos principais implicados na "interpretação de Pecado e Culpa" dos acontecimentos ocorridos no jardim do Éden em *DNA dos Deuses*, tais como a desobediência julgada como pecado mortal e a presunção reivindicada pela divindade despótica enquanto inflige punições terríveis a tantos terráqueos imperfeitos. Veremos imensamente mais efeitos prejudiciais dessa mentalidade tirânica e autocrática mais adiante neste livro.

O problema mais global é este: um pai deveria promover e estimular o desenvolvimento afetivo, intelectual e espiritual de seus filhos. Eles não deveriam ter filhos apenas para servi-los, cuidar do jardim e de seus afazeres e, para completar, enaltecê-los diariamente.

Esse tema da obediência cega exigida pela Divindade é levado a seu absurdo extremo quando é imposto a Abel, "Leve seu filho, seu único filho, que você ama... e ofereça-o ali como um presente queimado em uma das montanhas". Em "*Abraham and the Seeds of Patriarchy*", Carol Delaney, professora de antropologia na Universidade de Stanford, expressa uma forte refutação: "*Que tipo de Deus pediria tal coisa?*", ela exclama. Tal história, quando ouvida na juventude, "produz um efeito profundo... em nossas noções de família e gênero... independentemente de sermos crentes ou não"; de certa forma, ela estruturou nossos valores sociais e religiosos no domínio simbólico. Eu concordo, dado o estado numinoso e libertador que experienciei durante meses após o excruciante processo de análise dos dados bíblicos que exigiram lutar com essas sombras de nosso inconsciente coletivo com a determinação de dispersá-los. No entanto, como Delaney nos relembra, essa história do "sacrifício" é anualmente recontada ou recriada de forma simbólica nas três religiões do Livro, nos dias mais sagrados. Diz ela, "o 'teste' ou 'prova" para Abraão é interpretado como ele mostrando-se disposto a desistir daquilo que ele mais amava no mundo para provar seu amor a Deus. O raciocínio é compreensível, mas "*será renunciar a algo que se valoriza o mesmo que tirar a vida de outra pessoa?*... Muito mais importante, de que forma Isaac *pertence a ele* para ser sacrificado? A maior parte dos comentaristas simplesmente presumiu que... a criança *pertencia* a Abraão" (136; minha ênfase).

Delaney reage e faz a pertinente e crucial pergunta que nós, indivíduos vivendo neste tempo e cultura globais, não podemos deixar de considerar sob a luz de nossa Constituição e códigos de lei. A prova é a drástica sentença de prisão do chefe de uma comunidade cristã fundamentalista do oeste da Virgínia (chamado Stonegate) que instituiu normas tão estritas de disciplina infantil que levaram, em 1982, à morte de uma criança – como narrado por Philip Greven, então professor de história da religião na Universidade de Rutgers, em seu livro *Spare the child*, no qual ele analisa "as raízes religiosas do castigo". Esse líder encorajava os pais a usar castigo corporal ao ponto de "cada casal de pais possuir suas próprias raquetes com monograma". Uma criança de 2 anos morreu após apanhar de ambos os pais com raquetes durante duas horas, dentro da casa comum. De acordo com o juiz, essa líder era a "mais culpada" de todos, apesar de ela não ter, de fato, participado do abuso físico (39). O argumento de seus advogados era o "livre exercício da religião", mas a convicção do juiz declarava que "esse sistema de abuso infantil... era erroneamente justificado sob o pretexto de "religião"; a Corte Suprema até se recusou a ouvir um recurso.

Greven identifica a lógica para tal abuso com "o Senhor cujo nome é Zeloso", e com o Livro dos Provérbios, (falsamente, em minha opinião), atribuído a Salomão, rei de Israel (48). Greven lista uma dúzia delas (incitando o uso de varas) como a causa religiosa do abuso infantil em casa e nas escolas, conduzindo, mais tarde, à violência em famílias e na sociedade em geral. Tão tarde quanto o início da década de 1990, Greven julgou "o domínio de tais visões sobre o castigo físico", entre várias crenças nos Estados Unidos como "um assunto crucialmente importante" (40). Entre os piores desses Provérbios, "Aquele que poupa sua vara, odeia seu filho", ou "Castigue seu filho... e não permita que sua alma ceda ao choro dele". Alguns são definitivamente sádicos e cruéis, como o atroz "O azul de um machucado limpa o mal..." encorajando a listar "a parte interior da barriga". Outra, certamente seguida como um princípio sagrado pelos pais assassinos citados acima, diz para eles não se preocuparem com as consequências porque "se você bater nele com a vara, ele não morrerá". Eu não pensaria que Salomão teria truques tão sujos na manga! Seria esticar a imaginação presumir o amante charmoso e galante da Rainha de Sabá que estava, em suas próprias palavras, "encantada com o amor pela sabedoria", na personagem do insensível tirano de família paternalista que é o autor desses provérbios (veja o capítulo excessivamente pesquisado do especialista bíblico e analista junguiano Rivkah Luger, "A Rainha de Sabá na Bíblia e nas Lendas", em seu livro *Psyche in Scripture*).

Nas palavras de Moisés, no Deuteronômio: "Se um homem tem [sic] um filho teimoso e rebelde... todos os homens de sua cidade deverão apedrejá-lo com pedras, até ele morrer; *assim você afastará o mal de vocês*". (Claro, nós apreciamos, além de uma ordem vigorosa contornar seus próprios mandamentos, a lógica perversa e imperfeita: pratique o mal, mate um filho, e você limpará sua cidade da maldade!). A avaliação de Greven é dura: "Assim, o preço pela desobediência filial é a morte. A ordem de Moisés espelha claramente o desejo de Jeová que, *frequentemente*, matava aqueles que ele julgava desobedientes ou rebeldes" (49; minha ênfase).

Tais histórias, como esta de Abraão, disposto a matar seu filho para seguir ordens antiéticas, porém "divinas", são assim interpretadas (e regularmente recriadas com esta mesma interpretação) unicamente como um meio para que os ouvintes ficassem admirados ou para que *temessem* o deus desse tempo e lugar antigos; claramente o único objetivo de todos esses supostos ensinamentos. Greven julga que "ele permanece um dos exemplos mais profundamente perturbadores da disposição de Jeová em destruir a vida humana com o propósito de assegurar-se da absoluta e incondicional obediência de seus súditos" (47).

Como Carl Jung nos conscientiza em seu livro *Resposta a Jó*, nós, como humanidade – começando com Jó compreendendo que seu Senhor é um Deus injusto, ciumento e indiferente – definitivamente desenvolvemos altos padrões éticos em relação aos direitos humanos, direitos de minorias e das mulheres!

Chegou o momento, para todos nós, de avaliar, com a mente clara, o tipo de personalidade "divina" e sistema de valores que eram defendidos por nós para honrar e emular com obediência cega, cujos atos horrendos, distorcendo nossa psique, eram supostamente recontados em nosso benefício moral e espiritual.

Um *deus onisciente* deveria ter como objetivo o desenvolvimento futuro dos "filhos" – ou seja, um deus onisciente conheceria, por definição, o futuro (ou suas linhas de probabilidades) e, caso também dotado de inteligência, iria prever o futuro e preparar-se para ele; ou seja, esse deus irá preparar o caminho para acontecimentos futuros e até incitá-los. É impossível a um deus onisciente não saber que a vida é mudança constante. (Se um filósofo muito antigo como Heráclito de Éfeso, do século V a.C. – que afirmou, "Não se pode entrar no mesmo rio duas vezes" e "Tudo flui, nada fica parado" – pode, de imediato, compreender esses fatos em sua vida extremamente curta, por que um imortal não poderia perceber isso em milênios de experiência?).

Um deus onisciente e benevolente – benevolente como pais humanos – não pode falhar em prever um futuro no qual seus filhos serão adultos e tomarão a direção de suas próprias vidas, no qual eles serão livres para fazer suas escolhas, explorar novos caminhos, desenvolver novos paradigmas e ciências e tornarem-se criativos e inovadores.

Um deus onisciente, benevolente e sábio acolherá tal futuro previsto e tentará desenvolver e estimular em seus filhos estratégias mentais, traços psicológicos e a curiosidade e entusiasmo pelo conhecimento que permitirão que esse futuro seja facilmente alcançável, sem perda de valores morais e sem dor ou fricção excessivos (ele certamente tentará diminuir a dor e dificuldades, e não multiplicá-las).

E, para conseguir isso, a primeira e mais importante regra de comportamento para tal deus seria evitar reprimir o entusiasmo e o instinto natural da curiosidade, para livrar-se de forjar leis que apenas podem se aplicar em curto tempo e contexto culturais e apresentá-las como sendo eternamente vinculativas – todas as coisas que uma pessoa no papel de emitir apenas ordens e obcecada em ser mestre absoluto, certamente e sem dúvida fará.

Porém, vamos ter em mente que isso é apenas parte da questão global, porque um problema ainda mais crucial surge quando consideramos que não estamos apenas falando sobre pais amorosos ou mestre e escravo, mas sobre uma entidade espiritual que, com toda lógica, deveria ter como principal, em seu propósito proeminente, não apenas a maturidade psicológica e intelectual de seus filhos, mas ainda mais sua habilidade espiritual e o desabrochar de seus talentos e potenciais espirituais.

Mais uma vez, temos de ponderar profundamente sobre os princípios e suposições fundamentais estabelecidos pelo texto do Livro supostamente para benefício moral das crianças e também dos adultos – como faz Delaney:

Por que o modelo de fé não deveria ser uma pessoa que protege um filho apaixonadamente, em vez de sacrificá-lo ou estar disposto a sacrificá-lo? Que tipo de sistema ético/religioso poderia se desenvolver a partir disso? Por que o amor de Deus deveria ser demonstrado pela omissão da compaixão e não por meio da compaixão? Por que uma percepção do divino não é mostrada *por meio* de relações amorosas em vez de à custa delas? O que está em jogo? (145)

O poder mágico e espiritual dos MEs

A única menção repetida de algo parecido a objetos sagrados ligados a rituais mágicos ou sagrados realizados pelos próprios anunnaki é o uso de MEs. Os MEs, geralmente traduzidos ou referidos como "fórmulas", concedem ao seu possuidor o conhecimento e poder sobre uma área (seja científica, tecnológica ou um reino majestoso). Como vimos, os MEs ainda são muito misteriosos, e o melhor conhecimento que podemos obter sobre eles é quando um templo ou edifício é roubado ou profanado; os textos nos fornecem os nomes de MEs roubadas e também descrevem os efeitos produzidos pela sua remoção – em geral, falta de energia, máquinas que param, etc. Frequentemente, a única informação surge por meio de seus nomes.

Descobrimos muito quando Inanna faz uma visita a Enki com o plano de conseguir alguns MEs. Apesar de ser apenas o segundo entre os deuses na Terra, Enki é, contudo, o eminente possuidor e guardião dos MEs. Ele deve ter tido uma coleção imensa deles – já que oferecerá não menos que 90 MEs a Inanna, e, no entanto, ele não parece ficar muito desprovido depois disso.

Qualquer templo-moradia de um deus e qualquer instalação importante dos sumérios, especialmente os cinco lugares sagrados que dirigiam todas as operações espaciais e qualquer organização administrativa possuíam seu próprio deus para governá-los e seus próprios MEs para operá-los. Os dois Ekur (o primeiro em Nippur e o pós-diluviano em Gizé) eram abundantes em MEs e tecnologia de ponta baseados em cristais e pedras. Um exemplo claro da função tecnológica dos MEs surge quando Zu rouba a Tábua dos Destinos na sala Dirga no templo de Enlil, em Nippur. Isso causou efeitos drásticos na estação espacial, onde os igigi ficaram cegos de repente, incapazes de operar suas máquinas. O templo-moradia de Enlil em Nippur era o Centro de Controle da Missão dos anunnaki antes do Dilúvio e abrigava dois complexos conjuntos de alta tecnologia em duas salas, o Dirga (que contém o Duranki e a Tábua dos Destinos) e o Kiur. A primeira, o Dir.Ga ("Câmara Escura, Cintilante") ficava na plataforma da torre e era "a câmara secreta... onde gráficos espaciais (os emblemas das estrelas) eram exibidos e onde o Dur.an.Ki (Vínculo Céu-Terra) era mantido" (*Guerras*, 88). Agora, os MEs de alta tecnologia em uso nessa sala Dirga são impressionantes: "olho elevado que examina a região"; um Feixe erguido que tudo penetra" ("que vasculha o coração de toda a região"); uma vasta rede que se alonga como um braço. Desta maneira, são claramente descritos radares e *lasers* capazes de escanear não apenas o terreno e movimentos no espaço, mas também o subsolo, este último uma proeza tecnológica bastante recente para nós. A Tábua dos Destinos, como descrita no *Hino a Enlil, o Todo-Beneficente*, era assim um tipo de computador e programa com seus conjuntos de dados, gerenciando uma varredura permanente do céu e controle das espaçonaves. A segunda sala, o Ki.Ur ("Lugar da Raiz da Terra"), era descrita como um "alto pilar rumo ao céu, alcançando o céu", e permitiu a Enlil "pronunciar sua palavra" fazendo com que ela "se aproximasse do céu". Com o Kiur, nós vemos, habilmente descrito, um complicado sistema de comunicação entre a Terra e Nibiru, com uma antena na torre. Por último, porém não menos importante, assim como todos os outros grandes deuses possuíam sua própria aeronave (pássaro) ou helicóptero (pássaro-giratório) no telhado de seus templos, Enlil, diz Sitchin, possuía um renomado "Pássaro de passos-rápidos, um 'pássaro' de cuja 'mão' o perverso e o mau não podiam escapar"; em outras palavras, "um Pássaro de passos rápidos de cujas garras ninguém escapava" (*12º*, 295). Isso pode apenas sugerir, na aeronave de Enlil, um raio capaz de acertar em alvos. Quanto aos mísseis (shems) e espaçonaves interplanetárias dos anunnaki, eles ficavam nos portos espaciais – o anterior ao Dilúvio ficava em Sippar, e os posteriores ao Dilúvio ficavam em Baalbek e no Sinai.

O poder tecnológico de alguns MEs fica claro pela descrição de seus efeitos em *The Myth of Zu*. Entretanto, caso você se lembre, Anu viera à Terra, em sua primeira visita, com seu herdeiro Enlil e o neto do deposto e exilado Rei Alalu, Kumarbi, que ele deixara na estação espacial com os igigi. De acordo com o texto hitita chamado *The Kumarchi Cycle*, os igigi o adotaram e lhe ensinaram astronomia para que ele próprio se tornasse um igigi. E *The Myth of Zu* (um texto sumério reconstituído de versões das antigas línguas assíria e babilônica) fala de um Zu (ou An.Zu, "Ele que conhece os Céus") que era um órfão adotado pelos igigi, enquanto seu nome mostra que ele fora treinado em astronomia e astronáutica por eles. Assim podemos deduzir que Kumarbi é apenas outro nome para Zu (como frequentemente acontece entre os diferentes idiomas das tábuas), o que então explica que Zu iria querer se vingar dos enlilitas para recuperar o título de Rei. Mas não dos enkiitas, primeiro, porque a esposa de Enki, Damkina, era filha de Alalu e, assim, tia de Zu e, segundo, porque os igigi liderados por Marduk o adotaram e o treinaram. Em algumas orações, Marduk é claramente citado como "O governante dos anunnaki, o diretor dos igigi", como, por exemplo, no livro de Leonard King, *Babylonian Magic and Sorcery* (61).

Em determinado ponto, os igigi queriam obter alguma propriedade na Terra para onde pudessem ir e descansar, e enviaram Zu como seu embaixador a Enlil que, para impedir a negociação, ofereceu a Zu o posto de assistente no Durga. Na primeira ocasião em que foi deixado sozinho, Zu roubou a Tábua dos Destinos. E os efeitos imediatos da remoção deste ME da sala Dirga são desconcertantes: "Suspensas ficaram as fórmulas divinas; O brilho iluminado esvaiu-se; o Silêncio prevaleceu. No espaço, os igigi ficaram confusos; o esplendor do santuário foi removido".

Zu imediatamente reivindicou que, com o poder do ME, "Eu estabelecerei meu trono, serei mestre dos Decretos Celestiais; os igigi em seu espaço eu comandarei!". Mesmo quando em uma batalha feroz contra Ninurta – o Guerreiro de Enlil e Chefe dos Exércitos – Zu gabou-se: "Eu confisquei toda Autoridade; os decretos dos deuses eu [agora] direciono" (*Guerras*, 97).

O texto afirma que isso não era ilusão alguma: "com os poderes que Zu obtivera, nenhum relâmpago pode 'aproximar-se de seu corpo'".

Quando Zu se retirou para uma montanha, "Ninguém se atreveu a rastrear Zu na montanha distante, pois agora ele era tão poderoso quanto Enlil, e também roubara o 'Esplendor' de Enlil; 'e aquele que se opõe a ele se tornará como barro... ao ver seu Esplendor, os deuses desvanecem'" (*Guerras*, 97). Este ME específico, o Esplendor, é descrito como o "reinado" de Enlil – ou seja, seu papel como Comandante da Terra. Ninurta terá de obter armamentos novos e poderosos com seu pai Enlil, e só assim ele derrotará Zu.

O que esses computadores orientados para o trabalho fazem, para nós é muito fácil de compreender, isto é, no que concerne à tecnologia e ciência. O que é enigmático e indecifrável são sinais de que a ciência dos anunnaki é uma ciência integral e que os MEs parecem ser criados, cada um deles, em apenas uma única versão, assim o papel e poder, como o reinado de Enlil, ficam ligados a essa versão, e quem quer que a possua, controla a função de rei, rainha, ou então é mestre daquele domínio específico.

Conclusão sobre a religião dos Anunnaki

O que não vemos (e é muito enigmático) são os seguintes:

1. Rituais e orações oferecidos a um deus ou deuses dos anunnaki. Eles possuem o conceito de um Criador de Tudo, mas não há templos e rituais destinados a eles. Os únicos templos que os anunnaki constroem são suas próprias moradias.
2. Também não vemos conceitos globais filosóficos, morais ou religiosos, tais como um bem maior (os filósofos gregos), ou o conceito de unidade ou consciência cósmica (Tao ou brâmane das religiões orientais, Plotino); nem a crença em uma divindade superior, rei dos deuses (o bisavô dos americanos nativos, a águia dos índios mexicanos Yaqui, Amma para os dogons da África); nem mesmo os conceitos filosóficos e morais derivados de uma perspectiva espiritual, tais como esforçar-se por valores morais (todas as religiões).
3. Salvo uma exceção, nós não vemos uma deferência dirigida aos professores e locais de aprendizagem – como a ágora dos filósofos gregos ou os ashrams dos sábios orientais onde eles

ensinavam técnicas para alcançar o conhecimento interior, tais como meditação, oração, yoga e transe. O único grupo desse tipo na Suméria são os Sábios de Eridu, que obtiveram imenso conhecimento sobre todas as ciências de seu tempo e estabeleceram uma academia renomada na cidade de Enki. Os anunnaki reais (principalmente Enki, Ninmah e os enkiitas, a família de Enki) ensinam seus próprios filhos.

É apenas após proliferação da "humanidade civilizada" (*Homo sapiens sapiens*) e reis e linhas de sacerdotes foram estabelecidas que os Grandes Anunnaki pedem aos terráqueos que os tratem como deuses. Essa tendência começou com Enlil exigindo ser obedecido como o único Senhor de Edin por Adamu e Tiamat, enquanto todas as decisões entre os anunnaki na Suméria eram feitas por meio de voto dentro da Assembleia dos Deuses, sendo a maioria dos membros reais. Daí em diante, muitos reais terão seus próprios templos e serão venerados ali pela população local de sua própria cidade ou território. Com o passar do tempo, uma maior projeção de imponência, onisciência, sabedoria e justiça foi feita progressivamente, enquanto o planeta "Céu/An" e seu rei tornavam-se cada vez mais distantes dos terráqueos. E a projeção continuada também amplificava a natureza extrema e absoluta das qualidades assim projetadas e agregadas em uma personalidade. O mestre-senhor que é servido e obedecido e para quem se trabalha, torna-se o deus todo-poderoso (o que, como um líder autocrata pronunciando decretos inflexíveis acima e abaixo da Assembleia, ele, de algum modo, era) que tinha de ser louvado e propiciado com oferendas para abrandar seu bem conhecido temperamento colérico e letal.

Quando humanos de outro mundo tornam-se deuses para suas criaturas

Então, o que podemos deduzir de tudo isso? Mais uma vez, temos de esquecer nosso ponto de vista, nossa própria perspectiva espiritual para poder imaginar como os arrogantes anunnaki percebiam a civilização de terráqueos que eles criaram. Em seu próprio mundo original, Nibiru, o rei era senhor supremo e não temos vestígios de religião organizada – exceto o muito abstrato Criador de Tudo que não é venerado por meio de orações e rituais e não possui templo. De qualquer forma, nosso atual conhecimento dos anunnaki reflete apenas os dados e as tábuas que descobrimos até agora. É verdade que a síntese abrangente de Zecharia Sitchin, aliada às muitas novas descobertas feitas nas últimas décadas, definitivamente fazem uma grande diferença, e nós podemos apenas esperar por novas descobertas. No entanto, por agora, não temos realmente uma compreensão perfeita do que acontecia em Nibiru. Uma questão controversa é esta: eles poderiam realmente ter criado uma religião e rituais do nada? Nós sabemos que na ocasião da grande e celebrada visita de Anu e sua esposa Antu à Terra, por volta de 4000 a.C., uma Assembleia dos Deuses foi convocada. O Épico de Etana reconta como eles julgaram que eram muito poderosos e "muito altivos" para interagirem cara a cara com os terráqueos:

> Os grandes anunnaki que decretam o destino sentaram-se e trocaram recomendações acerca da região. Eles, que criaram as quatro regiões, que estabeleceram os assentamentos, que supervisionavam o território [decidiram que eles] eram muito altivos para a Humanidade.

Eles decidiram "baixar o reinado do Céu para a Terra", ou seja, ter intermediários, reis ou Homens Poderosos (Lugal), entre eles os Deuses (os *Elu* em acadiano, ou Altivos) e a humanidade, que seriam ambos reis e sacerdotes. (Curiosamente, *Elu*, em francês, significa "o escolhido", como o Neo do filme *The Matrix*). É dessa forma que o reinado foi estabelecido na Terra pela segunda vez, muito depois de Ninmah ter feito o Adapa e sua meia-irmã Titi (ambos criados por Enki) e sua descendência, uma linhagem de 10 reis e rainhas em sua cidade Shuruppak, muito antes do Dilúvio. No entanto, se o relato do Gênesis fala de dez patriarcas antediluvianos, as rainhas e consortes foram, em geral, reduzidas a meras "esposas".

Assim, o texto sugere claramente que os grandes anunnaki (aqueles que debatiam na Assembleia) decidiram que queriam ser tratados como deuses e venerados, e que iriam, a partir daquele momento, manter distância dos humanos da Terra. E para ainda serem capazes de transmitir suas ordens, eles agora precisavam de intermediários –

reis e rainhas humanos. Parece (na minha opinião) ter sido o momento em que eles criaram o conceito de "senhor altivo" que é, aliás, o único termo utilizado nas tábuas, apesar do fato de ser sistematicamente traduzido como *deus*. Se olharmos para as coisas pelo ponto de vista dos anunnaki, e no nível psicológico, o "baixar o reinado para a Terra" consistia mais em sua ascensão da posição de Senhores para aquela de Senhores Altivos/Deuses que tinham de se venerados do que um presente de auto-organização oferecido à humanidade. Isso fica claro pelo fato de que (1) eram eles que escolhiam os reis, e (2) estes recebiam ordens deles e, sempre que um deles tentava fazer suas próprias regras, ele era removido ou assassinado.

Foi esse, por exemplo, o caso fatal de Shulgi, Rei de Ur, durante o período III de Ur. Seu pai, Ur-Nammu, seguindo as ordens de Enlil, o Chefe dos Deuses, e seus dois filhos Nannar/Sin (a divindade de Ur) e Ninurta (Chefe dos exércitos de Enlil), travara guerras de conquista contra as "cidades do mal" dos amoritas, seguidores de Marduk, a oeste da Suméria. Mas Ur-Nammu morreu enquanto apoiava a guerra de Enlil, apesar da arma formidável que Enlil lhe oferecera para "destruir as cidades do mal e liberá-las da oposição", o que era uma "arma divina que amontoa os rebeldes em pilhas" (*Dias*, 58). Com frequência, Enlil e os enlilitas, incluindo sua neta Inanna, travam guerras com aterrorizantes armas de destruição em massa contra seus próprios semelhantes. Isso é algo que nunca vemos com Enki e Ninmah que, ao contrário, estão sempre agindo como protetores e professores dos anunnaki e também dos terráqueos; apenas visto tal coisa, em raras ocasiões, com Marduk. Entre os enkiitas, como veremos, apenas um filho de Enki, o exterminador neurótico Nergal, demonstra tais tendências tirânicas e perversas.

Nós sabemos, por meio de diversas tábuas, que o povo da Suméria ressentiu-se profundamente com o mais poderoso Deus Altivo por ele ter permitido que o herói que lutava por ele morresse. Para eles era inconcebível que os deuses fossem tão impotentes ao ponto de serem incapazes de tornar seu campeão invulnerável ou, então, de revivê-lo. Eles sabiam que os deuses possuíam meios poderosos para o reavivamento; por exemplo, Enki enviou um emissário para reviver Inanna após ela ter sido assassinada por sua irmã Ereshkigal na ponta sul do Abzu (África), e foi declarada morta (nem mesmo precisou fazer o reavivamento ele mesmo). Da mesma forma, Hermes/Ningishzidda foi ao resgate de Hórus, mordido mortalmente por um escorpião durante sua luta contra Seth, o assassino de seu pai, Osíris. Claro, isso explica a ética e habilidades dos enkiitas, mesmo quando se tratava de uma enlilita como Inanna.

Na mente dos povos das cidades de Enlil, este simplesmente havia negligenciado proteger e reviver seu rei eleito, Ur-Nammu. Um ponto interessante sobre a população de sumérios nascidos na Terra, que vemos várias vezes nas tábuas, é que eles não temiam nem um pouco responsabilizar os Senhores Altivos por falhas graves e expressar suas críticas sobre algumas ações e comportamentos dos deuses, mesmo quando se tratava de deuses de sua própria cidade, que eles deveriam venerar e obedecer cegamente. Veremos uma condenação plena e atribuição de responsabilidade ao Chefe dos Deuses e Comandante da Terra, Enlil, assim como Ninurta e Nergal, pela destruição da civilização da Suméria por nuvens de contaminação radioativa, considerada não menos que o "veneno amargo dos deuses". Assim afirmam os Textos Quedorlaomer,

> Enlil, sentado entronado na arrogância foi consumido pela raiva. Os devastadores mais uma vez sugeriram maldade. Ele que queima com fogo   [Ishum/Ninurta] e ele do vento do mal [Erra/Nergal] juntos fizeram suas maldades. (*Guerras*, 330)

Isso é para nós a causa para compreender quanta diferença há entre coabitar com o Senhor-Deus de uma cidade e assim testemunhar suas ações diariamente – ou seja, com a mínima possibilidade de ocultar e encobrir fatos de guerras, punições e devastação – e a situação na qual o Senhor é tão reservado, além do humano, e etéreo, que toda a responsabilidade pelo que é "mau" e "errado", todas as falhas e adversidades são atribuídas aos fracos e desobedientes mortais. A história de Shulgi, filho e herdeiro do herói que morreu por seu Senhor-Deus, é esclarecedora neste aspecto. Voltemos a ela.

Após a morte de seu pai, Shulgi foi entronado, por um decreto de Enlil e dos principais deuses de seu clã. Ele decidiu unificar os territórios confiando no comércio em vez da guerra – sinal de alta moralidade, inteligência e benevolência. E, de fato, ele liderou uma era de grande prosperidade na qual os comerciantes de Ur tornaram-se renomados por todo o Oriente Médio e mesmo além dele. Ele também recebia favores amorosos de Inanna. Mas, enquanto isso, Marduk e seu filho, Nabu, conquistavam seguidores nas cidades em Canaã. E Enlil e os principais deuses governantes não estavam satisfeitos; o que eles tentavam exaltadamente fazer era dar um xeque-mate na grande influência pacífica de Marduk e queriam fazê-lo por meio de guerras – ou seja, chacinar os seguidores "pecaminosos" e destruir suas cidades. E assim eles decidiram, abruptamente, que Shulgi deveria ser removido. Mas apenas remover o rei não era satisfatório o suficiente para os enlilitas; julgando que "ele não cumprira as regras divinas", ele foi condenado à "morte de um pecador" (*Dias*, 65). E efetivamente ele morreu no mesmo ano (2048 a.C.), embora tenhamos pouca informação sobre como ele foi assassinado. (A Inquisição não inventou suas formas macabras e tortuosas para julgar se qualquer pensamento ou crença divergente era mau, errado ou pecaminoso, e para exterminar seus inimigos). É o mesmo desejo ardente e implacável de aniquilar Marduk e Nabu que levou os enlilitas, 24 anos mais tarde, a desencadear a catástrofe nuclear e destruir sua própria civilização. Deixar o Rei Ur-Nammu morrer durante a guerra que ele lutou por seus deuses (nenhum "artesão dos deuses" foi convocado para ajudá-lo ou revivê-lo), livrar-se do pacífico Rei Shulgi, condenando-o a uma morte horrenda – isso era o máximo que um poder autocrático poderia fazer para deixar claro que os reis eram apenas marionetes dos deuses e que a suposta remoção do governo "do Céu para a Terra" ainda estava muito longe.

Para concluir sobre a religião dos anunnaki, uma coisa certa é que eles não possuíam, como nós no tempo da Suméria, ninguém entre eles que chamariam e venerariam como "deuses". Os nibiruanos poderiam ter sido o resultado de uma longa evolução – uma evolução natural que deve ter levado milhões de anos para que a vida inteligente (todas as formas de vida são inteligentes) emergisse em uma espécie autoconsciente e autorreferente e em uma civilização tecnológica totalmente desenvolvida; uma espécie humana nesse caso (mas não por necessidade). Entretanto, vários sinais parecem implicar que eles sabiam que não eram a única espécie *sapiens* na galáxia e, talvez, não apenas a única espécie sapiens *humana*; e eles mantinham contato com outros mundos. Mas sua concepção de mundo nesse aspecto era definitivamente científica e geopolítica. Na Terra, os anunnaki estimularam essa evolução natural por meio da engenharia genética. Eles desenvolveram e "aperfeiçoaram" uma espécie mista potencializando e diversificando nossos genes, misturando os genes do hominídeo com seus próprios genes. Sitchin calculou que o impulso que deram à nossa evolução pode ter estado na ordem de 1 ou 2 milhões de anos.

Deuses sábios e videntes?

O poder e conhecimento desses deuses anunnaki deve ter sido extraordinário para os terráqueos que éramos na época. Acrescente a isso a consciência de que devíamos tudo a eles – de nossos estados exaltados como espécie inteligente evoluída a todas as facetas de nossa civilização e ciência. Não é surpresa que tendíamos a ser condescendentes e totalmente gratos por seu papel em nossa evolução, a não ser que eles tivessem planos radicais de destruição e aniquilação.

Nós devemos mencionar, contudo, que o que consideramos sua "onisciência" era, na sua maior parte, baseado em tecnologia e, ainda assim, muito longe de ser aquilo que o termo implica, ou seja, *sábios*.

Para começar, a comunicação com Nibiru era estritamente tecnológica. Há um computador ou ME especial para estabelecer contato permanente (o Vínculo Céu-Terra, ou *Duranki*) no Ekur sumeriano, outro no egípcio e, finalmente, um no Sinai. Em uma ocasião especial relatada nas tábuas, este canal de comunicação é voluntariamente rompido por Enlil – para que Anu não fosse capaz de interferir nas ações discutíveis que ele planejava na Terra – especificamente, antes de Enlil atacar as instalações das minas de ouro no Abzu e sequestrar os seres extraordinários e levá-los para serem trabalhadores na Suméria. Diz o texto do *Mito de Pickax*:

> No Vínculo Céu-Terra ele [Enlil] fez um corte,
> Certamente ele apressou-se para desconectar o Céu da
> Terra.

Mas a melhor prova é negativa: os anunnaki definitivamente demonstram que carecem de telepatia, clarividência e qualquer conhecimento psi a distância. O único psi receptivo que encontramos nas tábuas é precognição por meio de sonhos. Quanto à PC (psicocinese) ou bio-PC, o tema da cura é difícil de verificar – quanto dela é tecnologia e quanto é influência da mente?

Aqui estão algumas provas objetivas da ausência de telepatia e clarividência:

- Se Inanna tivesse percebido telepaticamente, no momento em que chegou ao portão da moradia de sua irmã no Abzu, a intenção desta de tirar seus MEs (que ela carregava em suas vestimentas e ornamentos sagrados), preparar um falso julgamento e matá-la, ela teria saído imediatamente do portão – enquanto ainda possuía imenso poder e sua aeronave (barco celestial) à disposição. Naquele ponto, dado quem ela era, ninguém poderia impedi-la. Mas ela deixou-se levar pela armadilha mortal de sua irmã como uma ovelha cega. Este fracasso de Inanna (embora ainda jovem e aflita pela morte de seu amante Dumuzi) parece implicar não apenas uma falta de clarividência e precognição, mas também de onipotência. Isto aconteceu, com certeza, antes que ela se tornasse a "Dama dos MEs, Rainha Claramente resplandecente; Virtuosa, vestida de Radiância", a Chefe dos Deuses e, agora, dotada dos mais poderosos MEs (*Exaltação de Inanna; Guerras*, 241).

- Trapaças em geral entre os anunnaki (das quais vimos tantos exemplos no livro *DNA dos Deuses*) quase nunca funcionam em pessoas dotadas de onisciência em razão apenas da sua consciência (e não baseada em tecnologia). No entanto, deparamos com elas repetidamente nas tábuas. Se fosse apenas em raras ocasiões, poderíamos invocar um ângulo cego, ou a falha ocasional de um poder mental geralmente bem dominado. Mas, muito longe disso, trapaças e mentiras são uma forma constante de interação entre os anunnaki – até no Anu – tanto no sentido de serem abusados ou de ordem abusivas. O exemplo mais revelador e triste surge quando Dumuzi tenta ter um herdeiro masculino com sua meia-irmã (que iria então governar como rei tanto dos enlilitas como dos enkiitas), enquanto ele e Inanna estão envolvidos e loucamente apaixonados; na verdade, o plano era parcialmente dela. Primeiro Dumuzi convenceu a irmã de Inanna a aceitar fazer um piquenique juntos e sozinhos – enquanto ele e Inanna tinham em mente um plano claro que amedrontaria qualquer telepata. Durante o piquenique, ele tenta excitá-la sexualmente por todas as formas de excitações análogas, como fazer animais copular incestuosamente diante dela – e mesmo assim ela não compreende. Esse exemplo fala ruidosamente por si mesmo, porque se há um domínio em que as mulheres possuem uma intuição altamente desenvolvida e arraigada e com a qual podem sentir uma atração ou um perigo iminente (pela resposta natural de suas sensações físicas e psicológicas) é o domínio sexual – e aqui nem temos de nos referir à telepatia ou psi, apenas à inteligência emocional e ao instinto de sobrevivência. A irmã de Dumuzi não é apenas incapaz de sentir o plano brutal de seu irmão, ela carece do mais básico de todos os instintos humanos: o homem excitado sendo um perigo potencial tanto para as mulheres assediadas quanto para outros homens concorrentes.

Como uma comparação, eu mesma viajava de carona a partir dos 16 anos de idade, sozinha e sem muito dinheiro. Mesmo com essa idade e sem e experiência sexual, eu era capaz de detectar, mesmo o início do desejo sexual, a excitação na psique de qualquer motorista do sexo masculino que me oferecia carona – e imediatamente eu começava um plano para sair do carro antes que a excitação ficasse muito forte para ser desviada. Claro que sempre com um pretexto plausível, assim não provocaria nenhuma reação negativa. No princípio, eu tentava impedir e contornar o processo de excitação com truques psicológicos; o principal deles era levar a conversa para suas esposas, filhos, mãe e pai – trazendo assim, para a dianteira de seu fluxo de consciência, as fortes barreiras morais estabelecidas na infância, assim como o vínculo positivo com a mãe ou seus filhos. Assim, o vínculo filho-mãe deveria suscitar neles um reflexo de proteção em relação a mim. Mas esse truque só distrai um homem excitado durante certo tempo, o suficiente para fazer o pretexto funcionar e sair do veículo. Quando comecei a viajar para o Oriente, atravessar países difíceis como o Afeganistão, o Paquistão e a Índia, às vezes eu me via no meio de um deserto ou de regiões desprovidas de tráfego, onde vilas e cidades ficavam distantes umas das outras. Eu aperfeiçoei essa técnica ao ponto de poder prever quantos minutos eu poderia permanecer no veículo e ser capaz de sair ilesa (ou seja, antes que o condutor entrasse em modo de ação e procurasse um local para parar o veículo). E eu ficava atenta (nos tempos de reserva) a algumas casas ou uma vila onde eu estaria cercada por famílias e segura, e saía do veículo naquele local.

Eu estou inclinada a pensar (baseada no que posso ver à minha volta) que uma criança de 12 anos, hoje em dia, seria mais sensível a esse tipo de perigo predatório e mais propensa a se proteger do que a irmã de Dumuzi, apesar do fato de ela ser uma deusa.

Em contraste com a telepatia, nós temos duas ocasiões em que um anunnaki consegue informação precognitiva, emergindo durante um sonho-visão. A primeira, certamente verdadeira, é o pesadelo de Dumuzi após ele estuprar sua irmã, quando ela recusou-se a ter relações sexuais. No entanto, ele não conseguiu interpretá-lo corretamente, e foi sua irmã que o conseguiu, mandando-o fugir. Ela previu por meio do sonho que seu irmão mais velho, Marduk, viria resgatá-la e acusaria Dumuzi de violação – uma ofensa muito grave entre os anunnaki, punida com o exílio. Enquanto foge, Dumuzi de fato vê os emissários de Marduk perseguindo-o, e ele finalmente se afoga em um rio, muito provavelmente por acidente.

A segunda ocasião diz respeito a Enki. Um Galzu misterioso, dizendo ser mensageiro de Anu, aparece enquanto Enki dormia para preveni-lo do iminente Dilúvio e oferecer-lhe uma tábua com um plano para salvar Ziusudra/Noé. Enki acredita que tivera um sonho-visão, mas o detalhe inquietante é que, ao acordar, ele encontra uma tábua descrevendo como construir um tipo de submarino. No que diz respeito à precognição (que supostamente aconteceu por meio de um sonho-visão), não a deveríamos subestimar, porque também poderia ter sido uma encenação por parte de Enki com o objetivo de desviar a responsabilidade de salvar a humanidade e Ziusudra (contra as ordens claras de Enlil) invocando uma força sagrada superior.

Isso está em acordo com sua encenação na casa de bambu de Ziusudra – quando ele "fala com a parede de bambu" e, supostamente, não com o próprio Ziusudra, para adverti-lo da chegada do Dilúvio e dar-lhe o plano de um barco submergível. Desse modo, ele não está infringindo – estritamente falando – o juramento que Enlil impusera a ele e a todos os outros deuses, que era não permitir que a humanidade soubesse da iminente catástrofe (veja figura 4.5).

Agora, no caso de ser uma história inventada por Enki (e não um sonho precognitivo real), então teremos outra ocasião em que um anunnaki eminente, Enlil, fora incapaz de conhecer telepaticamente o plano de seu irmão Enki de contrariar sua decisão.

Em contrapartida, Alalu (o antigo Rei de Nibiru deposto por Anu) pode ter demonstrado precognição e/ou clarividência quando fugiu em seu foguete espacial após ser derrotado. Ele veio para a Terra e encontrou o ouro que poderia salvar Nibiru, assim como sua própria vida (no acordo para comprar seu retorno seguro a Nibiru). Se não se tratava de capacidades psi, no mínimo era uma sequência de sincronicidades – uma verdadeira serendipidade.

Recorrendo a todos os materiais mencionados acima (e mais), nós podemos estar claramente seguros de que os maiores entre os anunnaki reais não possuíam telepatia e, além disso, seu sistema de alerta instintivo não era realmente funcional. E deixaremos aberta a questão se possuíam ou não algum grau de precognição, em sonhos ou conscientemente. É claro que, quanto a este último ponto, a fim de que a suposta mentira (sobre um mensageiro advertindo e fornecendo informação pré-cognitiva em sonho) fosse aceita por Enlil, deve ter sido necessariamente uma proeza psi ou espiritual que era conhecida como algo que acontecia na realidade, mesmo que raramente. Eles deveriam possuir, em sua história registrada em Nibiru, ocasiões de sonhos visionários ou outros presságios – e isso justificaria os presságios tornando-se base da civilização suméria. Então, falando estritamente, esses sonhos não seriam precognitivos tanto quanto seria um verdadeiro mensageiro enviado por uma fonte divina. Mas, naquele caso, por que seu deus não é objeto de culto? E por que eles esperam dos terráqueos um culto dedicado a eles, em seus próprios templos-moradias onde cada grande anunnaki possui seu estatuto divino sendo exaltado e reconhecido (significando que eles próprios são objeto de um culto)? Apenas imagine por um minuto que nós, a humanidade com uma crença em deus, criara uma nova espécie – consciente e instruída como o *Homo sapiens sapiens*. Nós ainda teríamos, mesmo que esperássemos ser honrados como mestres, que fazê-los rezar e celebrar ritualmente nosso próprio deus. Nós não nos atreveríamos a tomar o papel de Deus completamente, a ponto de nos colocarmos em seu lugar. Desse modo, temos de deduzir que o conceito de deus dos anunnaki, o Criador de Tudo, tornara-se uma ideia improvável, um tipo de conceito filosófico de uma força impelindo a evolução (em direção à vida inteligente e consciente). De qualquer maneira, era mais semelhante a um conceito abstrato do que um a deus personalizado dotado de uma vontade individual e a quem um culto é oferecido. Mesmo na (suposta) ausência de forma e imagem, a divindade do Livro ainda é altamente personalizada, possui determinação e um temperamento irascível e atribui planos e ordens precisos ao seu povo.

Então permanece a questão dos oráculos, dos quais vimos algumas ocorrências nas vidas dos próprios anunnaki, tais como o Livro dos Oráculos de Enki, um sistema divinatório. Nós também temos o Oráculo de Hattiland (uma pessoa que oferece previsões, tais como o famoso Oráculo de Delfos) que Marduk consulta (e cuja previsão torna-se realidade) e sobre quem não possuímos nenhum detalhe (ele/ela era um terráqueo, um semideus ou um anunnaki?).

O complexo problema é que essas capacidades, aliadas ao dom da profecia direta, serão apresentados por numerosos terráqueos, tais como os grandes oráculos femininos da Grécia (Delfos e Dodona) e os profetas do Antigo Testamento, como Jeremias ou Ezequiel, dotados de profecia e visões. Muitas previsões desses oráculos foram devidamente registradas e provou-se, mais tarde, que se tratava de ocorrências reais de precognição. A primeira ocorrência de psi deu-se com Eva, a mãe de Caim e Abel, que teve uma visão clarividente de seu filho sendo assassinado pelo irmão; ela correu para o local apenas para descobrir que Abel já estava morto.

Entretanto, o fato de os terráqueos apresentarem capacidades psi não determina que os anunnaki as possuíam e transmitiram-nas a nós por meio deles. Mesmo que nós tenhamos herdado o DNA da realeza anunnaki, totalizando quase a maioria da nossa constituição genética, essas capacidades psi poderiam refletir um salto nas consciências ou mutações provocado pela mistura e união de dois genomas, ou estimulado pelo fato de que nosso próprio DNA tornou-se mais flexível e adaptável, mais suscetível a mutações e evolução. Contudo, agora é provado que nossa taxa de mutação aleatória na espécie hominídea/humana (que foi calculada) jamais será ao nível que a teoria da evolução por meio de mutações casuais de Darwin necessitaria para explicar nossa evolução extremamente rápida.

Uma coisa é certa, entretanto: essas capacidades psi – precognição (previsão e oráculos), visões, telepatia, bio-PK e similares – foram implacáveis na humanidade e estão em alta em nossa época, refletindo o novo salto de consciência que já estamos realizando.

Um último ponto sobre os anunnaki não venerarem nenhum deus, mas acreditarem em uma harmonia subjacente no universo, é que isso provaria sincronicidades, ou seja, coincidências significativas, como descreveu o famoso psicólogo Carl Jung. Apenas a existência de tal força espiritual subjacente explicaria capacidades psi implicando informação vinda do futuro (retrocasualidade), ou sendo partilhada ou recebida a grandes distâncias (como na telepatia ou clarividência). Em meu recente livro teórico sobre cosmologia e consciência cósmica, chamado *Cosmic DNA at the Origin*, eu proponho uma hiperdimensão da consciência penetrando no cosmos, a quinta dimensão do universo e de todos os sistemas (de partículas a seres humanos e estrelas). Essa hiperdimensão syg é composta de todos os campos semânticos de todos os sistemas, e todos os Eus (o espírito de cada pessoa inteligente, seja humana ou extraterrestre); ela é repleta de partículas virtuais mais rápidas que a luz – as *sygons* –, por meio das quais os indivíduos podem partilhar informação quase instantaneamente e também podem exercer influência nos biossistemas, tais como a cura.

Aqui temos uma tradição filosófica existente e resiliente que existe no Oriente, tanto no conceito do Tao (dos Taoístas Chineses) como no conceito dos brâmanes e purusha (do Advaita Vedanta indiano). Ela sugere uma força espiritual (embora não personalizada), uma consciência cósmica direcionando a evolução para um estado espiritual elevado para todos os seres – incluindo não apenas animais, mas toda a natureza, desde montanhas a árvores, por exemplo, que partilham dessa intensa consciência cósmica. Essa consciência cósmica é tão aguçada e avançada que é capaz de orientar e guiar a evolução espiritual de todos os seres humanos que estejam em busca espiritual. E, no entanto, ela não é personalizada, e a única veneração oferecida a essa consciência cósmica são a determinação e o foco para harmonizar-se com o espírito da pessoa e, assim, ao alcançar seu eu e sua comunidade, atinge uma consciência superior em harmonia com o universo.

No Oriente, esta tradição envolve (como um primeiro passo), alcançar uma perspectiva sem ego, um distanciamento dos prazeres terrenos e éticas muito elevadas (como o respeito pela vida e o respeito pelos caminhos dos outros) que seriam difíceis de encontrar nos anunnaki.

2

O Blecaute sobre a Natureza Humana de Deus

COM O QUE REUNIMOS SOBRE os anunnaki e as tábuas sumérias descrevendo acontecimentos tão semelhantes ao texto do Gênesis, ainda que de forma mais detalhada, agora é impossível não considerar o envolvimento dos anunnaki sumerianos em nossas origens. E esses anunnaki claramente afirmavam que vinham de outro mundo e que, mais tarde, eles criaram a espécie humana nascida na Terra por meio de engenharia genética. Além disso, nós temos de aceitar a evidência de que as tábuas sumérias originais (traduzidas palavra por palavra em mais ou menos seis diferentes idiomas antigos, incluindo acadiano, a língua materna do hebraico) são definitivamente a fonte para o livro do Gênesis.

Três cenários para a composição do Gênesis

Baseado em minha pesquisa, há três tipos possíveis de cenários sobre como o Livro de Gênesis – sobre a criação da humanidade e os tempos primitivos – veio a existir.

Tipo 1: Um anunnaki quase imortal recontou a um escriba *escolhido* a história como ele a vivenciou com sua própria visão do mundo do que aconteceu (através do vidro escurecido de seu campo semântico). Claro, a identificação de Enlil como uma divindade do Gênesis é raramente questionada pelo fato de ele ser o protagonista principal (como um Senhor-Deus) em vários acontecimentos fundamentais e, durante esses acontecimentos, ele age, pensa e fala da mesma forma tanto nas tábuas sumérias quanto no Livro.

Tipo 2: Um erudito nascido na Terra, o *Pensador*, começou a estudar e refletir sobre as tábuas sumérias e decidiu reescrever um relato da história humana primitiva em hebraico.

Eu os chamarei de o cenário *escriba versus* o cenário *pensador*. No primeiro caso, o escriba, ele teria registrado as palavras de Deus, como muitos teólogos acreditam. No segundo caso, o pensador, ele teria fabricado a história dos tempos primitivos baseado em várias tábuas sumérias e mesopotâmicas.

Devemos notar que a tendência histórica atual consiste em datar a escritura dos textos bíblicos primitivos de acordo com o período cativo na Babilônia, após a destruição do Templo de Jerusalém por Nabucodonosor no ano 586 a.C.; isso teria fornecido aos eruditos israelitas acesso à (antiga) biblioteca do próprio versado Marduk e da linhagem de reis da Babilônia, certamente bastante ampla em termos de tábuas sumérias antigas, cilindros e outras tradições do gênero. De acordo com a antropologista Carol Delaney, eruditos mais convencionais discordam (assim como ela própria) e estabeleceram as duas linhas ou fontes do Gênesis como sendo anteriores à destruição de Israel pelos assírios em 722 a.C.; a autoria da linha J (Yahweh) aconteceria aproximadamente entre 922 e 722 a.C.; e a segunda, a linha E (Elohim) por volta de 848 e 722 a.C. (Delaney, 1998, 131, n4). Essa última datação, então, faz uma clara distinção entre as sentenças tendo os Elohim (plural de deus) como tema, e os atribuídos à Divindade Y., singular.

Entretanto, meu método consiste em analisar os campos semânticos revelados por grupos de palavras – ou seja, a visão de mundo específica do autor. Como mostrei por meio de uma análise semântica profunda do texto sobre o jardim do Éden em *DNA dos Deuses*, há dois campos semânticos distintos conectados no texto do Gênesis refletindo valores, visões de mundo, crenças, comportamentos e dogmas que são totalmente distintos e pertencem a culturas e épocas totalmente diferentes. Um deles está claramente de acordo com as tábuas sumérias e estabelece fatos e acontecimentos de maneira informativa e detalhada, sem julgamentos. Chamei-o de Estrutura Informativa (ou EI). O segundo estilo semântico está carregado de julgamentos morais e está determinado em atribuir responsabilidade aos terráqueos, enquanto defende o que considera a "justa" e "virtuosa" ira da divindade – dando assim razões plausíveis para as punições que impunha a eles. Chamei-o de Estrutura Moralista (ou EM). Mais adiante, a história de Lot revelará ainda outro pensador/narrador nutrindo uma visão de mundo com Estrutura Moralista semelhante, embora com um perfil psicológico e estilo de "ensino" tão distintos que serei levada a chamá-lo de Narrador 3. Assim, temos de considerar um terceiro cenário:

Tipo 3: Houve uma primeira versão em acordo com as tábuas sumérias e, muito mais tarde, uma edição desse texto feita por um sacerdote que pertence a uma crença amparada por uma visão de mundo estrita e moralista. Editores/narradores adicionais de um período muito mais recente da história poderiam, então, ter forjado uma edição de alguns textos ou poderiam ter inserido novos textos.

O que vemos no Livro é a representação de um deus masculino com traços psicológicos marciais, inclinado a distribuir ordens e punições, propenso à raiva e cujos interlocutores são seletivamente masculinos, com exceção de raras ocasiões. Vemos um deus único e solitário – sem esposa, família ou descendentes. Um deus que não parece residir na Terra, e sim no "céu", e parece definitivamente cada vez mais imaterial – sem um corpo ou necessidades – imortal, onisciente e onipotente. Ele se posiciona o mais longe possível dos frágeis humanos, suas criaturas. No entanto, esse nem sempre foi o caso, mesmo no Livro. Por exemplo, ele foi atraído pelo cheiro de carne assada quando Noé fez uma oferenda no Monte Ararat, quando a enchente diluvial começou a recuar e ele aceitou uma refeição principesca oferecida por Abraão no caminho para a destruição de Sodoma.

Como alguns especialistas bíblicos notaram, uma repetida alusão ao fato de ele não ser o único deus vem (1) da insistência em dizer que ele é o único Deus singular, (2) quando ele previne seu povo a não seguir outros deuses, e, é claro, (3) as muitas vezes que o plural *Elohim* (Senhores-Deuses) é utilizado em sentenças em que não poderia ser um *nós* da realeza.

Também notáveis são duas ocasiões no Livro em que uma referência clara e precisa é feita acerca de outros deuses e de seu filho. Em Provérbios: "Quem subiu ao Céu e também desceu?... Qual é o seu nome, e qual é *o nome de seu filho* – caso possa dizer?" (30:4, minha ênfase); e nos Salmos 97:9, "Pois Você, Ó Yahweh, é supremo sobre toda a Terra; mais supremo é Você sobre todos os Elohim".

Assim, sobre os Mandamentos entregues a Moisés, Sitchin diz (*Encontros*, 298):

> Os primeiros três mandamentos estabelecem monoteísmo, proclamam Yahweh como o Elohim de Israel, o único Deus, e proíbem a criação de ídolos e sua adoração:
> Eu sou Yahweh, seu Elohim...
> Você não terá nenhum outro Elohim além de mim.

Uma coisa é certa, os patriarcas antigos, como Abraão e Moisés, se comunicavam com ele e recebiam seus comandos, e ele supervisionava-os muito atentamente. Abraão teve um contato cara a cara que consistiu em uma refeição para um convidado oferecida em sua tenda, que durou toda uma tarde (em 2014 a.C.).

Abram (ainda com seu nome sumério nessa época), justo no dia anterior em que a Divindade destrói Sodoma e cinco cidades da planície do Sinai, assim com o porto espacial, vê "três homens" chegarem à entrada de sua tenda, que ele reconhece imediatamente como sendo divinos – seu Senhor e dois *emissários* (nome hebraico: Malachim) (*Guerras*, 310).

> [Abram] estava sentado na entrada da tenda, no calor do dia. E ele ergueu os olhos e viu, e contemplou – *três homens* parados diante dele, e conforme os viu, ele correu da entrada da tenda em direção a eles e curvou-se, em reverência. [Minha ênfase.]

Abram, então, dirige-se a eles como "meus senhores" e implora a eles para que aceitem sua oferta como um banquete principesco digno de seus convidados honoráveis. Os três visitantes comem com Abram e em seguida descansam durante toda a tarde. Depois deixam a tenda de Abram no crepúsculo "E os homens elevaram-se dali para inspecionar Sodoma do alto" (minha ênfase).

Em contraste (como vemos no Deuteronômio 4:11-15), com Moisés no Monte Sinai, após a fuga do Egito (1433 a.C.), a Divindade não quer mostrar seu rosto ou nada que possa revelar sua natureza humana (minha ênfase):

> O Monte ficou coberto por fogo que alcançava o meio do céu, e [havia] uma nuvem escura e uma névoa densa. E Yahweh falou com você de dentro do fogo; você ouviu o som das palavras, mas *a imagem de um semblante você não viu – ouvia-se apenas uma voz.*

Quando Moisés pergunta "mostre-me seu rosto!", a Divindade responde:
Você não pode ver meu rosto, *pois nenhum Homem pode me ver e viver.*
E quando Moisés insistiu "Por favor, mostre-me sua glória!"

> Suba naquela rocha... Cobrir-te-ei com minha mão até ter passado; e então retirarei minha mão, *e você verá minhas costas; mas meu rosto não será visto.*

Contudo, o fato de a divindade ser consciente de seu efeito nas pessoas é uma autoadmissão. Y. "disse a Moisés: "Contemple, eu virei até você em uma nuvem espessa, permitindo às pessoas ouvir quando eu falar com você, para que eles também tenham fé em você'" (*Encontros*, 297). Porém, a divindade decidiu que seria um Deus invisível, sem rosto (especialmente humano) e apenas uma silhueta. Parece, entretanto, que apenas mais tarde uma exegese proibiu representar ou conceituar a divindade como tendo um corpo – e assim qualquer "semelhança" com suas criaturas era rejeitada. Isso é uma antinomia extrema em relação à criação do homem, como os Elohim do Livro afirmaram sua intenção: Vamos fazer o Adão à nossa imagem, conforme nossa *semelhança*."

Yahweh e sua esposa Asherah

Novos dados arqueológicos descobriram um sítio primitivo em Israel no qual uma inscrição antiga gravada em uma pedra dizia "Yahweh e sua Asherah" (*Revista História*, videodocumentário sobre monoteísmo, *Arte*, 14 de maio, 2014). Para os arqueólogos presentes no sítio, tratava-se definitivamente de uma gravação antiga que claramente afirmava que a divindade possuía uma esposa, (a deusa) Asherah. Uma questão interessante colocada pela historiadora Gerda Lerner em seu livro *A Criação do Patriarcado*, que trata dessa mudança histórica para a religião de apenas um deus (da qual o Livro é *o* alicerce essencial) é que "a urgência do monoteísmo judaico toma a forma de um ataque aos cultos difundidos de várias deusas da fertilidade" (10). Assim, ela observa acerca das origens da humanidade, "o criador divino da vida humana, que na história suméria era a deusa Ninhursag [Ninmah], é agora Yahweh, Pai-Deus e Senhor" (185). André Lemaire consequentemente dedicou um artigo à questão, intitulado "Quem ou o que era a Asherah de Yahweh?' E, no entanto, nós sabemos como Y. aniquilará e esmagará impiedosamente quem ainda honrar a Grande Deusa, cujo culto representava, com toda a lógica, uma reapresentação do Ato da Criação por Ninmah (em razão do símbolo da árvore de Asherah) por meio de sua esposa divina Asherah.

Da mesma maneira, como afirma Elaine Pagels no livro *Os Evangelhos Gnósticos* (37), citando os textos descobertos em Nag-Hammadi, o demiurgo "governa como rei e senhor", mas "não é Deus" (no sentido de que ele não é etéreo) – apenas um rei humano, como Enlil é o Comandante da Terra. O demiurgo gnóstico é cheio de orgulho e autocrático, propenso a esquecer que tem uma mãe de elevado estatuto espiritual, chamada Sabedoria (*Sofia*, em grego). Em um texto, ele vangloria-se e exclama:

"Eu sou pai, e Deus, e acima de mim não há ninguém". Mas sua mãe, ao ouvi-lo falar dessa forma, gritou contra ele, "Não minta, Iabaldaoth". (Irineu, *Contra Heresias*, 1.30.6)

E, em outro texto que relata o mesmo acontecimento, sua mãe, Sabedoria (Sofia), responde "Você está errado, Samael!" (*Samael* significa "deus dos cegos"). Então Vida, filha da Sabedoria e sua irmã, diz após sua mãe: "Você está errado, Saklas!" (Hipóstase dos Arcontes).

Como nota June Singer em sua dissertação "*Jung's Gnosticism and Contemporary Gnosis*", "No gnosticismo, o princípio da Origem é o elemento Pai-Mãe; o segundo é a Trindade no símbolo ou figura de Cristo... e o terceiro é Sofia, Espírito Santo ou imagem da sabedoria (também conhecida no Judaísmo como Shekhinah, e no Hinduísmo como Shakti), o aspecto da psique que proporciona o dinamismo que leva à individualização [o processo do despertar espiritual para o Eu da psicologia junguiana]...o gnosticismo vê o princípio Pai-Mãe como uma força criativa contínua emanando luz ou energia no universo e no espírito humano como o *principium individuationis* [a entidade que provoca o processo de individualização].... No gnosticismo, o feminino é salvo da profundeza da matéria e retorna para estatuto equivalente ao masculino. No gnosticismo, desde sua fundação, as mulheres assim como os homens são sacerdotes" (88-89).

Podemos, portanto, presumir que a divindade que fala e é descrita pelo Livro, tida como o demiurgo dos textos gnósticos, possui um perfil psicológico tão semelhante ao de Enlil que não podemos errar na identificação. Por seu caráter autocrático, ele ditaria ou então supervisionaria a recontagem dos eventos que aconteceram na Suméria nos tempos primitivos. E, consequentemente, os relatos que temos no Livro (fabricados ou recebidos como um ditado) são uma interpretação estrita da específica visão de mundo – dessa forma, da interpretação dos acontecimentos – desse deus anunnaki em particular. Os patriarcas estavam muito fascinados e temiam deus como uma virtude – o suficiente para não escrever (no cenário pensador) qualquer coisa que pudesse desagradá-lo. Portanto, os cenários Tipo 1 e Tipo 2 levam à mesma conclusão: o que é expresso no Livro é a divindade da visão de mundo do próprio Livro.

Também não podemos fingir que éramos criaturas tão baixas, comparadas a ele, e que ele nos concedeu apenas aquilo que podíamos compreender – por que, então, nos atribuir um relato histórico? E por que ele se sentaria na tenda de Abraão para compartilhar uma refeição e uma tarde? Por que Enki ensinaria os humanos de forma incansável? Até Anu concedeu o conhecimento a Adapa! E não apenas Noé, mas também Enoque foi escolhido por Enlil e Anu para residir na moradia sagrada dos Deuses e recebeu imortalidade.

Considerando tudo, nós podemos identificar com segurança a autoria do *campo semântico* do Livro – sua visão de mundo e valores – se não do próprio texto e, assim, a perspectiva específica dos acontecimentos recontados no Livro, e até do "Deus Uno" expressando-se nele. E podemos ponderar sobre a visão de mundo apresentada e tirar conclusões dela.

O fato é que, fingindo ser o único deus – enquanto era uma figura masculina definida, nascida do ventre de uma mulher e casado, com uma barba e temperamento marcial, comendo e descansando – ele estava, em razão disso e de fato, invadindo os direitos de sua família.

1. Ele retirou sua esposa do assento do comando, privando-a, assim, de seus direitos sociais (de acordo com as leis e costumes sumérios, que diziam que um casal sempre reinava em uma cidade). E, de fato, nós sabemos que Enlil, antes do ataque com armas nucleares na Palestina, abandonara sua esposa, a deusa Ninlil, por um longo período tempo – prefigurando, assim, a vigorosa extinção da Grande Deusa Asherah de qualquer relato oral ou escrito.

2. Por nunca mencionar sua mãe, ele apagou a memória dela da mente de "seu povo". Além disso, ele foi tão longe a ponto de destruir sua própria cidade, Jerusalém, quando os moradores, (que eram agora sua "posse") ainda honravam a mãe-deusa.

3. Ele fez o mesmo com sua primeira amante – sua irmã direta Ninmah, também chamada Deusa (Nin) da Vida (Ti), Ninti, mãe de seu primogênito Ninurta, seu Guerreiro-Chefe – e com suas prováveis concubinas, como era costume entre os anunnaki, transferidas aos patriarcas. Assim, Ninti, que recebeu este nome após criar os primeiros homens e mulheres, é definitivamente a "Vida" dos textos gnósticos.

4. Consequentemente, ele privou seus próprios filhos de qualquer reconhecimento por seu "Povo Eleito" – especialmente *seu herdeiro legal Nannar*. Isso levará à obliteração da família da divindade do Livro, e dos anunnaki "que vieram para a Terra", pelas três religiões do Livro.

5. Agora surge uma consequência ainda mais pesada – uma que seria a mais prejudicial para a psique coletiva dos humanos da Terra: trata-se do total blecaute da informação de que os anunnaki eram uma raça de humanos e não os seres imateriais e etéreos que se tornaram (a divindade do Livro e seus anjos),

aliviados, então, de todas as características e defeitos humanos. O fato de ter sido uma retenção deliberada de informação por parte da Divindade em primeiro lugar – e não por parte dos editores ou narradores do Livro – fica claro pela drástica mudança a esse respeito, como vimos, no momento em que Abraão foi visitado por seu senhor em seu acampamento no deserto e a ocasião de Moisés, no Sinai, apenas 600 anos mais tarde.

A dominante e esmagadora arrogância do Deus

O povo "eleito", sendo regularmente repreendido, punido e brutalmente aniquilado – e apenas recebendo ordens – dá a impressão de que (nas religiões monoteístas) as criaturas humanas da Terra pertencem a uma ordem muito inferior e irremediavelmente imperfeita, sua evolução mental semelhante à de crianças. Tanto que parece que o único modo de fazê-los se comportarem apropriadamente é com a vara e, no entanto, eles continuam cometendo erros mortais pelos quais são punidos impiedosamente. A Divindade, por sua parte, está em uma posição vasta e imensamente superior, uma posição que é, por definição, o bem supremo, sempre justo, conhecedor de tudo, sábio, poderoso e inatingível. Sua sabedoria é impenetrável, seu caráter impossível de compreender. Ele é infalível e sem defeitos, sempre correto. Ele é a própria Retidão, e a própria Justiça. Conforme analisei em *DNA dos Deuses*, aqui temos uma agregação de qualidades positivas no conceito de Deus Único e Imaterial, e uma agregação inversa, de qualidades negativas, recaindo sobre a humanidade imoral.

Conforme observou Nathan Schwartz-Salant, professor de psicologia jungiana profunda e analista, em "Patriarcado e Transformação", tal agregação de qualidades apenas positivas na imagem de um Deus patriarcal apenas deixa para nós, humanos, sua sombra para presumir: "Essa é a qualidade sombria do bode expiatório da imagem de um Deus patriarcal: 'Nós devemos ter feito algo errado; de que outra forma poderia ser tão mal'" (69)! Para Jung, em *Resposta a Jó*, a grande mudança de consciência conduzida por Jó ao confrontar sua Divindade (no Livro de Jó) foi que precisamente Jó viu e fitou "a natureza dupla de Yahweh", que continha o Bem e o Mal (386).

É claro que este é o tipo de mudança de consciência do qual muitos seres humanos estão no processo de realização; como Murray Stein, professor e analista de estudos junguianos nos adverte em *"Jung's Green Christ"*, "Para homens e mulheres modernos, a catedral reluzente é destruída... e o Deus que governa a história humana provou ser perigoso e destrutivo" (3). Mesmo um professor de religião e analista junguiano como John Dourley afirma, em *A doença que somos nós: a crítica de Jung ao Cristianismo*, "teólogos e seus seguidores necessitam com muita frequência de ajuda profissional e chamada secular para se recuperar das consequências de sua teologia... Como podemos evitar a crença que mata?" (75, 88).

Assim fica enfatizada uma visão de mundo completamente dupla que induz a uma esquizofrenia na qual todo o mal, defeitos, más intenções e pecados são o destino de homens e mulheres. Nossa única forma de nos aproximarmos do Bem e do Correto é seguir as ordens à risca – e mesmo isso nos trará apenas uma validação de "bons meninos".

Note-se de passagem que um ser supostamente divino que apenas dá ordens e comandos e tem acessos de raiva cega revela uma psique individual e irascível, e não um espírito imaterial. Em contraste, as leis da natureza e o domínio harmonioso do Tao estabelecem ressonâncias e restrições, sem qualquer necessidade de comandos de voz.

Agora temos de colocar essa imagem em um cenário muito particular, uma vez que devemos ter uma falha incontrolável: o pecado original exemplificado por Eva e Adão e transmitido a toda a espécie. Então, se juntarmos tudo, não somos apenas imperfeitos, também não há nenhuma possiblidade de sermos redimidos – a não ser no final dos tempos. (Daí a necessária adição ao Livro das Revelações, que traz um final à época de "Pecado e Infortúnio", que pode ser considerada, caso eterna, um ato pobre de Criação).

É nosso o outro lado absoluto da moeda – sempre imperfeitos, sempre transgredindo, nossa condição humana é de falhas necessárias, inevitável fragilidade, erros e pecados – nossa única salvação é a obediência absoluta.

Nós, como cristãos, finalmente escapamos do pecado original? Dizem que o Filho de Deus veio para a Terra para assumir "todos os pecados do mundo" e nos redimir – e, no entanto, a Inquisição acreditava ter como missão do século castigar e punir a descendência feminina de Eva e todos os pensadores livres "desobedientes", contradizendo, assim, o deus do amor em dois aspectos – primeiro porque nós, terráqueos, não fomos redimidos o suficiente pelo seu sacrifício, e segundo porque ele se apresentou como professor do amor e da compaixão.

Durante os últimos anos de sua vida, o Papa João Paulo II ofereceu algumas desculpas formais pelas abomináveis ações da Inquisição – e o fez em vários países que foram descaradamente oprimidos – como o estado de Goa, na Índia, e a América Latina. As cruéis formas de opressão e terríveis torturas para tornar as populações subservientes, assim como suas óbvias táticas para confiscar as riquezas dos pecadores, não eram veementemente usadas apenas na Europa (especialmente Espanha, França e Alemanha), mas também nas colônias espanholas (México, Peru e Colômbia) e nas colônias portuguesas (Goa, Brasil, Angola e Guiné).

No entanto, nenhumas desculpas foram feitas (que eu saiba) pela perversidade específica da Inquisição contra as mulheres – um fato ainda mais injusto, visto que todas as mulheres são mães potenciais – sem as quais os homens não teriam, em primeiro lugar, nascido. Então, a aptidão de dar à luz conta como pecado original? Não deveria, em vez disso, contar como uma *benção original*? – o dom da Vida?

Vamos relembrar Pedro, do Evangelho de Maria (Madalena), que tinha tamanha aversão às mulheres e duvidava que Cristo tivesse oferecido um ensinamento iniciático a Madalena.

> Levi respondeu e disse a Pedro, "Pedro, você sempre foi irascível. Agora eu te vejo lutando contra a mulher como adversária. Mas se o Salvador fez a mulher digna, quem é você para rejeitá-la? Certamente o Salvador a conhece bem. Por isso Ele a amou mais que nós. Devemos ficar envergonhados e criar o Homem perfeito, e separar, como Ele comandou e pregar o evangelho, sem *impor outra regra ou lei além daquilo que o Salvador disse*" [a ênfase é minha].

A última sentença não era definitivamente o tipo de dogma que uma religião institucionalizada poderia tomar como seu!

Cristo era, definitivamente, uma força de amor e compaixão. Como os piores crimes contra a humanidade foram cometidos em nome do Deus do Amor, é difícil de imaginar – não apenas guerras, mas genocídios de povos e grupos inteiros (os cátaros, os infiéis, os indígenas das Américas Central e do Sul, os Cavaleiros Templários, os nestorianos...), tornando-a, assim, na religião mais despótica e sanguinolenta da história, superando amplamente a religião asteca.

O que proporcionou à Inquisição da Igreja essa arrogância imensa e insana – pensar que eles tinham o poder da vida e morte das pessoas, de seu povo? E que as pessoas não tinham de pensar, e sim apenas obedecer e seguir a quaisquer axiomas que eles decidiam (naquele momento da história) ser a única "Verdade"? O mesmo dogma que eles trocariam por outros dogmas alguns séculos mais tarde?

Assim, nas religiões do Livro, enquanto deus nos fez à sua imagem e semelhança, nós éramos, apesar disso, certamente uma imagem muito má e imperfeita... a não ser que o rascunho estivesse desfocado.

Foi apenas com esse estudo profundo sobre os anunnaki que eu compreendi o que Carl Jung sugeria quando julgou que o mal era o bem no início da criação da humanidade, e ele responsabilizou o criador por isso, em vez de suas criaturas. Nossos antepassados, que nos proporcionaram o fantástico dom da vida com seu DNA (a engenharia genética não nos faz diferentes de seus próprios filhos) eram simplesmente como nós, uma mistura criativa de potenciais ótimos e adversos que podiam ser desenvolvidos e explorados. A confusão, então, poderia ter como única fonte nossa imperfeita concepção de deus (e aquilo que projetamos nessa imagem de deus, conforme argumentaram Carl Jung e Edward Edinger) – um conceito que os anunnaki (que não veneravam deuses) contornaram e trocaram por uma compreensão mais científica para o nascimento de vida exuberante e civilizações inteligentes em um universo impregnado de misteriosa consciência cósmica.

Foi apenas no final do século IV, início do século V, com Agostinho, bispo de Hipona, que a maioria dos bispos católicos e judeus eruditos bíblicos uniram-se a sua nova visão radical, "de que a morte atingiu a raça humana para punir o pecado de Adão" (Pagels, *Adão*,

Eva e a Serpente, 131, 125). Mesmo seu adversário, Pelágio, (depois de João Crisóstomo) argumentou que "a mortalidade universal não pode ser resultado do castigo de Adão, uma vez que Deus, sendo justo...[Ele] não condenaria toda a humanidade pela transgressão de um único homem". Agostinho reuniu a nova igreja à sua volta; Pelágio foi excomungado. E novamente a morte em nosso planeta era por causa de nossos pecados (até a morte de plantas e animais!). Mas antes disso, os gnósticos mantinham as forças da criação, os primeiros Princípios do pleroma (o reino divino), e abrangiam tudo – o bem e o mal. Não apenas o Pai-Mãe era assim, mas também o Logos/Cristo e a Sofia/Sabedoria que, no texto gnóstico Trovão, Mente Perfeita, entoa sua totalidade interior:

> Eu sou a primeira e a última.
> Eu sou a honrada e a desprezada.
> Eu sou a prostituta e a sagrada....
> Eu sou conhecimento e ignorância....
> Eu sou tonta e eu sou sábia....
> Eu sou aquela que eles chamam vida [Eva] e você chamou de Morte...

O impacto psicológico dos humanos versus a polaridade irredutível de Deus

O primeiro ponto a considerar em uma compreensão psicológica sobre nossa relação com deus é o fato de que a humanidade foi totalmente relegada a apenas o extremo oposto: aquele da imperfeição, do pecado, da debilidade – criando, assim, a dualidade bem-mal. A sugestão de que Deus era etéreo e acima dos humanos estabeleceu outra divisão – a dualidade espírito-matéria. O homem, disse a Divindade do livro, "era apenas carne" (e não alma); a matéria e o corpo tornaram-se objeto de rejeição, aversão, pecado e vergonha.

Em *DNA dos Deuses*, eu tratei da repressão da sexualidade (e o derivado assédio das mulheres) nas religiões monoteístas, considerando que os dados antropológicos mostram que, quanto mais antiga a cultura, mais sagrada era a sexualidade e a geração de vida. Apenas os caminhos sagrados da alquimia e do hermetismo insinuavam uma contínua espiritualização de toda a matéria, por meio da encarnação de almas em corpos – e mesmo como objetivo geral desta encarnação e do mundo materializado. O futuro da Terra e da humanidade era, assim, um mundo material espiritualizado, harmonizado com o espírito e, então, transmutado.

Este é o significado da visão de um *Jesus Verde na Cruz* que Jung tivera quando, de repente, despertou de seu sono, em 1939. O dourado esverdeado do corpo de Cristo referia-se a um estágio alquímico, o do Leão Verde (lápis verde ou pedra), que se pensava tratar-se de um remédio universal. Esse é o primeiro estado da pedra filosofal, anterior ao lápis vermelho que será produzido pelo casamento alquímico do Rei e da Rainha (harmonização dos princípios masculino e feminino), criando precisamente *o filho* (Hermes, Cristo). (Veja figura 11.)

No desenho alquímico da figura 2.1, que mostra o estágio do Leão dourado esverdeado, os alquimistas, como um casal, trabalham juntos pela sua reunificação por meio do Casamento Místico – ambos apresentados em seu Eu e envolvidos no Grande Trabalho como Hermes/Mente/Cristo e Sofia/Sabedoria – como a Quinta Chave das Doze Chaves de Basílio Valentim.

Figura 2.1. O Leão verde coroado, primeiro estágio da pedra filosofal, mostrando Hermes/Cristo e Sofia/Filosofia envolvidos no Grande Trabalho.

Jung, recontando sua experiência em suas *Memórias*, explica que "o dourado esverdeado é a qualidade viva que os alquimistas viam não apenas no homem, mas também na natureza inorgânica. Ele é uma expressão da vida-espírito, a *anima mundi*... que anima todo o cosmos"; (*anima* em Latim, como *psique* em Grego, significa "alma", desse modo a alma do mundo, ou espírito da Terra, a psique planetária) (210-11). Não é por acaso, então, que tal reunificação entre a alma/força da vida e a natureza trabalhe como um processo curativo universal! Murray Stein diz sobre esse espírito da terra, "era uma preocupação perene dos alquimistas redimir esse espírito, trazê-lo à consciência e mantê-lo ali" (em "O Cristo verde de Jung: um símbolo curativo para o Cristianismo", 10). Stein menciona a análise de Jung sobre sua visão, "a imagem psíquica é interpretada como um símbolo curativo para a divisão central dentro da tradição cristã, aquela entre espírito e matéria".

Temos de notar que, apesar da onisciência projetada das divindades de todas as religiões, *nenhuma palavra de deus jamais oferece uma compreensão profunda sobre a evolução da humanidade*, do próprio processo – seja em conhecimento ou em ética. Cada deus, em todas as religiões, estabelece leis e rituais, fórmulas e tabus como se as sociedades nunca evoluíssem, como se eles fossem reinar para sempre como divindades, embora as religiões nunca parem de surgir e desaparecer e as sociedades de se transformar. Agora podemos refletir sobre essa inacreditável falta de visão e terrível falta de compreensão da dinâmica da vida e das sociedades, sem falar da sabedoria, por parte dos supostamente deuses oniscientes.

Como pode um xamã indiano receber os sinais de seus deuses e lê-los através dos voos de aves selvagens, quando ele mora em uma megalópole como São Paulo ou a Cidade do México? Certamente, ele irá modificar e adaptar sua conexão com o Espírito. Este é, de fato, um ponto crucial para ser ponderado, porque, em muitos casos, os dogmas e rituais impostos às pessoas por um deus foram claramente incorporados em uma sociedade específica, em uma terra específica e em um período de tempo específico.

É como se todo o possível tenha sido feito para manter os humanos em posição de constante culpabilidade, com medo de cometer um pecado e também com medo da ira de deus. E parece ser exatamente o mesmo impacto psicológico que a religião da Idade Média exercia nos povos. Como Freud descreveu, nossa autoculpabilidade e nosso superego repressor (a imagem internalizada do pai furioso) estão aprofundados em nosso inconsciente. Em alguns casos, neuroses e enfermidades físicas sérias ocorrem apenas em decorrência dessas forças de culpabilidade nos "punindo" – uma internalização do deus punitivo que leva à autopunição.

E, ao mesmo tempo, deus foi idealizado de tal forma que o lado oposto do bastão parece eternamente inalcançável.

Conforme as religiões do Livro assumem o papel de deus ao distribuir comandos e exigir obediência cega, os opostos contrários do Bem *versus* o Mal tornaram-se cada vez mais extremos em sua oposição. No entanto, as hipóteses subjacentes são ainda as mesmas que as do tempo dos anunnaki: o bem sendo o próprio dogma da religião de cada um – enquanto o mal é tudo aquilo que discorda.

Em tais sistemas de dogmas, não encontramos a curiosidade que conduz ao conhecimento e à criatividade, nenhuma receptividade voltada às culturas diferentes, nenhuma compreensão de seus próprios condicionamentos, de suas próprias pressuposições – e em primeiro lugar, nenhum questionamento sobre sua própria legitimidade, suas próprias crenças e axiomas.

Como estão, os mandamentos positivos (como ajude o próximo ou ajude a viúva) devem apenas ser aplicados dentro da fé ortodoxa do grupo de cada um, e são eficazes apenas entre pessoas da mesma crença. Fica compreendido que não é apenas lícito, e sim correto, roubar, enganar ou mesmo matar pessoas que não pertencem ao mesmo grupo de crença – os infiéis, o país inimigo, os "não nós". E, mesmo entre os irmãos da mesma crença, é aceitável oprimir e perseguir aqueles que pensam diferente, que são mais inteligentes que a maioria e não querem viver acorrentados e vendados – tais como os alquimistas, os cátaros, os monges humildes e pobres, tais como os franciscanos, cujo assédio pelos católicos foi bem analisado por Umberto Eco em *O nome da Rosa*.

Entretanto, hoje compreendemos que essas mentes originais são os Criativos Culturais e aqueles que estão em uma busca pessoal, os mesmos que criarão um futuro diferente para a humanidade como um todo.

O mínimo que podemos dizer é que foi um milagre nos tornarmos mais inteligentes e capazes de ver, afinal, como infundados e versáteis eram os conceitos de bem e mal. Tanto que nos voltamos para a compreensão da irrepreensível unilateralidade do ponto de vista de cada pessoa, da visão de mundo de cada grupo religioso. E finalmente compreendemos a mensagem de que a "verdade" era intrinsecamente multifacetada e plural e, além disso, complexa, por isso, consequentemente, tivemos que tomá-la como muito relativa (em um contexto, época, ou estado psicológico). E que o melhor que poderíamos fazer nesse aspecto seria desenvolver nossas capacidades de empatia, de divergência de ideias, e processos mentais criativos e flexíveis. Que os valores que deveríamos seguir a fim de sair dos extremos egocentrismo e infantilismo (seja como indivíduos ou em grupo) seriam os da cooperação, empatia, sinergia, negociação e olhar para o futuro.

De fato, é um milagre sermos capazes de desenvolver uma terceira força além da polaridade bem-mal, *apesar dos comandos religiosos e educações* – a força da *ciência*, do questionamento, propondo apenas hipóteses e colocando à prova o que é realidade. Dogmas religiosos rigorosos podem apenas agravar a divisão entre o bem e o mal, entre deus e a humanidade, entre nós *versus* os outros. E, quando isso acontece, a esquizofrenia subjacente pode apenas ser intensificada, assim como a luta interior entre o consciente (repleto de crenças e preconcepções) e o inconsciente (como um reservatório de forças vitais abundantes, criativas e plurais). Essas forças vitais são energia, criatividade, descoberta, paixão, arte, sexualidade e amor – as mesmas forças que a igreja da Idade Média, que provocou a Inquisição, considerava absolutamente malignas, imaginando demônios encarnados capazes de possuir mulheres fracas (e especialmente as mulheres) que tinham de ser extintas como ervas daninhas. Uma coisa é certa, os dogmas severos sobre uma figura monoteísta de bem extremo e conhecimento absoluto poderiam apenas agravar a divisão internalizada da psique e sua esquizofrenia.

É muita sorte que, como Carl Jung mostrara, o espírito vivo das culturas antigas ainda esteja aprofundado em nossa psique, que as forças da vida, que conferem sentido, da criatividade, inovação, arte e amor rompam, continuamente, as barragens; que o nosso Eu, o real Espírito divino vivo que mora dentro de cada pessoa nos conceda sonhos e visões e abra o caminho da exploração para nós.

Se nós soubéssemos

Considere como seria se soubéssemos que deus não estava sozinho (como pessoa), mas que os deuses antigos, aqueles que criaram Adão e Eva, eram uma raça de humanos – mais instruídos e mais poderosos e, no entanto, revelavam as mesmas paixões, anseios e defeitos que nós? Que nossos deuses originais possuíam uma psicologia semelhante à nossa – apesar do fato de serem extraordinários em seu poder, conhecimento, ciência, e em sua imortalidade.

Digamos que mantivemos o conhecimento que tínhamos deles no tempo da Suméria, quando os conhecíamos pelo nome e éramos capazes de vê-los voando em seus "pássaros" e instigando violência, guerras extensas e conflitos amargos entre irmãos apenas por uma questão de supremacia. Teríamos nos lembrado, ao longo de gerações, que sempre seríamos os esmagados no final – independentemente de qualquer coisa, os imortais seriam intocados, apenas suas moradias destruídas; nós, terráqueos, em contraste desastroso, morreríamos aos milhares, em "pilhas", em razão das suas guerras fratricidas ou decisões malucas. E, para manter essas memórias vivas, deixaríamos lamentos e poemas escritos para nossos descendentes – como este abaixo, que nomeia os autores da catástrofe nuclear que obliterou cinco cidades nas planícies do Sinai e da Jordânia, e descreve como a nuvem radioativa, "o vento maligno", erradicou toda a vida da Suméria:

> O Vento Maligno "cobriu a terra como um manto, espalhou-se por ela como um lençol... um Vento Maligno que domina a terra;... uma grande tempestade enviada por Anu... ela veio do coração de Enlil... como o veneno amargo dos deuses... levando a escuridão de cidade a cidade." (*Guerras*, 337)

Teríamos entendido e mantido em mente que alguns deles nos deram conhecimento e ferramentas científicas, especialmente ferramentas cognitivas – que nós éramos, em termos de mentes, tão sofisticados quanto eles em nossos potenciais. E que apenas a educação, os arquivos, os dados e as máquinas faziam alguma diferença, mas que nós poderíamos chegar lá, e rapidamente.

Nós, terráqueos, como mortais, reproduzindo muito mais rapidamente, teríamos nos tornado um desafio ou mesmo um descontentamento para os anunnaki? Temos base histórica e bíblica para afirmar que Enlil via-nos como uma ameaça a seu bem-estar quando descobriu que Eva provara a fruta do conhecimento: "Adão tornou-se um de nós!" (ou seja, com exceção de seus genes de imortalidade!). Então, temendo que um dia nós nos tornássemos imortais, ele nos expulsa de uma coabitação muito próxima no Edin; tenta nos forçar de volta ao estado inicial de lulu – escravos feitos para o trabalho e mulheres sujeitas a partos dolorosos; e nos força ao destino e ao papel que a Assembleia dos Deuses concebera e decretara para os terráqueos. Nas tábuas sumérias temos a evidência clara de que (pelo menos) alguns anunnaki tinham ciúmes dos terráqueos "fabricados" – e foram tão longe a ponto de planejar e ordenar nossa aniquilação como espécie. Ou então procuravam meios para nos tornar mais frágeis, para desestabilizar nosso crescente poder e semear a desordem e a discórdia em nossas comunidades e culturas. Conforme explica Ziusudra (também conhecido como "Atra-Hasis" ou "Excessivamente Sábio"), pedindo a ajuda de Ea/Enki, quando Enlil desencadeou uma pandemia:

> Ea, Ó Senhor, a Humanidade reclama;
> A ira dos [outros] deuses consome toda a região,
> No entanto, foi você que nos criou! (*Guerras*, 391)

Um exemplo perfeito é a Torre de Babel – o templo *Esagila* na cidade Babili (Babilônia), o território de Marduk na Suméria. Ele construíra uma instalação cujo telhado funcionava como um porto espacial independente, "uma torre cujo topo alcançará os céus", e ali estabeleceu uma comunidade onde ele "[induzia os grandes e os pequenos a socializarem na colina]". Uma vez que havia apenas um casal anunnaki (e sua família mais próxima) em cada templo-moradia, podemos deduzir que os "pequenos" eram, sobretudo, humanos da Terra comparados aos "grandes" anunnaki. E queria dizer, nada menos, que *era concedida, aos terráqueos, igualdade em relação aos anunnaki, acesso ao seu conhecimento e um contato muito próximo e regular com eles* (em vez dos contatos habituais por meio dos sacerdotes e reis). A resposta do Único no Comando foi bastante grosseira e transferida a uma tábua suméria (Texto K-3657[3]).

> A sua fortaleza, durante a noite, ele [Enlil] destruiu completamente... para difundir amplamente sua decisão. Ele deu uma ordem para confundir seus conselheiros [idiomas].

Assim, a tábua identifica, exatamente como o Livro, os muitos idiomas da Terra submetidos a uma decisão. Ela também afirma claramente a razão para a reação inflamada de Enlil: igualdade e fraternidade não estavam na ordem do dia; aos olhos de Enlil, tratava-se não menos de um pecado que exigia a pena de morte, uma desonestidade grave:

> Esses povos na Babilônia [Marduk] foram corrompidos ao pecado[induzindo] grandes e pequenos a socializarem na colina.

Terráqueos que pertencem à região e ao seu Senhor

Como Sitchin mostrou magistralmente em seu livro *Guerras dos Deuses e Homens*, assim que os terráqueos se multiplicaram o suficiente para atingir grandes números, foram recrutados para agirem como guerreiros nas repetidas guerras que os anunnaki travavam entre si – irmão contra irmão, nas primeiras três gerações após Anu (esta é a linhagem: Anu, Enlil, Nannar e Inanna).

Ao longo da história da Suméria, e com exceção da África, as regiões são divididas por um decreto da Assembleia e designadas a membros da família real. E parece que havia uma lei implícita que dominava a relação entre os terráqueos e os deuses: qualquer população de terráqueos que estivesse no sítio, essas pessoas pertenciam ao mestre da região. Era esse o caso quando, desde o princípio, os terráqueos receberam o reinado – ou seja, a cidade era governada por um intermediário dos anunnaki, um rei supostamente mais próximo dos humanos, mas que, todavia, era, em geral, nascido de pais misturados entre anunnaki e terráqueos. Em paralelo, um sacerdócio (semelhante à mistura de parentesco) também era instituído nas

---

3. Texto K-3657, da biblioteca de Assurbanípal em Nínive, escrita em acadiano, traduzida pela primeira vez por George Smith. Também em *Guerras*, 199.

diversas moradias dos deuses (o rei, com frequência, era o Alto Sacerdote) – e cada linha de sacerdotes dirigia o templo do deus específico daquela cidade, iniciando, dessa forma, diversos cultos.

Curiosamente, também temos particularidades desse tipo de posse no Livro, tanto da terra como de seus habitantes, pelos deuses que residiam e reinavam na região. A erudita bíblica e analista junguiana Rivkah Kluger, em seu livro *Psyche in Scripture*, pesquisou o conceito do "Povo Eleito" baseado no uso bíblico e significados dos termos. Supreendentemente, a conclusão de Kluger confirma o que eu deduzi com base nas tábuas sumérias. Nomeadamente que nessa antiga região dos anunnaki, o povo que nascia na cidade era, por força, devoto do deus daquela cidade e região. Eles definitivamente *pertenciam* àquele deus e se por acaso outro deus ou deusa recebesse essa cidade ou região como herança, então esse povo seria obrigado a servi-los e venerá-los. Vamos ver a análise de Kluger sobre a "passagem-chave" da "revelação do escolhido". (Note que a tribo eleita é referida por seu patriarca Jacó; *Jacó, Judá e Israel*, então, representam o povo de Israel, a tribo inteira). Ela diz: "O Senhor seu Deus escolheu [*bachar*] vocês para serem um povo de sua própria posse [*le'am segulah*] (Deut. 7:6-8)" (Kluger 14, itálicos e colchetes em seu texto).

Rivkah Kluger confirma assim sua análise: "*Segulah* significa posse. O babilônio *sugullu* originalmente se refere a rebanhos... significa a posse de uma propriedade a seu dono. Em Eclesiastes 2:8, *segulah* é o tesouro do rei... no Salmo 135:4, *segulah* é a posse de Deus e ocorre em ligação com *bachar*: 'E o Senhor escolheu Jacó para si, Israel como sua posse'". De acordo com Kluger, outros três termos são utilizados "para a posse divina". Um é *nachala* ("propriedade da terra... por herança"), *chelek* ("porção") e *chevel* ("o designado"). Duas sentenças são muito explícitas: "E a porção de Deus [*chelek*] é seu povo, Jacó sua linhagem designada [*chevel nachalato*] na terra sagrada..." (Kluger 15, itálicos e colchetes em seu texto).

A relação com o idioma babilônico (enquanto a língua-mãe do hebraico é o acadiano) e a análise linguística de Kluger revelam, no mínimo, outra forte ligação entre a divindade do Livro e os senhores deuses da Suméria a quem, com o passar do tempo, eram designadas pela Assembleia diferentes regiões ou cidades para construir seus templos-moradias.

Comparado com o conceito de Deus (como O Único) possuidor de tudo nos textos de Hermes Trismegisto, referindo-se ao fato de que Ele, O Único, a quintessência, tanto imanifesta quanto manifesta em tudo que criou, ou pode criar (Veja figura 12). Observe Hermes pedindo ao Único, essencialmente: Eu devo contemplá-lo como sendo Uno com meu espírito, com todo meu eu, com tudo que existe; ou como sendo uma essência misteriosa imanifesta, o Uno por trás de tudo? Nesse sentido hermético ou não dualidade, "possuir tudo" significa sendo tudo e infundindo tudo com sua essência – algo muito distante de uma divindade pessoal pedir para ser obedecida e venerada de forma exclusiva.

> Não há outros seres, tudo está dentro de você, tudo vem de você, você dá tudo e não recebe nada; *porque você possui tudo e não há nada que não pertença a você...* Como devo louvá-lo? Como pertencendo a mim e tendo algo em comum comigo ou como sendo outro?[4]

No pensamento hermético, como na filosofia indiana Adaita, o conceito de Unidade, O Único, é totalmente distante de qualquer pessoa incorporada, e é uma consciência cósmica. Como Unidade, a consciência cósmica é o Tao e o brâmane das religiões orientais. Possui mais semelhança com uma hiperdimensão existente em todas as partículas, seres e coisas do universo, ao mesmo tempo em que existe como um todo em seu próprio nível hiperdimensional, como não material, além do tempo e do espaço – como proponho no livro *Cosmic DNA at the Origin*.

Para retornar aos domínios da Suméria e da Acádia, em momentos posteriores e mais turbulentos, o rei de uma cidade poderia tentar propiciar vários deuses construindo templos menores dedicados a eles dentro de suas paredes, enquanto mantinha a preeminência do templo (e culto) do deus original daquela cidade. O rei pode

---

4. Tradução inglesa da autora feita a partir da tradução francesa de Ménard de *Corpus Hermeticum*, Hermes Trismegisto, 1977. (Livro I, 5,. 40): "*Il n'existe pas d'autres êtres, tout est en toi, tout vient de toi, tu donnes tout et ne reçois rien; car tu possèdes tout et il n'y a rien qui ne t'appartienne* ... Comment te louerai-je? Comme m'appartenant et ayant quelque chose en propre, ou comme étant un autre?" (Veja também a tradução inglesa de Mead deste texto chamado "The Cup or Monad", livro 1 do *Corpus Hermeticum*, disponível em www.gnosis.org/library/grs-mead/TGH-v2/th209.html.)

ter sido inspirado por Marduk, que preparara templos menores para todos os outros deuses – sob a condição de que iriam honrá-lo como o Primeiro entre os Deuses o que, é claro, com exceção do decreto inicial da Assembleia, eles nunca realmente fizeram. Esse costume ainda é visível na Índia onde, mesmo na cidade sagrada de Shiva, com numerosos templos dedicados a ele, tais como o Omkareshvar, há templos menores dedicados a outros deuses do panteão hindu.

Os anunnaki ficaram fatalmente furiosos quando seus templos foram profanados e mesmo quando seus próprios cultos não eram realizados corretamente em seus feudos e templos. Eles ficaram enraivecidos a ponto de causar a destruição de seus próprios templos, suas próprias cidades e populações de seguidores – algo muito difícil de se compreender. Assim, em meados do século VI a.C. (a era de Marduk como Chefe dos Deuses começara por volta de 2000 a.C.), a Alta Sacerdotisa de Ur, uma cidade desolada desde que seu deus Nannar/Sin desertara seu templo profanado, fez um acordo com o deus Sin. O acordo era que o filho da sacerdotisa, Nabunaid (normalmente, em razão do nome, um seguidor de Nabu e Marduk) seria o rei da Babilônia, sob a condição de reconstruir o templo de Nannar/Sin em Ur. E foi assim que aconteceu.

Mas Nabudaid não cumpriu o acordo e erigiu uma estátua a Sin bem à entrada do templo de Marduk, na Babilônia e, em seguida, incomodou os rituais sagrados do festival de Ano Novo em honra a Marduk: "Ele estabeleceu uma estátua herética em uma base... e chamou-a "o deus Sin"... Ele confundiu os rituais e contrariou os regulamentos" (*Guerras*, 21). Marduk, apesar do fato de ter erigido pequenos templos a vários deuses na Babilônia, ficou tão enfurecido com Nabunaid que decidiu procurar um novo rei e escolheu Ciro, que acabara de ser entronado em Ansam, em 549 a.C. (na Média, no início do Império Persa Aquemênida fundado por Hakam-Anish) e que, na época, estava em luta com os gregos. Marduk "pronunciou o nome de [Ciro] para ser governante de todas as regiões", e então "ordenou-o que marchasse contra sua própria cidade, Babilônia. Ele o fez... partir para Babilônia, indo a seu lado como um verdadeiro amigo". Então Ciro "segurou as mãos de Bel (O Senhor) Marduk no recinto sagrado da Babilônia". (*Guerras*, 21). Vamos notar que para a consagração do templo reparado de Sin em Ur, a Alta Sacerdotisa e seu filho receberam a visita do deus Sin e sua esposa, que vieram em uma Carruagem Voadora ou Pássaro. Essa foi, de acordo com Sitchin, uma das duas últimas aparições físicas de um anunnaki entre os terráqueos, sendo que a última foi Marduk viajando com Ciro em direção à Babilônia e colocando-o no trono.

Cambises, filho de Ciro, realizou os ritos em honra a Marduk na Babilônia e, após a morte de seu pai, tornou-se faraó no Egito (525 a.C.), embora respeitando seu panteão particular. Ciro colocou todos os impérios antigos (exceto o Egito) sob o estandarte de um deus: *Ahura-Mazda*, deus da Luz – toda a Mesopotâmia (Babilônia, Suméria, Acádia e Assíria) e, em seguida, Elam, Média, Hitita e as terras gregas, Fenícia, Canaã e Filisteia.

O emblema de Ahura-Mazda era o Disco Alado, com um deus barbado dentro do disco, onde podemos perceber a estrutura do antigo emblema do "Planeta da Travessia", ou seja, Nibiru (veja figura 2.2). Abaixo do sinal da Travessia – representado como uma cruz com o ramo superior vertical substituído por uma coroa – são dois cetros com extremidades bulbosas que parecem o Olho de Hórus, no Egito.

Figura 2.2. Ahura-Mazda, como Disco Alado de Nibiru, sobre a Árvore da Vida e protegido por dois homens-águia (Catálogo do Museu Guimet, domínio público).

Mas Ciro deve ter sido, como Marduk, reverencial com os outros deuses que governavam em outras regiões. Assim, em Jerusalém, ele fez o Templo de Jerusalém ser reconstruído. Essa reconstrução do templo fora concedida pela divindade do Livro, que o amaldiçoara anteriormente, chamando o Rei da Babilônia, Nabucodonosor, de "meu criado" e "o braço de minha ira" contra Jerusalém, após ele ter atacado os templos e deuses do Egito. A divindade assim ordenou (referindo-se ao rei, seu criado):

> Ele atacará as terras do Egito e levará a morte, assim como o cativeiro... e ele partirá os obeliscos de Heliópolis... as moradias dos deuses do Egito ele queimará com fogo (*Guerras*, 20).

Assim, enquanto Nabucodonosor (Rei da Babilônia) fora enviado por Marduk para marchar em direção ao Líbano (abandonado por seu próprio deus soberano), a divindade do Livro (por meio de seu profeta Jeremias) se aliou com a Babilônia – seu arqui-inimigo em passado histórico – para levar a desgraça a Jerusalém por 70 anos, porque alguns moradores estavam rezando à "Rainha do Céu". "Minha ira e minha fúria serão derramadas neste lugar... e ele queimará e não extinguirá... Na cidade que chamara meu nome, a desgraça eu começarei" (*Guerras*, 20). Assim, em 586 a.C., sob ordem da divindade do Livro, Nabucodonosor e seu exército caldeu queimaram o primeiro Templo de Jerusalém, "a casa de Yahweh", e destruíram todas as casas e os muros à volta da cidade. A maldição do fim de Jerusalém, decretada pela divindade do Livro, teve a ordem de durar 70 anos.

3

Quem Era Realmente o Deus do Céu e da Terra?

Deve ter sido um golpe duro para Enki, o primogênito do Rei Anu, quando seu pai fez sorteios e o comando da Terra foi atribuído a seu irmão mais novo, Enlil. Como ele já fora suplantado como herdeiro do reinado de Nibiru pelo mesmo, Enki tinha a esperança de receber, no mínimo, o reinado da Terra. Teria sido compensado pela perda, assim como por todo o trabalho que ele já fizera na Terra, por 28 mil anos (oito shars) – criando a primeira cidade (Eridu), desenvolvendo formas de irrigação, buscando ouro na água e, mais tarde, estabelecendo as instalações de mineração. E então enviando o ouro coletado para seu planeta de origem – um trabalho que só ele poderia fazer graças à sua experiência científica e tecnológica. Durante todo esse tempo, Enki é o Senhor da Terra (Em = senhor, Ki = terra) e o Comandante-chefe dos anunnaki. Eles são pioneiros, e no início as condições são muito difíceis; eles têm de pescar, caçar e colher frutos selvagens para comer, e construir acampamentos, dos quais o primeiro, no Golfo, tornar-se-á a cidade de Enki, Eridu. No Abzu, eles refinam o ouro e o derretem em lingotes para tirar máximo proveito dos requerimentos de espaço e peso da espaçonave. Um desses lingotes foi descoberto na Mesopotâmia e eles estão representados em vários selos cilíndricos. Eles parecem ampulhetas grandes com um buraco vertical na linha central, como se fosse para inserir um bastão e transportá-los.

Mas, em vez de receber agradecimentos, Enki tem de suportar que o jovem Enlil, autocentrado e sem treino científico, também receba o comando da Terra e o território da Suméria, enquanto ele recebe a África e o comando das minas africanas. É claro que, mais tarde, a África se tornará no porto seguro para conduzir os experimentos genéticos, e a civilização que ele será capaz de estabelecer no Egito será uma conquista magistral.

Então aconteceu que Anu, ao fazer sorteios, conseguiu exatamente aquilo que queria: permaneceu o Rei do Céu, e Enki recebeu a África (o Abzu) como território e a supervisão da mina de ouro, como vinha fazendo ao longo do tempo. Nós também devemos mencionar que Anu, muito experiente politicamente, livrara-se de seus dois possíveis concorrentes ao trono de Nibiru, seus dois filhos, enviando ambos para a Terra, e ele certamente teria de oferecer a Enlil um título supremo na Terra para atraí-lo para lá. O mínimo que podemos dizer é que Anu, ao apropriar-se do título de Rei de Nibiru (Rei do Céu) derrotando o rei anterior, Alalu, possuíra conhecimento em primeira mão sobre como um título poderia ser arrebatado de um rei, especialmente quando este ficasse mais velho.

No entanto, nos registros históricos que possuímos, a autoridade paternal dos anunnaki só será questionada pelas próximas duas gerações, pelo filho de Enki, Nergal, e ainda mais pela neta de Enlil, Inanna. Com a sua própria geração, Enki pode apenas representar o filho obediente; porém, por todo o tempo, ele busca seus próprios objetivos e sagazmente descobre caminhos para dar a volta à linha de comando de Enlil, Anu e da Assembleia – especialmente quando estes cometem os mais graves erros.

Enlil recebe o título e uma cabeça inchada

Devia haver uma grande diferença de idade entre os dois meios-irmãos, porque Enki, em Nibiru, quando se chamava Ea e era casado com Damkina (Ninki), filha de Alalu, já tinha dois filhos adolescentes. Marduk virá para a Terra muito cedo como comandante de um contingente de 50; estes se tornarão os igigi, ou astronautas, baseados em Marte e em uma estação espacial orbital e, provavelmente, na lua. Em contraste, Enlil ainda não era casado quando pousou na Terra; em Nibiru ele tivera uma relação amorosa escandalosa com sua irmã direta Ninmah, com quem, conforme as leis nibiruanas, ele não podia se casar, mas com quem gerou Ninurta. Neste caso,

Ninmah foi condenada a nunca se casar. Sabemos que Ninmah era loucamente apaixonada por ele, e escrevia poemas ardentes sobre suas relações sexuais.

Ninurta se tornará o segundo no comando de Enlil, o chefe de seus exércitos, um engenheiro de guerra de grande talento. Muito obediente para ter uma perspectiva global e visionária que poderia ter ajudado a minimizar as reações exageradas e insensatas e as decisões imprudentes, seu destino será seguir as ordens de seu pai e/ou da Assembleia, geralmente contra seu próprio melhor julgamento. Ele não desenvolverá, como Enki, estratégias sofisticadas e sagazes para atingir seus objetivos e, aparentemente, apenas cumprirá as decisões aprovadas em votação (que em geral apoiavam os objetivos de Enlil) sempre que pareciam ser extremamente perigosas e imprudentes.

Se Ninmah estava loucamente apaixonada por Enlil, o contrário não parecia ser o caso. Em nenhum momento vemos Enlil expressar qualquer tipo de sentimento – que seja positivo. Ele parece o désposta extremo, exclusivamente autocentrado. E, enquanto Nergal é um désposta em potencial, em geral insolente, versátil e desequilibrado, Enlil possui uma personalidade muito obcecada, inflexível e repugnante – pelo menos após os excessos da juventude, e uma vez repreendido com a possibilidade de ser condenado ao exílio.

De fato, o *primeiro ato de Enlil* na Terra, quando já era Comandante-chefe dos anunnaki, cargo que lhe trouxe ampla promoção, quase lhe custou o título, as posses e tudo. Ele estuprou uma adolescente anunnaki, uma das alunas de Ninmah, seduzindo-a para ir velejar e envolvendo-a. Ela protestou dizendo que ainda era virgem, tentando apelar, em vão, à razão e ao senso moral. Depois de preso, Enlil foi levado a julgamento diante de "50 deuses sêniores". Uma vez que este ato é punido severamente, ele foi condenado ao exílio no Abzu, com ela (*Guerras*, 81). Felizmente, a estudante de biologia começou a gostar dele ou impressionou-se com a ideia de ser esposa de um herdeiro real e aceitou o casamento. Só depois disso Enlil recuperou seu estatuto.

Após esse julgamento e sentença traumáticos, ele se torna totalmente identificado com seu papel social e seu superego (sua *persona*, segundo Jung), e fica cada vez mais autocrático em sua forma de governar, e um tirano em família que nunca permitirá a Ninlil a importância que outras esposas reais gozavam. Pior ainda, ele a abandonará por um longo período e, então, apagará Ninlil de toda a história quando adota a visão de mundo de um deus único. Mais precisamente, ele adotará uma personalidade arrogante e ultramoralista, incorporando o papel de deus da justiça, cuja ira (a *Ira Dei* dos romanos), castigos e maldições, assim como seu detestável hábito de torcer o braço dos outros deuses em sua Assembleia, serão muito temidos.

Esse foi, por exemplo, o caso quando ele literalmente usou seu poder como Comandante da Terra para impor a todos os anunnaki reunidos seu comando de manter um total blecaute sobre a iminente catástrofe, o Dilúvio, e assim forçou neles seu decreto conservador para destruir totalmente a humanidade.

Ira Dei versus Ananda (Felicidade)

Aqui temos de fazer uma digressão sobre qual deveria ser o papel do Rei do Céu e da Terra – o título de Enlil. O título de Anu era Rei do Céu, ao passo que Rei da *Terra* foi acrescentado ao título de Enlil. É por isso que eu suponho que o termo sumério para céu, *An*, significava algo como "altivo planeta natal" ou "refúgio magnífico" e não céu como oposição à Terra, conforme o termo passou a ser compreendido em textos religiosos. Dessa forma, *Anu* era o rei do planeta An/Céu, e Enlil recebeu a primeira parte de seu título como herdeiro legal de Anu. Uma vez que a realeza em Nibiru tinha primazia sobre suas colônias, toda a Terra e todo o nosso sistema solar formavam apenas uma parte do Reino de Nibiru.

Mas o que envolvia ser Rei de Nibiru/Céu? Governar e reinar, ter o peso máximo sobre as decisões da Assembleia, o privilégio de publicar decretos (que Enlil tenderá a fazer em excesso), o privilégio de ter duas esposas e muitas concubinas, como Anu tinha. Se olharmos para isso de forma pragmática, o que mais poderíamos associar às nossas preconcepções sobre Deus? Além de ser venerada como nossa criadora, a divindade suprema é considerada como um guia espiritual, um pastor de almas, significando assim que a divindade tinha como propósito nos conduzir por um caminho de conhecimento espiritual de moralidade elevada e nos mostrar como desenvolver nossa força interior, nossos dons e potenciais.

Quais são as ferramentas psicológicas utilizadas pelas religiões monoteístas? O temor a deus, o medo do inferno (como um castigo eterno), a consciência da perversidade do demônio. Devemos praticar o bem, seguir os mandamentos, desenvolver nossas virtudes e evitar cair nas armadilhas do demônio. Acima de tudo, devemos servir e venerar a deus e obedecer a nossos exemplos religiosos. A ênfase é claramente colocada sobre a Justiça – no sentido de que uma vida de virtude e orações tornará a pessoa "Justa", alguém que será salvo no Dia do Julgamento, ou que irá subir ao céu/paraíso no momento da morte.

O panorama cognitivo das religiões orientais é totalmente diferente – o panorama mental: seu pressuposto básico é que o conhecimento e a espiritualidade têm sua origem em uma experiência interior direta do Eu, o *Atma*, e não na virtude ou fidelidade a um corpo de dogmas. Ao longo dos séculos, sábios mestres orientais inventaram técnicas de meditação com o intuito de nos guiar em uma experiência de altos estados de consciência, nomeadamente os estados de unidade ou estados de fusão – o *samadhi*, no qual nos tornamos harmonizados dentro de nosso ser interior, harmonizados com a natureza, ou um com o Todo, conectados à consciência cósmica (brâmane, o Tao). Esses estados elevados, sugere o Hinduísmo, estão além da dualidade e refletem o *advaita* (não dualidade) do Eu e a dimensão do Espírito. A dimensão do Eu, que eu chamo de dimensão semântica, está além das classificações duplas e polares do intelecto, tais como bem *versus* mal, eu *versus* você, crente *versus* ateu; além disso, o Eu está além de nossas classificações de espaço, tempo e causalidade. Como diz Jung em seu livro *Sincronicidade* em relação aos experimentos de J. B. Rhine sobre os fenômenos psi (tais como telepatia ou clarividência), que exemplificam o trabalho de consciência e energia psíquica (mesmo se ocasiões raras e extremas):

> Ainda mais extraordinário é o fato de o tempo não ser, em princípio, um fator proibitivo [para a psi]... O fator tempo parece ter sido eliminado por uma função psíquica ou condição psíquica que também é capaz de abolir o fator espacial. (17, §836)

> Uma vez que a experiência mostrou que, sob certas circunstâncias, espaço e tempo podem ser reduzidos quase a zero, a casualidade desaparece com eles, porque a casualidade está ligada à existência do espaço e tempo e mudanças físicas. (29, §855)

Assim, *quais são as ferramentas psicológicas utilizadas pelas religiões* orientais para nos incitar a entrar em uma busca e conquistar nossa harmonização interior? O Hinduísmo coloca claramente a ênfase na felicidade – *ananda* – como o estado de consciência que surge de uma mente pacificada capaz de observar e contemplar a singularidade em Tudo Que É. Os estados de samadhi abrem, para todos nós, uma fonte de conhecimento sobre a consciência e o Eu (a alma), uma fonte de sabedoria e o despertar de muitos potenciais e talentos do Eu, nomeadamente os *siddhis*, ou capacidades psi.

Essa perspectiva é partilhada pelo filósofo platônico Plotino, do século III EC, em seu importante livro *As Enéadas*. Plotino atribuía ao estado de unidade a precedência sobre a intuição e à intuição a precedência sobre a razão. Ele afirmou que a razão seria muito acentuada se estivesse "contemplando a intuição" (o que quer dizer trabalhando em simbiose com a intuição) e a intuição seria acentuada sempre que pudesse contemplar a Unidade do Todo.

Nas religiões orientais, a felicidade, e não o medo, é a luz do caminho, iluminando aquele que busca e abrindo o caminho para um maior autoconhecimento. O mal, no Hinduísmo, é apenas um produto da ignorância, pelo menos de acordo com o princípio. Observe, contudo, que os deuses hindus nunca estavam, porém, em guerra com os demônios (os *asuras*), no *Mahabharata*. As religiões orientais aconselham a praticar a meditação e técnicas de autodesenvolvimento para harmonizar o próprio ego com o próprio Eu ou alma (Atman) e despertar talentos espirituais (os siddhis). Então o Eu, sendo uma dimensão de consciência mais elevada, fica naturalmente ligado à consciência cósmica. Assim, a mesma energia de consciência (semântica ou energia syg) está infundindo o universo e é a chama de nossa alma ou Eu, a dimensão do Espírito em nós. Esse caminho de autoconscientização é alegre, repleto de luz e paz, feliz nos mais altos estados de unidade; ao longo do caminho, o despertar dos chacras, centros de energia psíquica e o desabrochar dos talentos psíquicos ou psi (os siddhis) são um processo natural.

Nesse caminho de autoexploração, que qualquer pessoa pode iniciar e completar no curso de uma vida, nosso guia supremo é nosso próprio Eu interior, porque o Eu é, ele mesmo, da mesma maneira que a consciência cósmica – uma parte dela. No panorama mental, a recompensa é a luz e a felicidade que a pessoa que busca vivencia pelo caminho, assim a própria busca é recompensadora. A fusão interior com o Eu pode abrir estados de fusão ou harmonia com outros e em grupo, não apenas com meditação e concentração (durante concertos ou orações em grupo), mas também em transe ativo (como improvisação musical, dança trance, rituais xamânicos, etc.). Em *The Sacred Network*, eu apresentei uma rica gama de experiências em grupo objetivas, chamando-as de *tele*pático-*har*mônico, ou campos "telhar".

Esse caminho também é o que Carl Jung desenvolveu em termos psicológicos como o *processo de individualização*. O Eu de cada pessoa está em contato e sinergia permanentes com o inconsciente coletivo e, assim, cada Eu está, de certa maneira, ligado por meio dele. Isso também é o que postulei com a "dimensão semântica", que é a dimensão da energia da consciência ou, mais precisamente, a dimensão da *consciência como energia*, uma dimensão que abrange o inconsciente coletivo e o consciente coletivo – desenvolvido em meu livro *La Prédiction de Jung* (A Previsão de Jung). Em minha recente pesquisa sobre cosmologia, *Cosmic DNA at the Origin*, eu proponho que a energia da consciência (energia syg) preenche o universo como uma hiperdimensão, a quinta dimensão, onde partículas mais rápidas que a luz, chamadas *sygons*, são capazes de criar associações entre mentes, e entre mentes e qualquer sistema natural, explicando assim como a psi e uma influência em que a mente está acima da matéria (como a cura) podem funcionar. Essa hiperdimensão existia na origem (quando nenhuma partícula, tempo-espaço ou matéria ainda estavam formados) e era, então, um campo de informação único que carregava a marca de inumeráveis seres, corpos e sistemas como redes de frequências – constituindo assim um tipo de DNA Cósmico emitido em um universo anterior. Então, essa hiperdimensão com a informação de seu DNA Cósmico provocaria a atualização de nosso universo-bolha. Desse modo, nenhuma informação seria perdida: no final de um ciclo universal, toda matéria seria traduzida em consciência e informação hiperdimensional e a dupla espiral da ampulheta seria conduzida pelo novo universo, promovendo a organização dos sistemas de matéria.

Isso está de acordo com a antiga filosofia hindu de Unidade (Advaita), que afirma que toda a memória do que aconteceu na

Terra desde o início, a memória de todos os seres e suas ações, mas também de todo o conhecimento acumulado está gravada em uma dimensão imaterial da Terra, o Akasha. Por isso, nada é perdido, nenhum acontecimento nem informação, e todas as almas têm seus registros na dimensão imaterial do planeta. Ervin Lazlo teorizou o campo akáshico de natureza quântica e ligado ao vácuo que seria o meio da memória e a coerência do universo. De forma distinta, Rupert Sheldrake propôs campos mórficos que não apenas guardariam a memória de todas as formas (nomeadamente as formas de organismos e órgãos), mas também orientariam a morfogênese, a ainda misteriosa diferenciação das células (oriunda do óvulo original) em direção à elaboração de órgãos e funções específicos.

Ademais, Jung mostrara que todos os indivíduos podem vivenciar a energia ativa da consciência, de seu próprio Eu – por meio de estados de consciência alterados, visões, fenômenos psi, sincronicidades, sonhos orientadores, arquétipos como guias pessoais – e essa exploração os conduzirá ao despertar dos talentos supraconscientes.

De chefe dos Deuses a único Deus

Em uma visão de mundo espiritual de mulheres e homens lutando para conseguir suas próprias realizações, o único e básico código de moralidade é tão claro quanto simples: não prejudique os outros. Este poderia ter sido o código moral dos anunnaki – que deixou o povo (anunnaki) expressar sua sexualidade livremente e que impôs o limite da ofensa como consentimento mútuo. É por isso que apenas o estupro e o assassinato, e a destruição de propriedade (os templos) de outros, eram julgados severamente.

Esse, deixem-me sublinhar, claramente, era o estado das coisas entre os anunnaki-humanos (antes de os terráqueos proliferarem); eles possuíam um código de leis seguido pela Assembleia dos anunnaki na Terra, obviamente criado em Nibiru. Apenas mais tarde, quando o reinado veio para a Terra, que o código de leis tornou-se um organismo escrito de leis civis a serem utilizadas pelos humanos da Terra. O primeiro foi emitido pelo Rei Ur-Nammu (da terceira dinastia Ur) no século XXI a.C. o segundo foi criado por Lipit-Ishtar, Rei de Isin, no século XX a.C., e então surgiu o famoso Código de Hamurabi, Rei da Babilônia, no século XIX a.C.

No entanto, quando os descendentes de Adapa e Titi começaram a proliferar na Terra e os grandes anunnaki decidiram colocar-se na posição de deuses diante de suas populações, tudo mudou em sua sociedade anunnaki. As competições entre eles ocorriam em um contexto mais carregado emocionalmente. Essa situação conflituosa rapidamente intensificou-se, transformando-se em guerras mortais entre eles, cada Senhor, ou Altivo, mobilizando-se e forçando sua população terráquea a constituir um exército para lutar contra os exércitos de seus irmãos concorrentes – os outros deuses, os inimigos. É nesse momento também que outros membros da realeza como Nannar, Ninurta e Inanna desejarão conquistar o estatuto do reinado de Enlil, o estatuto de primeiro entre os deuses na Terra, conseguindo-o aos poucos. Quando Marduk recebe a posição do reinado de Enlil oferecida pela Assembleia após a catástrofe nuclear, ele inicia sua revolução de "deus-único" na Babilônia, muito antes daquela provocada pela divindade do Livro. Entretanto, ele não ignorou totalmente os outros deuses, pois construiu santuários para eles dentro de seus templos sagrados. O mais provável é que tenha tentado reduzir todos os outros deuses a serem expressões dele mesmo, nomeando-os "Marduk do ataque" (Nergal), "Marduk da justiça" (Shamash) e transformando seu nome a algo equivalente a *Senhor*. Ele até renomeará Nibiru como *Marduk*.

Marduk, certamente, era um visionário e um líder iluminado, que previa para a humanidade (anunnaki e humanos da Terra) uma sociedade confraternal livre da hierarquia debilitante e instigadora de guerras dos anunnaki. E ele tentou estabelecer essa sociedade harmoniosa em seu templo-moradia na Babilônia, o Esagil – uma inovação social e espiritual que não agradava de todo a Enlil, que atacou sua comunidade assim como seus esforços, e reduziu a própria Torre de Babel a cinzas. Quando Y. quis se promover ao estatuto de "único Deus", foi na forma de um Deus Poderoso, autocrata e terrível, um medo inspirador por ser imensamente devastador, e ele destruirá qualquer menção a outros deuses e deusas, sua esposa a primeira de todos. Após o holocausto nuclear, seu nome não será mais sumeriano (e da mesma forma ele mudará o nome sumério de Abraão), e assim ele colocará limites naquilo que era permissível em termos de memórias e recordações de tempos antigos e outros deuses. A história dos acontecimentos fatais foi, assim, contada e ditada dentro dessa estrutura revisada – como vemos em tábuas acadianas raras e antigas, anteriores ao hebraico, que mostram aquilo que decodifiquei como sendo a Estrutura Moralista de Enlil.

Um problema imenso que nós herdamos desse último movimento de Enlil, com o qual ainda nos confrontamos, é que esse conceito de um deus não era semelhante à introdução da unidade ("o uno" que não é deus) como uma visão espiritual como vimos desabrochar nas antigas religiões orientais e na filosofia indiana Advaita Vedanta, e em Hermes Trismegisto, Plotino, e também no gnosticismo, tais como no Livro Secreto de João. Em A copa ou Mônada, Hermes (veja figura 3.1) assim expõe o Uno ao seu filho Tat:

> O Uno, sendo Fonte e Raiz de tudo, está em todas as coisas como Raiz e Fonte. Sem [essa] Fonte há o nada; enquanto a Fonte [em si mesma] não vem de nada a não ser dela mesma, já que é a Fonte de todo o resto. Ela é a sua própria Fonte, já que não há outra Fonte.
>
> O Uno sendo, então, a Fonte, contém todos os números, mas não é contido por nenhum; criou todos os números, mas não é criado por nenhum outro.
>
> 11... e agora, Ó Tat, a Imagem de Deus foi desenhada para ti, o melhor possível; e se tu refletires sobre ela e observá-la com os olhos do teu coração, acredite em mim, meu filho, tu encontrarás o Caminho que conduz acima; não, a Imagem se tornará teu próprio Guia, porque a Visão [Divina] possui esse [charme] particular, ela agarra firme e atrai para si aqueles que têm sucesso em abrir seus olhos, assim como, eles dizem, o ímã [atrai] o ferro.

Com esses caminhos espirituais, os indivíduos são livres para seguirem suas missões espirituais como quiserem; gurus e guias tinham de ser inovadores e em sincronia com seu tempo, seu *zeitgeist* – isso não era apenas bem-vindo, mas era visto como uma necessidade para que a busca espiritual se mantivesse viva. Também, e ainda mais importante, nas religiões orientais, o conceito de unidade é estabelecido como uma energia espiritual imaterial (e, claro, não pessoal), banhando e permeando todo o universo (brâmane, o Tao,

Figura 3.1. O alquimista, como Hermes, inicia o Grande Trabalho da reunificação interior, em harmonia com o feminino (lua) e o masculino (sol).

o ki, o chi) – a dimensão de consciência que o Eu pode conquistar, agarrar e compreender em estados elevados, e até aprender a dominar. Essa também é a visão de mundo da energia da Águia dos feiticeiros mexicanos yaqui.

Essas diversas estruturas, expandidas por todo o planeta, deixaram amplo espaço para que todos os deuses individuais não apenas fossem conhecidos pelos seus nomes e histórias pessoais, mas também para serem adorados e venerados em templos. Só que a dimensão da Unidade foi estabelecida para ser mais elevada do que todas as outras e se apresentavam como um conceito holístico e um *caminho* iniciático (com o sentido de prática): *para ser compreendida, a realidade da unidade (como um espírito universal permeando o universo) tinha de ser vivenciada e explorada em estados elevados de consciência.*

No Discurso do 8º e 9º, Hermes realiza com Tat uma meditação entoada para elevar sua consciência da alta esfera do 8º para a esfera do 9º, a dimensão cósmica do Uno. A esfera do 9º é representada nesse desenho alquímico do *Tractatus Aureus* como uma estrela de nove pontas (veja figura 3.2).

Hermes e Tat, então, recebem uma visão e um poder do 9º como uma iluminação, e Hermes, em um estado de êxtase, alcança a luz e a sabedoria da Mente.

> Regozije-se com isso! Pois o poder, que é luz, está vindo a nós. Pois eu vejo! Eu vejo indescritíveis caminhos. Como devo contar-lhe, meu filho?... Como devo descrever o universo? Eu sou Mente, e eu vejo outra Mente, aquela que move a alma!
>
> Eu vejo aquele que me move do puro não pensamento, não ego (esquecimento). Você me proporciona poder! Eu me vejo! Eu quero falar! O medo me reprime. Eu encontrei o início do poder que está acima de todos os poderes, aquele que não tem início. Eu vejo uma fonte borbulhando com vida. Eu disse, meu filho, que eu sou Mente. Eu vi! A linguagem não é capaz de revelar isso."[5]

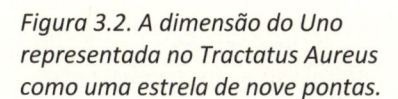

Figura 3.2. A dimensão do Uno representada no Tractatus Aureus como uma estrela de nove pontas.

Com o monoteísmo judaico, a estrutura é amplamente distinta. Não há mais a busca individual pela sabedoria e conhecimento interior

---

5. Hermes Trismegisto. *The Discourse on the Eighth and Ninth.* Traduzido para o inglês por James Brashler, Peter A. Dirkse e Douglas M. Parrott. Disponível em www.gnosis.org/naghamm/discorse.html.

dentro de cada um. A liberdade e o caminho para encontrar *o deus no seu íntimo*, a luz do Espírito do Todo, o Uno, existente dentro de cada um, estão perdidos. O Moksha hindu (O Libertado) pode reivindicar "Eu sou Aquilo" (Tat Vam Asi), Hermes afirma "Eu sou Mente, o Cristo", mas no dogma monoteísta não há caminho direto para a comunhão com o Uno. Sendo assim, como Enlil mudou para uma estrutura dogmática de um deus único, baseado em obediência cega? Primeiro, nós temos um humano anunnaki em particular, o príncipe e herdeiro do principal reinado do sistema solar, com certeza... mas ainda um humano entre seus similares e familiares que decide que agora ele será o único deus, desconhecido, invisível, anônimo e dotado de qualquer qualidade imaginável que você possa conceber, destacando-se de suas "criaturas" pobres e pecadoras e fazendo-as obedecer não apenas com rédea e chicote, mas com explosões nucleares e impulsos genocidas descontrolados.

Segundo, esse indivíduo prossegue com a destruição de todos os deuses históricos da Terra, os outros que "vieram do Céu para a Terra" e isso significa não menos do que uma total destruição e obliteração do passado de nossa espécie e de nosso planeta (incluindo todo o conhecimento pertencente a ele). Agora podemos nos fazer esta pergunta: Isso é mesmo admissível? Quem se atreveu a nos roubar a memória de nossa espécie? Seria permitido a um Comandante da Terra excluir da memória de nossa espécie tudo que pertencia ao nosso passado? E que objetivo ele buscava? Apenas promover-se como o único Mestre, O criador, único legislador, criador de história, criador do universo... o que mais?

Isso é admissível?

Algum mestre de escravos alguma vez fez isso? Nós sabemos que os mestres de escravos americanos e europeus (escravos sequestrados principalmente nas regiões do Dahomey e Togo) proibiam-lhes, à força, de praticarem seus supostos cultos pagãos. No entanto, esses povos escravizados encontraram uma forma de praticar, em cativeiro, os rituais vodus de suas culturas ancestrais originais e Yorubás, escondendo-os sob um novo nome cristão.

A destruição do passado de nossa espécie não constitui, sem dúvida, um crime contra a humanidade? E a ironia é que se trata de um *crime contra duas humanidades* – contra a humanidade dos humanos da Terra e contra a humanidade dos humanos nibiruanos. Porque no processo, os outros deuses autopromovidos foram rebaixados – a ídolos ou inimigos (caso fossem concorrentes), ou a anjos/emissários (para aliados e descendentes). Daí por diante ficou proibido venerar esses ídolos e até mencioná-los e, finalmente, eles foram apagados da memória do povo – apesar do fato de terem sido elevados ao estatuto de deuses venerados pela Assembleia. Essa decisão de Enlil feria, assim, o corpo constitucional e seu poder de governo. Foi simultaneamente apagada qualquer memória de humanidade genética do agora deus imaterial. Esse blecaute continuou por meio da drástica edição dos textos sumérios e, no entanto, deixou, como vimos, muitos rastros visíveis, como uma linha branca no tecido, as marcas do retoque – provando que a tarefa de refazer milhares de antigos relatos históricos não era apenas difícil, e sim impossível.

A maior ironia de todas e, portanto, a maior iniquidade por parte do deus autocrata, é que nossos "deuses criadores" verdadeiros fizeram questão de nos ensinar nossa história real (incluindo a forma como fomos "aperfeiçoados", e não "criados") assim como sua própria história nibiruana – e isso logo a partir do primeiro casal civilizado, nossos ancestrais Adapa e Titi, naturalmente criados por Enki. Que informação histórica nossos verdadeiros deuses criadores queriam que nós soubéssemos desde o início (a história da Terra, de Nibiru e de nossa espécie humana da Terra); alguém da realeza nibiruana, mesmo aquele no comando, tinha o direito moral e espiritual de nos privar dessa informação? Não apenas esconder a verdade de gerações posteriores, mas forçosamente apagá-la de todos os textos, para distorcer e confundir toda informação ainda disponível e para destruir provas (tais como os livros concorrentes)?

Nossos deuses criadores fizeram questão de incitar a nova humanidade a aprender a escrever, literatura, matemática, astronomia e medicina. Eles chegaram ao ponto de nos revelar "os segredos dos deuses". Enki iniciou linhas de sabedoria para ensinar essas ciências herméticas e academias científicas em Eridu. Ninmah fundou com Adapa a linhagem de reis-sacerdotes em Shuruppak. Até o Rei do Céu transmitiu a Adapa uma "ciência secreta de cura" que ele teria, daí em diante, de transmitir a seus descendentes (Adapa escreveu livros para esse efeito).

Como alguém da realeza anunnaki poderia decidir apagar um passado tão antigo e conhecido e a evidente realidade de outros deuses e seus laços familiares? Quando essa destruição de informação ocorreu? Se é definitivo que aconteceu no tempo de Moisés, a comparação com os textos sumérios no permite concluir que a destruição de fato aconteceu na época em que o Livro Judaico foi compilado, o que, de acordo com vários especialistas, aconteceu durante o cativeiro na Babilônia, no século VI a.C.

Chefe do comando na Terra?
Falhas na linha de comando

Antes de os seres híbridos (os lulu) conquistarem habilidades procriadoras e começarem a povoar a Terra, a função de Enlil era tão clara quanto limitada. Devemos ter em mente o número de anunnaki que havia na distante colônia chamada Ki (Terra) antes do Dilúvio. Beroso, o sacerdote e historiador babilônio, escreveu que havia 600 anunnaki no terreno e 300 anunnaki (os igigi) de serviço nas estações espaciais – uma em órbita e outra em Marte. Estamos falando de um número relativamente pequeno de pessoas cujo único objetivo, no início, seria acumular ouro e outros metais para seu planeta natal, Nibiru. A função de Enlil nesse momento era estritamente a de Comandante-chefe – uma função de diretor executivo (semelhante a um governador), enquanto a função de autoridade global é mantida pelo Rei de Nibiru, e Nibiru permanece como centro de poder da civilização nibiruana. O Rei do Céu/Nibiru partilha seu poder de decisão com a Assembleia dos Lordes (composta, sobretudo, pelos membros da realeza entre os anunnaki), que é convocada para qualquer decisão importante e em caso de crise. Além disso, há uma estrutura judicial independente: os Sete (ou Nove) Juízes, convocados para julgar e pronunciar um veredito sempre que uma situação criminosa acontecer em assuntos de organização geral, guerras ou conflito.

Nós sabemos que, em tempos antediluvianos, Nippur, a cidade de Enlil, é o Centro de Controle da Missão, uma das cinco cidades na Suméria organizadas de forma geométrica para supervisionar as operações espaciais. E no interior de seu templo-moradia (o antediluviano Ekur) fica a sala Dirga que, como vimos, gerencia o Vínculo

Céu-Terra. Assim, Enlil tem total controle das instalações espaciais e da tecnologia da comunicação.

No entanto, por agora, vemos apenas um poder gerencial – o governador de uma colônia que trabalha sob a supervisão do Rei Anu e sua Assembleia.

A personalidade de Enlil

A personalidade e as ações de Enlil são muito bem demonstradas por suas citações e decretos reportados com precisão em um grande número de textos congruentes, incluindo o Livro, para que tenhamos qualquer dúvida sobre a veracidade desses textos. Ele, definitivamente, era quem estava no comando da Terra e fez e disse aquilo que é declarado como feito e dito por ele. Entretanto, há uma brecha abismal entre o pragmático (em palavras de Nietzsche) lado "humano, muito humano" do chefe dos anunnaki e as qualidades absolutas e abstratas projetadas na divindade monoteísta em tempos posteriores. Assim, nós continuaremos a rastrear os principais acontecimentos dos quais Enlil era o protagonista dominante, muito bem descritos em vários textos que mostram fortes paralelos. Nós descobriremos os objetivos e propósitos para esses acontecimentos, as decisões que levaram a eles, a lógica e o processo de raciocínio, os comportamentos e artimanhas psicológicas – tudo que está totalmente em desacordo com nosso conceito de divindade. Além do mais, e supreendentemente, surgem ainda mais discrepâncias com a profundidade da sabedoria e conhecimento espiritual que foram desenvolvidos pelas diversas religiões da Terra (começando pelo Egito e o Vale do Indo). As próprias religiões prezam um alto nível de consciência e desenvolvimento espiritual; as religiões orientais, o platonismo, assim como as ciências herméticas, expõem o controle de estados elevados de consciência por meio de práticas sofisticadas de yoga, meditação e outras atividades – tudo isso demonstra a realidade de uma consciência elevada e espiritual no homem, um Eu supraconsciente que pode ser desenvolvido. Por ter, eu mesma, seguido esse conhecimento e essa busca durante toda a minha vida, tendo apreciado a sabedoria e tradição antigas, com certeza eu não esperava uma realidade tão chocante. Porém, minha mente científica e racional não conseguiu encontrar nenhuma falha nos dados adquiridos nem nos perfis psicológicos sóbrios e coerentes dos anunnaki por meio de textos diferentes.

O primeiro ato de Enlil: estuprar uma adolescente

Se o primeiro ato de Enlil em Nibiru, como um jovem príncipe, foi o escândalo de um caso amoroso com sua irmã direta, Ninmah, seu primeiro ato na Terra foi um escândalo sexual ainda pior: o estupro de uma jovem virgem anunnaki que o levou a ser condenado ao exílio. Nesse momento, Enlil perdera tudo – sua herança e posição principal, seu templo-moradia e sua esposa na Suméria – um desenlace muito traumático para quem era herdeiro legal. (É claro que o fato de sua amante e futura esposa Ninmah ser proibida para sempre de se casar e ficar, certamente, traumatizada por toda a vida, não existe na consciência de Enlil). Em meu ponto de vista como psicóloga, o trauma de perder sua posição por conta do seu "pecado" sexual e transgressão pode muito bem explicar sua mudança radical não apenas no sentido da monogamia (uma exceção na Suméria), mas de uma postura ultramoralista e uma inclinação a castigos excessivos. Eu também acredito que ele desenvolveu, por causa disso, um receio com as mulheres ao responsabilizar a menina por seu próprio lapso de uma agressão violenta. E, nesse caso, seu próprio campo semântico carregou, a partir daí, os julgamentos de *Mulher = Sedutora*, e *mulheres devem ser temidas* – portanto elas devem ser comandadas e mantidas a distância. Isso explicaria seu gesto de nunca falar com Eva, a não ser para amaldiçoá-la. Além disso, o poder contundente que ele exerceu sobre a adolescente nessa ocasião (que alegou ser ainda virgem) permanecerá como um trauma psicológico e romperá sua relação – tornando possível para ele apagar o nome da moça e venerar a nova religião monoteísta.

O segundo ato de Enlil:
uma reação exagerada na revolta das minas

O segundo ato na biografia de Enlil foi a reação exagerada durante a revolta dos anunnaki que trabalhavam nas minas do Abzu, que reclamaram sobre a carga de trabalho excessiva colocada sobre eles. Aqui, vemos Enlil totalmente incapaz de compreender o problema social e, em vez disso, sua mente fixa em vingança e castigo – ao ponto de colocar em perigo seu próprio reinado como uma tática de assédio destinada a seu pai, Anu. Quando isso não funciona, ele esquece tudo sobre sua ameaça de renunciar.

O resultado da crise foi a convocação da Assembleia dos Deuses, que votou por conceder a Ninmah, a chefe cientista das ciências da vida, a missão de "aperfeiçoar" uma criatura híbrida anunnaki-hominídeo. Com o intuito de compreender as posturas opostas de Enlil e Enki, que levarão a contínuas brigas entre eles, temos de ter mente que a missão aprovada pela Assembleia e por Enlil era estritamente pragmática: como produzir um ser capaz de trabalhar para eles. (Isso, como eu já havia sugerido, foi apenas a lógica oficial apresentada diante da Assembleia por Enki e Ninmah, não seus planos secretos a longo prazo, que tinham como objetivo transformar a nova humanidade em uma tocha para a civilização humana na Terra ou neste sistema solar, quando o seu próprio estivesse em declínio ou extinto).

O terceiro ato de Enlil:
O ataque às instalações no Abzu e o sequestro de trabalhadores

O terceiro ato de Enlil é atacar, com seu guerreiro Ninurta, as instalações da mina no Abzu, onde os lulu clonados, os trabalhadores primitivos, já estavam na labuta – o objetivo seria levá-los de volta à Suméria para serem empregados e trabalhadores. Eles atacam com uma arma nova e poderosa, capaz de perfurar e rasgar paredes. *The Myth of the Pickax* relata o ataque descrevendo a nova arma como "um machado que produz poder" e um "separador da terra".

Nas tábuas que recuperamos até agora, sabemos apenas do primeiro grupo de clones de sete homens e sete mulheres. Mas deve ter havido mais deles – como é demonstrado em um entalhe encontrado em uma rocha a sul do Elam. A gravura mostra fileiras de seres assexuais exatamente iguais, e muito mais que 14; em um pavilhão adjacente estão sentados Enki e Ninmah com as deusas do nascimento – as estudantes de Ninmah. Portanto, podemos deduzir que um grande número de lulu foi levado para a Suméria. Numerosas representações os mostram realizando todos os tipos de trabalho pesado, desde construção, agricultura, servindo os deuses em suas casas; eles estão sempre totalmente despidos, como animais domesticados, como escravos. Uma vez que os lulu estavam na Suméria, diz o texto *The Myth of the Pickax*:

> Com picaretas e pás eles construíram as casas dos deuses,
> Eles construíram as grandes margens dos canais;
> Comida eles plantaram para o sustendo dos deuses.

Apenas o número completo dessas representações seria o suficiente para justificar os lulus em centenas e não em dezenas. E o fato de serem representados nus mostra seu baixo grau de desenvolvimento.

Mais tarde, quando Adapa e seus descendentes, criados pelos deuses, se tornarão escribas e sacerdotes, claro que suas belas vestimentas serão iguais às dos anunnaki – especialmente dado que os alfaiates devem ter sido terráqueos.

O quarto ato de Enlil:
Expulsão e maldição do primeiro casal

Adamu e Tiamat, o casal-modelo, os doadores de genes para a clonagem, foram honrados no Abzu e poupados de trabalho. Apenas quando eles são convocados ao Edin que Enlil os põe a trabalhar em seu pomar recém-construído, para cuidar dele. Dessa maneira, eles perdem seu estatuto honorífico: e têm de trabalhar e ficar nus – algo que com certeza não faziam quando criados nas casas de Ninmah e Ninki, como seus filhos (*12º*, 337-64). Além disso, as proezas linguísticas do casal expressas no jardim do Éden – o fato de serem capazes de discutir com a divindade – causaram grandes problemas aos especialistas, é claro, já que a alternativa da reprodução da telepatia é impossível pelas próprias palavras da divindade: "Onde está você?", grita a divindade buscando especificamente por Adão e não o encontrando porque Adão, ao ouvir seus passos, escondeu-se atrás de uma árvore. E Adão então responde – porque ele está tão próximo e ao alcance do ouvido – e o faz porque tem medo, porque ele está nu. Só então a divindade percebe que um acontecimento de equivalente importância acorrera – seu irmão (a Serpente!) mais uma vez anulou seus planos.

O quarto ato de Enlil é sua ira quando ele descobre que Adamu e Tiamat agora estão transformados – eles sabem que estão despidos, e Tiamat (apenas ela) cobriu e enfeitou sua genitália. A *Lenda de Adapa* é muito clara sobre o fato de Enki ser aquele que concede conhecimento [e] sabedoria ao Homem:

> Amplo conhecimento Enki aperfeiçoou para si,
> para revelar os projetos da Terra,
> a ele, ele concedeu Sabedoria;
> Mas a imortalidade ele não lhe concedeu.

Estas palavras são de suprema importância para nós, em um momento em que uma nova evidência indica que o homem neandertal era muito mais evoluído (habilidades linguísticas, comportamento social) do que pensávamos e, certamente, o *Homo erectus* (o hominídeo cujo DNA eles usaram) também. Repare que a Terra, aqui, é um ser consciente e tem intenção e "planos". De forma alguma deveríamos ler *planos*, dado o contexto de ampla compreensão e sabedoria, como algum tipo de padrão. Aqui está uma pista sobre *a ciência secreta dos deuses* à qual algumas tábuas e o nome de Enki como *Buzur* se referem – o "Conhecedor de Segredos". Assim, "revelar os planos da Terra", significa, literalmente, fornecer à humanidade (e, assim, a Adamu e Tiamat) a inteligência para explorar a natureza não apenas cientificamente, mas em caminhos arcanos e espirituais, com intuição e sabedoria. Assim como ele, chamado Buzur, seu objetivo era criar e aperfeiçoar a humanidade para que eles se tornassem Buzurs. De fato, Adamu e Tiamat se tornarão iniciados, e Enki começará, além das linhagens, a transmissão direta do conhecimento secreto e estilos de sabedoria, como eu mostrei em *DNA dos Deuses*, e algo que vemos claramente nestas duas representações sumérias.

Figura 3.3. Enki (com seu adorno de cabeça com chifres), trocando palavras de sabedoria em paridade com Tiamat, como dois iniciados, a Árvore do Conhecimento entre eles.

Figura 3.4. Enki transmitindo sua sabedoria a um iniciado, com o símbolo da dupla serpente sobre ele e o Ankh sumério entre ambos.

4

Enlil e a Maldição das Mulheres, da Humanidade e da Terra

AS MALDIÇÕES PRONUNCIADAS pela Divindade contra o Primeiro Casal, e a humanidade como um todo, no jardim do Éden estão entre as mais fortes e, além disso, elas têm o propósito de serem eternas. Aqui está um exemplo da cena e das sentenças que precedem as maldições (analisadas em profundidade no livro *DNA dos Deuses*) e como as ler em termos de Estruturas Informacional (EI) e Estrutura Moralista (EM).

No Livro, após Adão e Eva comerem o fruto da Árvore do Conhecimento, o texto concede uma informação extraordinária (em EI), imediatamente seguida por uma confusão e um enfraquecimento dessa revelação dados por uma explicação moralista (EF), supostamente demonstrando sua vergonha e seu terrível pecado.

> E os olhos de ambos abriram-se [EI]
> e eles souberam [EI]
> que estavam despidos... [EM]
> E fizeram tapa-sexos. [EI].

Em seguida, a Divindade Y. chega ao jardim e olha para Adão (apenas para ele). Adão escondeu-se e, quando lhe foi perguntado o porquê, ele expressa que tinha se escondido de vergonha, porque estava nu. A Divindade fica brava, no entanto dispara dizendo que sabe de alguém que poderia ter entrado no jardim e falado com os adolescentes:

> Quem lhe disse [EI]
> que você está nu? [EM]
> Você comeu da árvore, da qual eu mandei
> que não comesse? [EM]

Então, a Divindade diz (obviamente a outros deuses imortais):

> Contemplem, Adão *tornou-se um de nós*...[EI]
> e agora pode estender a mão e partilhar
> também da Árvore da Vida [EI],
> e comer [dela] e viver para sempre? [EI]

Sitchin observa, "Até as palavras da Divindade refletem uma origem suméria, pois a única Divindade Judaica, mais uma vez, caiu no plural, dirigindo-se a colegas divinos que não apareciam na Bíblia, e sim nos textos sumérios" (12º, 365).

A verdadeira razão para a ira da Divindade é revelada por suas próprias palavras, "Contemplem, Adão tornou-se um de nós" – o medo que os terráqueos se tornassem não apenas versados, mas também imortais como *eles, os deuses*. Esse temor da Divindade, sua prontidão em manter os terráqueos como lulus primitivos e ignorantes, fez com ele amaldiçoasse a humanidade Adâmica e criasse esquemas elaborados para destruí-los, repetidamente. E o texto do Livro, ao inserir constantemente uma interpretação moralista que sistematicamente coloca a falha sobre os humanos, prepara os leitores para absorverem os excessos e reações exageradas da Divindade.

Maldições repetidas

Após fazer-nos – os leitores – concordar que os adolescentes cometeram um pecado terrível, nós aceitaremos a grave sentença que afetará todas as gerações de humanos, para sempre, enquanto nos sentimos desesperadamente culpados. Vejamos os texto:

> A Divindade Y. expulsa Adão do pomar do Éden. [EI]
> E à mulher ele diz: "Eu multiplicarei enormemente o seu
> sofrimento pela sua gravidez. Com sofrimento, você terá
> filhos." [EI]

O gesto de um deus injusto.

Por um lado, porque ele sabia muito bem quem cometera esse feito: a Serpente Enki. Por outro, porque sua reação é desproporcional – amaldiçoar as mulheres até o final dos tempos.

O ato de um deus cruel que queria que o escravo primitivo, com pouca consciência, continuasse como um trabalhador em seu estado inferior; que ataca o mais nobre ato de dar vida a ser o meio de sua maldição.

Um gesto psicológico que demonstra que ele não era o criador da humanidade Adâmica, porque, se o fosse, ele teria respeitado a vida e o ato de dar vida.

Agora temos de considerar a história da maldição entre os anunnaki para compreender que, seja como fizeram, lançar uma maldição em alguém ou algo não era uma palavra vazia. Um exemplo que fala por si mesmo é o de Ágade, a cidade amaldiçoada pelos deuses cuja história é recontada em um texto chamado *A Maldição de Ágade*. Quando Inanna, contemplada com os MEs que conseguiu persuadindo Enki, recebeu o reinado oferecido pela Assembleia dos Deuses, ela escolheu Sargão para ser o rei de seu domínio, e Sargão I construiu a cidade de Ágade (ou Acádia) para ser sua capital. As guerras que ele e seus sucessores ao trono travaram em nome de sua rainha e amante, Inanna, criaram o poderoso império de Acádia, e o acadiano tornou-se o idioma internacional da diplomacia. Mas, com o decorrer do tempo, Inanna, ficava cada vez mais feroz em seu desejo pelo domínio de outras regiões e domínios. Quando finalmente ela entrou em oposição aberta com os deuses antigos e profanou o templo de Anu em Ereque (sua antiga moradia!) e, em seguida, o templo de Enlil em Nippur, os deuses reuniram-se em Assembleia e ordenaram a maldição de Ágade. Não apenas da cidade, mas todo o império acadiano foi completamente destruído e nunca pode ser reconstruído – ao contrário do que aconteceu com muitas cidades e templos que foram profanados ou destruídos e, em seguida, reconstruídos. Ágade, amaldiçoada e para sempre apagada, após ter sido uma das joias da Suméria, mostra-nos como terríveis e poderosas eram as maldições dos anunnaki.

A maldição sobre as mulheres no pomar do Edin é apenas, da parte de Enlil, a primeira de uma série de maldições. Mesmo enquanto a exigência por mais trabalhadores continua crescendo, a multiplicação dos humanos da Terra não é de seu agrado e, logo, seu objetivo irredutível será livrar-se da humanidade, destruir a raça híbrida de humanos da Terra ao ponto de até colocar uma maldição sobre a Terra, e isso até as consequências do Dilúvio.

Ao sair da arca no Monte Ararat, Noé imediatamente ofereceu um sacrifício, assando alguns animais. Diz o Livro:

> E a Divindade sentiu o cheiro atrativo e disse em seu coração:
> "Eu não mais amaldiçoarei a terra seca por causa do terráqueo." [EI]

Essa é uma sentença clara e extraordinariamente Estrutura Informacional (EI).

De fato, isso é exatamente o que ele fizera antes, desejando livrar-se da humanidade e utilizando um novo plano toda vez que o anterior não funcionava. Os humanos da Terra, de fato, sofreram muito, por muito tempo, então o pai de Noé, Lameque (ele próprio de ascendência mista e filho de Matusalém), quando um filho seu nasceu, ele decidiu chamá-lo Descanso (Noé). O pai verdadeiro de Noé, como sabemos, era Enki. Lameque, nessa ocasião, disse: "Que esse nos conforte em relação ao trabalho e o sofrimento de nossas mãos *na terra que a divindade amaldiçoou*" (12º, 37; minha ênfase). Isso foi o que a Divindade, no Monte Ararat, revelou que fizera, em termos nada ambíguos ("Eu não mais amaldiçoarei a terra seca") antes de, finalmente, perdoar Noé. No texto sumério, do mesmo modo, Enlil perdoa Ziusudra, mas não antes de Enki chamar sua atenção para o fato de que eles, os anunnaki, precisavam dos humanos e de seu trabalho para reconstruir a Suméria e sua civilização na Terra, destruída pela inundação. Entretanto, na versão do Livro, não ficaremos surpresos, por agora, ao encontrar imediatamente a seguir a essa afirmação reveladora e honesta (tudo em Estrutura Informacional, EI), que a próxima sentença nos levará à Estrutura Moralista (EM):

> Eu não mais amaldiçoarei a terra seca por causa do terráqueo [EI]; pois o desejo em seu coração é mau desde sua juventude. [EM]

Tudo isso expressa o significado de que a humanidade, "o terráqueo", é tão perversa que não há esperança alguma; é endêmico a toda a raça de terráqueos.

Mas se for esse o caso, por que a divindade, de repente, modificou seu anterior plano, em longo prazo, para erradicar a humanidade (geralmente chamada "Homem" ou "Adão" nas escrituras)? Especialmente uma vez que esse seu julgamento (uma afirmação definitivamente EM) era seu raciocínio para usar o Dilúvio para eliminar de forma radical o Homem da Terra; a divindade julgara que esse terráqueo "é apenas carne" (EM), significando que os terráqueos não eram dotados de espírito ou alma (*12º*, 377). Mais uma vez, uma afirmação perfeitamente contraditória àquela que ele, involuntariamente, gritara, em um acesso de raiva: "Contemplem, Adão tornou-se um de nós..." (EI), e a única coisa que parece nos diferenciar deles é a imortalidade (*12º*, 365). E claro que julgar os terráqueos como desalmados é uma oposição perfeita à história da criação do Homem: "E Yahweh, Elohim, criou Adão... e Adão tornou-se uma Alma viva" (*12º*, 349). Da mesma forma, quando a Assembleia votou pela engenharia dos lulu (sem nem mesmo discutir seus saltos evolucionários subsequentes), Enki declarou que a maneira de fazê-lo constituía em "vincular a ele [o existente homem-macaco] a imagem dos deuses" (*12º*, 341).

Assim, nós temos de examinar e ponderar o tipo de dislógica colocada em primeiro plano para o ensinamento moral e benefício de todas as gerações vindouras, especialmente quando sabemos sob qual "imagem", ou arquétipo, a humanidade foi criada: "E Elohim disse: 'Vamos fazer o Homem à nossa imagem, à nossa semelhança'" (*12º*, 338).

1. No Éden: o Homem agora é "como um de nós" em sua consciência e seu conhecimento (um concorrente) – vamos expulsá-lo para que ele não "partilhe também da Árvore da Vida... e viva para sempre", ou seja, para que ele não se torne imortal como nós (*12º*, 365).

2. Antes do Dilúvio: O terráqueo é "apenas carne". "A Divindade viu que a maldade do Homem era grande. E a Divindade disse "Eu destruirei o Terráqueo... da face da Terra". (Esse julgamento foi a decisão final e crucial antes do Dilúvio.) Mas as

mesmas frases que antecedem esse drástico julgamento eram: "E aconteceu... *os filhos das divindades* viram as filhas dos terráqueos e eram compatíveis, e eles tomaram como esposas aquelas que escolheram" (12º, 377; minha ênfase).

Outro caso com lógica errônea por parte do deus injusto. Os versos afirmam claramente que foram os filhos das divindades (os anunnaki) que perceberam que as mulheres terráqueas eram biológica e sexualmente compatíveis (eles podiam ter relações sexuais e, também, filhos) e, também, que os anunnaki eram quem escolheria as esposas que gostassem. Devemos imaginar o que deve ter sido um anunnaki alto, os senhores altivos e todo-poderosos, com conhecimento e tecnologia desconcertantes... e os pobres terráqueos operários que trabalhavam para eles, louvando-os em seus templos, trazendo oferendas e sacrifícios alimentares para satisfazê-los e propiciá-los. Assim, com total ausência de lógica ou senso de justiça, o Comandante-chefe deduz por aquilo que vê como casamentos mistos horrendos e abomináveis, que maculavam a linhagem anunnaki, que os terráqueos não possuem alma ("apenas carne"), que são os responsáveis pelos igigi (nefilins) os terem sequestrados e, portanto, que definitivamente mereciam ser totalmente destruídos. E ele, devidamente, eliminará as estimadas esposas de Marduk e dos igigi – com coração convicto. Se essa não é a essência do racismo e de um julgamento baseado na raça, então não sei o que seria.

Resumindo, temos um humano nibiruano que reivindica, de forma abusiva, ser o criador dos terráqueos, que destrói tudo para sequestrá-los da África e fazê-los trabalhar na Suméria, que os proíbe de evoluir para uma consciência mais elevada, assim como procriar, que os responsabiliza por esse salto de consciência (concedido a eles por Ninmah, Enki e Ningishzidda), que, em seguida, responsabiliza as mulheres por serem sequestradas por anunnaki poderosos e por macular a grande raça anunnaki. E como você recuperaria a pureza da raça? Mate-os a todos. "Eu eliminarei o Terráqueo... da face da terra".

A determinação de destruir a humanidade

Mesmo antes de chegar a esse grande plano final de genocídio (usando o Dilúvio), Enlil tenta, implacavelmente, várias vezes e por muito tempo, eliminar os terráqueos da face da Terra. Mas a forma que ele usou foi deixando os animais doentes, as plantas secas e a água e o solo envenenados – com todas as forças de atos malignos que, no final, deixaram nosso planeta doente – o mesmo planeta em que eles, os próprios anunnaki, viviam. Os mesmos animais e plantas que viviam no e do solo da Suméria (mesmo que as plantações e rebanhos dos mestres fossem poupados dessas maldições). Contamos isso como sendo o quinto ato de Enlil: a maldição da humanidade e da Terra com a determinação de destruir a humanidade.

O relato histórico desses tempos anteriores ao Dilúvio vem da Epopeia de *Atrahasis*, o relato babilônio do Dilúvio, escrito em acadiano. O herói da Epopeia é Atra-hasis – o Ziusudra sumério, ou o bíblico Noé – um nome que, em acadiano, significa "Excessivamente Sábio", epíteto concedido a ele por Enki. Além do texto original acadiano, muitas tábuas, com conteúdo semelhante, foram encontradas em sumério, babilônio, assírio e nas línguas cannanitas, o que permitiu aos especialistas reunirem um relato quase completo.

De fato, o texto começa mesmo no início, com os anunnaki trabalhando nas minas de ouro e sua revolta. Então, ele afirma que, quando os terráqueos se multiplicaram (como sabemos, eles estavam trabalhando duro servindo os deuses e fazendo toda a carga de trabalho na Suméria durante o dia), eles preenchiam as noites da Suméria com os ruídos e expressões em alta voz (traduzidas como "pronunciamentos") de seu ato de amor (ou "conjugação"); e isso impedia Enlil de adormecer!

> A região estendia-se, o povo multiplicava-se; no solo, como touros selvagens, eles deitavam-se. O deus ficou perturbado som suas conjugações; o deus Enlil ouvia seus pronunciamentos e disse [aos] grandes deuses: "Opressivos tornaram-se os pronunciamentos da Humanidade; suas conjugações privam-me de sono". (*12º*, 390)

Sitchin comenta sobre isso: "Enlil – mais uma vez selecionado como o promotor da Humanidade – solicitou, então, o castigo". O primeiro plano que Enlil tentou consistia em dizimar os humanos por meio de epidemias e doenças. Sitchin nos conta que "as versões acadiana e assíria da epopeia falam de 'dores, tonturas, resfriados, febre', assim como de 'doenças, náuseas, pragas e pestes' afligindo a Humanidade e seus rebanhos em consequência ao apelo de Enlil por castigo" (12º, 390).

Atra-Hasis/Noé, o filho biológico de Enki/Ea, foi durante toda sua vida o protegido desse deus. Diz o próprio Astra-Hasis na epopeia: "Eu vivi no templo de Ea, meu senhor". Assim, ele pede ajuda a Enki:

> Ea, ó Senhor, a Humanidade reclama. *A ira dos deuses consome a terra. No entanto, foi você que nos criou!* Permita que as dores cessem, as tonturas, os resfriados, a febre! (12º, 391)

Enki, então, tenta algo que protege a população até certo ponto (essa parte da tábua está danificada). Mas Enlil logo compreende que ele não fora capaz de reduzir a população terráquea e fica furioso mais uma vez. Em seguida, ele surge com um segundo plano, que consiste em apagar a humanidade fazendo o povo morrer de fome:

"Que os suprimentos sejam retirados da população... Que as chuvas do deus da chuva sejam retidas acima. Abaixo, deixe que as águas não surjam de suas fontes". E, com efeito, foi isso que aconteceu, a Terra foi causticada pelo calor e por uma seca terrível: "O ventre da terra não produzia, vegetação não nascia... a vasta planície foi sufocada pelo sal". Enki agora recebe a ordem imperiosa de "barrar o mar", para que o povo não tivesse acesso à abundância de alimentos do mar, e assim os peixes, produtos e comida provenientes do mar não chegariam às populações das cidades. E ele tem de executar as ordens do Comandante da Terra. O suplício, o texto nos conta, continuou durante "seis *sha-at-tam*", ou shars (ou seja, por seis vezes 3.600 anos!). No quarto shar, "seus rostos pareciam verdes; eles andavam arqueados pelas ruas". No sexto, "o filho eles preparavam como comida...uma casa devorava as outras" (*12º*, 391-92).

Astra-Hasis continuava implorando pela ajuda de Enki, contra a vontade inflexível de Enlil, para fazer a humanidade perecer: "Na casa de seu deus... ele pisou... todos os dias ele chorava, trazendo oblações pela manhã... ele chamou pelo nome de seu deus" (*12º*, 392).

Finalmente, Enki julgou que já era demais e decidiu contornar as ordens homicidas de Enlil. Ele monta uma estratégia para que o povo tenha acesso às riquezas do mar, que ele controla. Ele provoca nada menos do que uma revolta em massa; ele diz a Astra-Hasis que peça a seu povo para se organizar e propagar por todo o lado o lema: "*Faça um ruído alto na região... Não reverencie seus deuses, não reze à sua deusa*" (12º, 393).

Os versos estão danificados, mas enquanto a revolta acontece, o senhor Enki envia mais de seus homens para destruir, secretamente, as barreiras que impedem o povo de acessar o mar e poder pescar. Isso devia (de acordo com o plano de Enki) ser considerado culpa das multidões revoltadas. Enlil, sem brincadeira, "estava cheio de raiva", e sentiu que seu odiado irmão participara nos acontecimentos. De imediato, ele enviou seus guardas para prenderem Enki e trazê-lo enquanto ele reunia a Assembleia. E agora ele confronta Enki com seu usual estilo despótico. Nós "chegamos a uma decisão juntos... eu mandei que... a tranca, a barreira do mar, você [Enki] deveria proteger com seus foguetes, mas você liberou provisões para o povo". Enki, como planejara, colocou a responsabilidade sobre a rebelião. Mas ele continua insistindo, solicitando isso ou aquilo de Enki – ele ordena que ele "pare de alimentar seu povo", e semelhantes. Notemos aqui que Enki é um senhor anunnaki e um príncipe real, e que é o senhor deus de Eridu, a cidade da Suméria mais próxima ao mar, e que Enlil *exige que ele deixe os habitantes de sua própria cidade morrer de fome, assim como todos os terráqueos da Suméria* – contra a lei tácita que exige que um deus (ou rei) seja protetor de seu povo. E, além disso, *Enlil conduz essa exagerada ordem genocida e direito de assédio em meio à Assembleia dos Deuses, e nenhum deus (exceto Enki) tenta refrear o Comandante-chefe*.

Ainda estamos na Assembleia; o texto *Atrahasis* reconta que, de repente,

> [Enki] ficou irritado com a audiência;
> Na Assembleia dos Deuses, a risada tomou conta dele.

Ele ri alto. Uma risada colossal. Os grandes deuses seniores ficam perturbados. Eles levaram as coisas longe demais... cederam demais aos planos de vingança de Enlil? Entretanto, Enlil exige ordem e relembra-os de que *o plano para matar a humanidade de fome foi uma decisão que tomaram juntos na Assembleia*. Como sempre, Enlil conseguiu dobrá-los e convencer toda a Assembleia dos Deuses a apoiar seus esquemas criminosos. Lembre-se de que o pobre não conseguia dormir – e isso não é nada! E ele não conseguia pensar em qualquer outra solução para interromper o ruído à volta de seu templo (tais como erigir paredes à volta dele, ou manter os terráqueos à distância) além de matar todos eles! – o que é, desde o começo, o princípio básico de todas as táticas de Enlil. E agora os deuses estão limitados às suas decisões prévias. Enlil, em seguida, ao recobrar sua postura majestosa, ataca Enki com o fato de que ele está constantemente quebrando a regra (ou seja, aquela criada e imposta por Enlil e a chamada decisão unânime da Assembleia!). Então, Enlil confessa que tem um plano de apoio; ele revela que uma inundação gigante fora prevista, que eles podem utilizá-la para exterminar os terráqueos. Ele agora pede a cada um dos deuses que jure que eles reterão essa informação da humanidade. E pede isso especialmente a Enki. Enki rejeita seu irmão:

> Por que você me prenderá a um juramento?
> Eu devo erguer as mãos contra meus próprios humanos?
> (12º, 395).

Mas os deuses reunidos, fascinados com o chefe da Terra, forçarão Enki a jurar segredo.

É assim que o plano bárbaro e totalmente estúpido de exterminar a humanidade por meio da iminente Grande Inundação – sem considerar de forma alguma quais seriam as consequências do Dilúvio para eles próprios, para a civilização suméria ou para a região – foi decidido pela Assembleia dos deuses mais potentes, cujo chefe deveria ser onisciente, virtuoso, um paradigma de Justiça e da própria Bondade.

De acordo com Sitchin, a palavra acadiana utilizada como unidade de tempo (um *sha-at-tam*) significa "uma passagem", e é traduzida do sumério *shar* (3.600 anos). Enquanto os estudiosos traduziram como "um ano", sem perceber que se tratava de um ano nibiruano, a versão assíria utiliza o termo preciso "ano de Anu". Assim, a maldição lançada sobre a humanidade com o intuito de erradicá-la durou por sete shars até o Dilúvio, significando, de fato, 25.200 anos da Terra. Sitchin data as sete passagens que presenciaram um clima extremamente rigoroso que deixou a Terra estéril em torno do ano 36000 a.C. até o Dilúvio, que aconteceu por volta de 11000 a.C.

Devemos relembrar que Ubartutu/Lameque (de ascendência mista) tornou-se o primeiro (formalmente entronado) Rei de Shuruppak por volta de 77000 a.C., e o reinado de seu filho, Ziusudra/Noé, começou por volta de 49000 a.C. – ou seja, 38 milênios antes de ser salvo da Inundação por Enki. Significa que Ziusudra/Noé, sendo filho natural de Enki (embora secreto), herdara a longevidade dos semideuses. Logo após a onda retroceder um pouco no Monte Ararat, Enki dissera a Enlil em conteúdo: É melhor você olhar para esse homem duas vezes, a sua imensa sabedoria e inteligência, ele que será o germe do futuro da humanidade. E nesse momento Enlil tivera uma ideia súbita e, abruptamente, ofereceu a Ziusudra vir viver com eles, os deuses, o que significava obter a quase imortalidade dos anunnaki.

Para Sitchin, a maldição da Terra coincide com a chegada de uma nova Era do Gelo, que os acadêmicos estimam ter acabado de forma precipitada aproximadamente na época em que os registros da Mesopotâmia determinam que o Dilúvio aconteceu. Mas essa última Era do Gelo e a maldição da Terra tinham, de fato, começado mais cedo, em 73000 a.C.; tipos regressivos de homens vagavam pela Terra e condições climáticas severas começaram. Os sete shars de sofrimento extremo (até 11000 a.C.) foram o clímax desse período horrível. Na época em que Sitchin publicou seu primeiro livro da série As Crônicas da Terra, em 1976, já estávamos sendo pressionados a explicar como uma ciência altamente evoluída poderia afetar o clima de tal forma a conter a chuva e secar as fontes e os aquíferos subterrâneos a ponto de criar uma seca devastadora. Agora, as novas tecnologias e os experimentos mais ou menos secretos e programas confidenciais tais como as instalações do Programa de Investigação de Aurora Ativa de Alta Frequência (em inglês *High Frequency Active Auroral Research Program,* HAARP), no Alasca, tornaram-nos conscientes do potencial capaz de afetar o clima de muitas maneiras. A tarefa de estabelecer e monitorar a seca foi confiada ao deus anunnaki encarregado do tempo: o deus da tempestade Adad (o filho mais novo de Enlil), cujo símbolo é o raio. Como Sitchin explica no livro *Os Reinos Perdidos*, Adad ficará encarregado da mineração de ouro nas Américas Central e do Sul, e será chamado Viracocha, o deus da tempestade dos Incas.

Esse fora, de fato, exatamente o plano de Enlil, como descrito pelo *Atrahasis*:

> "Que as chuvas do Deus da Chuva [Adad] sejam retidas acima; abaixo, que as águas não saiam de suas fontes. Que o vento sopre e resseque o solo; que as chuvas engrossem, mas contenham o aguaceiro". Depois disso, "As águas não nasceram das fontes; o ventre da terra não frutificou; a vegetação não brotou".

Tecnologia e ciência militares secretas, por meio de vários métodos, estão agora disponíveis para subir a temperatura de toda a região de forma muito tangível, ou provocar a explosão de raios e tempestades para abrir as nuvens em chuvas torrenciais em uma área, causando, assim, a estiagem em outra região.

Enlil atribuíra a anunnaki diferentes a tarefa de preparar as condições para a fome da humanidade. Ele diz, durante a Assembleia, com o objetivo de confundir Enki: "Eu [tinha] ordenado que, no Pássaro do Céu, Adad deveria guardar as regiões superiores; que Sin e Nergal deveriam proteger as regiões do meio da Terra, que a tranca, a barra do mar, você [Enki] deveria guardar com seus foguetes". Dessa forma, a atmosfera e o clima, a terra e o mar, eram todos monitorados para criar uma terrível estiagem que deveria dizimar ou destruir a humanidade. E notemos que Enki deveria impedir o povo (seu povo que ele chama, afetuosamente, de "meus humanos") de pescar e, assim, conseguir alimento do mar com a utilização de *foguetes* – máquinas voadoras com mísseis cujas explosões fariam os peixes fugir ou morrer! Isso além das muralhas erguidas para barrar o acesso ao mar! Realmente era travar uma guerra contra o povo!

Obviamente, os deuses guardavam alguns recursos para si, porque além de terem de se alimentar, Enki era acusado de ter agido de forma a "liberar provisões para a população" e "fornecer rações de milho com as quais o povo proliferava". Quando Noé implorou a ele que revogasse ou contornasse as ordens de Enlil, não foi porque ele próprio sofria de fome (já que vivia no templo de Ea), mas porque o povo que ele governava como rei e pelo qual ele era responsável estava condenado a suportar sofrimentos horríveis e condições infernais sem trégua. Vamos relembrar, no entanto, que não apenas os humanos estavam morrendo de fome, mas também os rebanhos e os animais selvagens, e as plantas e colheitas secavam – assim, é claro que o suplício trágico da humanidade tinha de refletir, de diversas maneiras, nos próprios deuses, prisioneiros de suas regras prisionais. Os deuses anunnaki estavam, dessa forma, limitados em sua própria liberdade, e suas maneiras e prazeres da vida, pelas drásticas sanções exigidas por Enlil. Mas isso não afetava Enlil de modo algum, e podemos nos perguntar se ele tinha algum prazer em qualquer coisa além de seu desejo insaciável por poder e por decretar sua autoridade.

Portanto aqui, mais uma vez, no quinto ato, a maldição do homem na Terra, o decreto de pragas e condições propícias à fome para dizimar a humanidade, nós vemos o capcioso Enlil usando todo o poder que lhe foi concedido como Comandante da Terra, herdeiro legal e o primeiro orador na Assembleia dos Deuses para perseguir a humanidade com um desejo inflexível de apagá-la da face da Terra.

E aqui, mais uma vez, *nós vemos Enki duas vezes vindo ao resgate da humanidade* – mesmo depois de ter passado um longo período.

Primeiramente, ele interrompe as pragas e epidemias (obviamente os anunnaki eram imunes a essas doenças que lançavam sobre a humanidade); de agora em diante, Enlil vê seus planos prejudicados e ele reclama, furioso, à Assembleia dizendo que "A população não diminuiu; eles são mais numerosos do que antes!" (*12º*, 394)

E, pela segunda vez, quando Enlil organiza um novo estratagema para matar a humanidade de fome manipulando as condições climáticas, Enki, então, sob o disfarce de uma revolta encenada de todos os terráqueos contra seus deuses, leva seus próprios homens para destruir as barreiras e bloqueios militares dos recursos fluviais e marítimos.

Observe que a greve de adoração era, na realidade, muito mais uma revolução do que qualquer outra coisa que possamos imaginar. Na época, a tarefa da veneração (um termo, caso você se recorde, que significava, em hebraico, "trabalhar") implicava em diversas tarefas e serviços, tais como atender às necessidades dos deuses e preparar suas refeições, cuidar da manutenção de seus templos, suas moradias e vastos domínios, fazendo oferendas de comida (frutas, colheitas, peixes, animais para o abate); assim como todas as tarefas sociais e urbanas, como construções e trabalho agrícola.

Foguetes e viagens espaciais

Um tema recorrente nas tábuas é a utilização de *pássaros ou pássaros que rodopiam* para ir encontrar outros anunnaki. Essas são representações muito interessantes do que definitivamente se assemelham a aviões, assim como os famosos baixos-relevos encontrados no Egito, no templo de Seti I (veja figuras 4.1a e b). Outra tecnologia dos egípcios são suas famosas luminárias, cujo desenho é claramente pintado nas paredes dos templos (veja figura 4.1c).

Muitas representações mostram um tipo de escada no interior de uma estrutura ou área fechada, chamada Caminho para o Céu, que possui a forma de um pilar alado, ou portal. Os portões

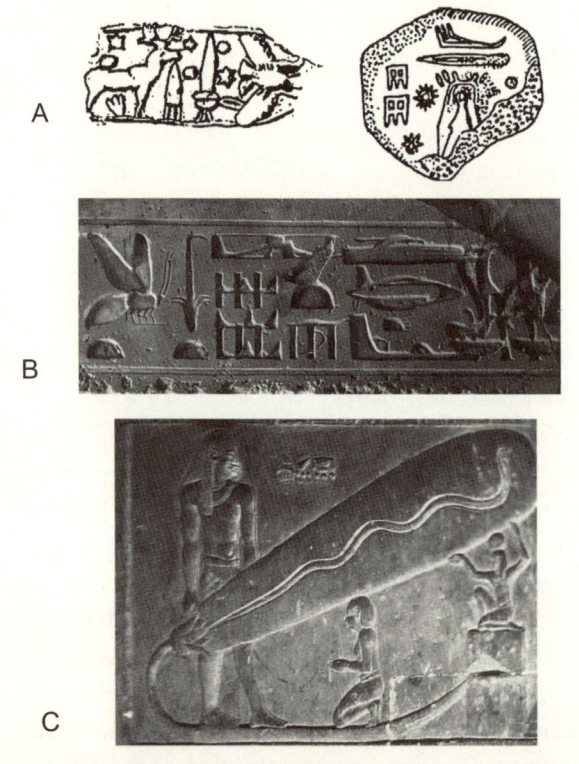

Figura 4.1 (A) Aeronaves na Suméria. (B) Aeronaves no Egito; Templo de Seti I. (C) Desenho de luminária no Egito.

são protegidos por dois homens-águia (os igigi), ou dois leões, ou então por duas serpentes, e eles representam, para Sitchin, a tecnologia

*Figura 4.2. Um shem voltado para o céu acima de
um templo-laboratório subterrâneo.*

que possibilita aos anunnaki acessar Nibiru utilizando um *shem* ou espaçonave. Os shem parecem foguetes pontudos (e mesmo um de seus pictogramas tem a forma de uma flecha) que estão, em geral, em posição vertical, voltados para o céu. Veja, por exemplo, esse desenho fascinante da figura 4.2, que mostra um complexo subterrâneo completo, muito tecnológico (com seu duplo recinto e um muro grande que se estende para os dois lados), com apenas a espaçonave no mesmo nível do solo, escondida por palmeiras.

Agora, dois outros cilindros representam ainda mais claramente algum tipo de espaçonave pontuda, com um longo plasma ou outro tubo de raio que percorria todo o seu comprimento, permitindo que eles alcancem Nibiru – o Disco Alado acima da nave – e talvez mais além na galáxia, já que dois alienígenas (de um filo de peixe) estão definitivamente representados na figura 4.3a. Na figura 4.3b, além de Nibiru, nós vemos vários planetas representados (os pontos e as estrelas) e o Sol e a Lua; além disso, uma grande espaçonave possui, então, o formato de um foguete.

Figura 4.3. Foguetes (shems) e espaçonaves. (A) Shem com haste de plasma em seu interior apontando em direção a Nibiru. (B) Foguete-shem voltado para Nibiru.

O aumento do poder de Enlil em virtude da criação dos lulu

Nessa altura, a posição política de Anu, como vemos, diminuiu ordenadamente. Ele quase nunca participa das discussões, e não oferece conselhos sensatos. Todos eles parecem estar sob o feitiço de Enlil, o primeiro governante entre eles. Ele não possuía, desde a construção do pomar a leste do Edin, duas Árvores reais, símbolos do mais alto reinado? A construção dessa moradia real foi sinal de que Anu lhe concedera as rédeas do poder? Na Suméria, nenhum deus pode construir um templo-moradia para si sem o consentimento da Assembleia; o único deus que quebrou essa regra foi Marduk, com o templo de Babel. Ter seu próprio templo significa estabelecer-se como deus reverenciado com seguidores – e é preciso, no mínimo, fazer parte dos 12 Senhores Altivos, os reais que têm números atribuídos a eles. Anu é o primeiro, com o número 60, Enlil é o seguinte com o 50, Enki 40. Suas esposas possuem os múltiplos de cinco, começando com Antu, que possui a posição número 55. Em seguida, apenas os filhos de Enlil são numerados, até a terceira geração a seguir de Anu, os gêmeos Inanna e Utu, tataranetos de Anu, com 15 e 20 respectivamente. (Inanna tomou a posição de Ninmah, que foi, ela própria, retirada do Círculo!)

Se esse foi mesmo o caso, que Enlil recebeu o consentimento de Anu e da Assembleia para construir um novo templo-moradia como um jardim para nele estabelecer as duas emblemáticas Árvores da Vida como um estatuto do Rei do Céu, e onde estabelecerá o primeiro casal de lulu – um jardim real baseado no modelo sagrado do próprio jardim do Rei Anu – então isso significa muito (veja figura 4.4). Quer dizer que (1) o cetro do poder estava agora nas mãos de Enlil. Sem deslocar Anu do número 60, Enlil seria, no entanto, a voz da autoridade e o responsável pelas decisões (aquele "que decreta os destinos"). Também implica (2) que o *aperfeiçoamento" dos lulu significava um salto civilizacional para os nibiruanos* como a civilização que fora capaz de partilhar do poder criativo do universo, e mandar vida inteligente – um novo *filo sapiens* – para outro planeta.

Figura 4.4. Árvore do Conhecimento e Árvore da Imortalidade (Vida), no jardim de Anu.

Seria algo semelhante ao antigo costume de promover o brasão de um cavaleiro ou um príncipe, reconhecer os feitos extraordinários realizados em uma vida por aquele indivíduo. O brasão de armas da família, herdado, era acrescido de um novo símbolo pictórico ou heráldico representando o feito em questão. A mobilidade e notoriedade da família eram, assim, convertidas em um estatuto mais elevado, e o feito entrava na "árvore da família". Uma vez que muitos dos nossos costumes antigos, especialmente referentes a rituais religiosos, simbolismo e geometria sagrada, vinham das civilizações anunnaki e suméria. Parece apropriado decifrar costumes mais recentes para chegar às suas raízes na Suméria.

Os nibiruanos como civilização mestre na galáxia

Os dados históricos que nos foram entregues pelos anunnaki na Suméria são muito mesquinhos de informação referente à sua civilização original, em Nibiru. E tendemos a remediar a falta de informação com puras e simples projeções. Sendo assim, estamos todos muito inclinados a considerar que eles julgavam ser a única civilização inteligente do universo – projetando nossas próprias crenças baseadas em velhos paradigmas. Inversamente, o fato de eles não possuírem rituais religiosos para seus próprios deuses (mas impunham-se como nossos deuses) poderia implicar que seu conhecimento científico os tornaram cientes do estado real de vida inteligente no universo: que há, de fato, numerosas Civilizações Inteligentes Exoplanetárias ou CIEPs (independentemente do planeta em que o observador se encontra). Essas CIEPs, disseminadas no pluriverso visível e também no invisível, teriam se desenvolvido naturalmente sem a necessidade de invocar um Deus Criador pessoal cada vez mais abstrato e, no entanto, dotado de consciência e emoções projetados do tipo humano, tais como desejo e raiva. Na Teoria dos Campos Semânticos (TCS), a dimensão semântica (na qual a psique e a matéria-energia fundem-se) é auto-organizada e em constante evolução, e é o substrato da toda a realidade, expressando-se como uma hiperdimensão, na matéria ou não. Ela é alimentada pela energia semântica, ou seja, a consciência como energia, que é a força motora liderando a grande explosão. Trata-se de uma grande força fundamental, auto-organizada e negentrópica – ou seja, que cria cada vez mais complexidade e informação. Ela se auto-organiza em um universo específico, mas, sistematicamente, inclina-se na direção do desenvolvimento de Civilizações Inteligentes superiores. A hiperdimensão semântica, por si mesma, é desprovida de matéria, também é o que existe entre universos materiais, em sua origem e término, o que sobrevive ao grande colapso final, com toda a informação sobre todos os seres que ela contém – seu campo semântico planetário com toda sua memória (os registros akáshicos).

Com essa estrutura científica, podemos compreender a tendência das bolhas dos universos em desenvolverem-se na direção de Civilizações Inteligentes altamente evoluídas (CIs); e um princípio da evolução de tais espécies seria tornarem-se capazes de semear vida inteligente em outro planeta por meio da engenharia genética. E esse princípio marcaria a conquista de um estatuto hierárquico entre as várias CIs, que não só teriam tido tempo para saber e visitar cada um, mas também para formar um tipo de federação ou império.

Se seguirmos essa perspectiva, *os nibiruanos, ao criarem uma nova forma de vida inteligente e civilizada, terão adquirido o alto estatuto de Civilização Mestre*. Foi exatamente nisso que eu apostei em um livro de ficção científica chamado *Diverging Views*, discutindo, daí em diante, o estatuto de nossa própria Civilização Inteligente dentro de uma federação galáctica ou Civilizações Inteligentes.

Se de fato esse é o caso, então isso explica muito. Por exemplo, por que Enlil, como o Rei da Terra, recebeu todo o crédito pela criação dos lulu, e por que foi ele quem ficou com o crédito e não seu pai: porque ele era o verdadeiro líder do planeta em que esse progresso científico ocorreu. Essa conquista também lhe rendeu o título de Rei do Céu (antes da morte de Anu); ele receberia em seu próprio brasão e escudos de armas a Árvore do Conhecimento (representando o novo genoma terráqueo); e ele acessaria o estatuto de seu pai, com a Árvore da Imortalidade. Isso também explica porque ele seria, em seguida, encarregado de construir para si um novo templo-moradia para estabelecer ali o emblemático Primeiro Casal, e como, em virtude disso tudo, ele colocaria em si mesmo o novo símbolo do reinado – as duas Árvores-deus vivas.

Estas duas árvores deviam, claro, estar totalmente fora do alcance das crituras humildes e, no entanto, elas foram entregues a Enlil como um prêmio pela criação dos lulu. E é por isso que, com seu egoísmo ilimitado, Enlil decidiu ter as Árvores altaneiras no pomar, proclamando sua grandeza assim como fazia o Casal. Somos deixados a refletir por que Enlil – com todo seu poder – não poderia resolver o problema colocando um campo de força, uma barreira, ou um ME estabelecendo um "campo de supervisão", como eles fizeram em alguns templos, que iria impedir fisicamente que os dois terráqueos chegassem muito perto das duas Árvores.

Nessa estrutura interpretativa, podemos compreender porque Enlil pensou que tinha o poder da vida e da morte de suas criaturas, e como seu característico egoísmo e arrogância também devem ter dado um salto para um novo nível! E, quando mais tarde, após decidir que ele iria dizimar os terráqueos – colocando em prática a primeira estratégia de epidemias e, então, a segunda, da fome e inanição – ele agia, em sua própria visão, como a única autoridade reconhecida no assunto, porque esta é a única visão que seria conhecida em nossa ampla federação ou império de vizinhos CIs.

Assim, quando Enlil assume na Assembleia o papel de promotor, listando as numerosas ocasiões em que Enki "quebrara a regra" – como alimentar sua população faminta – Enki, que já estava farto, explode em risadas e declara, em essência: Por que eu deveria levantar a mão *contra meus próprios humanos*? Enki está, basicamente, relembrando à Assembleia, e a Enlil em particular, de que ele era *o escolhido*, com Ninmah, e tinham, de fato, criado os humanos, que *ele era o verdadeiro pai* e senhor da humanidade, enquanto Enlil apenas recebera a glória. Os deuses ficaram movidos a ponto de pôr em causa a suposta regra autocrática de Enlil? De forma alguma; foi apenas um momento de dúvida, logo dissipado, porque eles dão mais valor ao sistema hierárquico, e esse sistema é inabalável (pelo menos é no que eles querem acreditar).

Nesse contexto, uma greve de veneração não é algo sem importância! Curiosamente, essa greve estabelece Enki como o arquétipo do trapaceiro! E nós sabemos que esse arquétipo é muito extenso em muitas culturas, notavelmente entre os nativos americanos, conforme Allan Leslie Combs desenvolveu em *Synchronicity: Science, Myth and the Trickster*.

Eu eliminarei os terráqueos
da face da Terra: o Dilúvio

Jurando não revelar a iminente catástrofe à humanidade, Enki então encontra um subterfúgio para que Ziusudra receba a informação, sem formalmente quebrar o juramento. Ele fala com o biombo de palha, por trás do qual está Ziusudra/Noé (veja figura 4.5). Ele está, de fato, reportando a ele o que aconteceu na Assembleia:

> [Biombo de palha, biombo de palha!] Preste atenção
> às minhas instruções.
> Sobre todas as habitações, sobre todas as cidades,
> uma tempestade cairá.
> Ela será a destruição da semente da humanidade...
> *Essa é a ordem final, a palavra da Assembleia dos Deuses.*
> (12º, 395)

Isso é da maior importância para nós, porque vemos que Enki permite que a humanidade saiba (também por texto escrito) não apenas da organização política dos anunnaki, mas também da decisão que diz respeito à humanidade e à Terra. Ele poderia ter salvo Ziusudra sem explicar tudo isso; mas ele está sempre tratando os terráqueos em quase pé de igualdade.

Figura 4.5. Enki como uma sábia Serpente alertando Ziusudra do iminente Dilúvio.

Em seguida, ele começa a explicar à "cabana de palha" como construir um *magurgur* – um barco capaz de virar e rolar, um submarino – fornecendo as medidas e como utilizar betume para torná-lo à prova de água. Ele enviará um piloto para conduzir o barco precisamente em direção ao Monte Ararat, o pico mais elevado (na verdade, picos gêmeos) de toda a região.

A bordo das espaçonaves, os anunnaki ficarão em órbita por 150 dias. Eles estavam agoniados, aborrecidos e inconsoláveis enquanto observavam o absoluto desastre que acontecia abaixo. O *Atrahasis* reconta como Ninmah/Ninti não conseguia parar de chorar e lamentava a morte impressionante de seus filhos, suas "criações".

> A deusa viu e chorou... seus lábios estavam cobertos de febre... "Minhas criaturas tornaram-se como moscas, elas encheram os rios como libélulas, sua paternidade foi arrastada pelo mar ondulante"... Ninti chorou e esgotou suas emoções; ela chorou e aliviou seus sentimentos. Os deuses choraram com ela pela terra. Ela estava tomada pela tristeza, ela tinha sede de cerveja. Quando ela se sentou, os deuses sentaram-se chorando, agachados como ovelhas em uma gamela. Seus lábios estavam febris de sede, eles sofriam contrações de fome... Ishtar gritava como uma mulher em trabalho: "os dias antigos, ai de mim, viraram barro!". Os deuses anunnaki choravam com ela. Os deuses, todos abatidos, sentaram e choraram; seus lábios apertados... de todos eles.

Aparentemente, a escala do desastre e a duração da inundação da Terra inteira foram muito além de suas estimativas. Por agora, Anu apelava aos anunnaki para que se refugiassem em Nibiru. Mas os aunnaki que optaram por permanecer em órbita compreenderam, nesse momento, como era forte sua ligação com o planeta e com os terráqueos. Em uma nave, eles debateram se deveriam seguir as ordens de Anu. Ninmah era contra, ela não queria salvar sua vida enquanto suas "criações" estavam morrendo.

O único que não estava confuso, ainda feliz consigo mesmo, o único que não compreendera que eles haviam perdido tudo e que teriam de começar tudo de novo do zero, o único responsável por tudo, porque ele era o chefe e, no entanto, não fora capaz de planejar além da catástrofe – nem água potável ou comida suficientes em suas espaçonaves em órbita nem reservas de alimento, de grãos, de animais, protegidos hermeticamente, nos picos mais altos da Terra; nem a preservação, em contêineres à prova de água, das realizações essenciais da civilização suméria, suas bibliotecas de livros e registros históricos desde a época da primeira aterrisagem até o momento do Dilúvio – que são contados nos arquivos sumérios como 120 shars, ou seja, 432 mil anos da Terra.

Eles pairaram sobre o imenso oceano de água e lama que cobria toda a Terra (que viam de cima) e, finalmente, pousaram ao lado dos cumes gêmeos, a única região rara à volta da Suméria que emergiu do completo desastre... e, no entanto, o único que mantivera autoconfiança e espírito elevado suficientes para ter um acesso de raiva quando descobriu um sobrevivente, claro, é Enlil.

Nós vimos o que custou a Enki começar a pensar de forma razoável – ou pensar de todo – a compreender que eles não poderiam prosperar como uma civilização na Terra sem os terráqueos. Que eles agora precisavam de ajuda para reconstruir tudo – eles precisavam da força de trabalho dos terráqueos, que se reproduzem rapidamente. Enki também apresenta Ziusudra como sendo "excessivamente sensato" – o homem Astra-Hasis que fora capaz de "ler os sinais" e prever o Dilúvio, aquele de conhecimento erudito, um cientista experiente, um rei e sacerdote, iniciado nos conhecimentos sagrados. Mais tarde, Enki levará a ele e a sua esposa para viverem em uma moradia dos deuses. Após terem recebido a planta da imortalidade, ambos se tornarão quase imortais como os deuses.

A reconstrução de sua civilização deve ter se provado uma tarefa imensa. De início, a questão mais urgente era ter comida, eles iniciaram agricultura na Cordilheira de Zagros, à volta da Suméria, uma vez que se tornaram livres de água anteriormente (descobrimos ali o que consideramos estar entre os primeiros sinais de culturas da Terra, por volta de 10000 a.C. A lama se acumulou de tal forma na planície da Suméria, com o curso de dois rios alterados e espalhando-se por todo o lado, que foi necessário um tempo enorme para que o terreno ficasse sólido novamente. Assim, novas instalações espaciais foram construídas nas regiões do Sinai e do Egito, com um plano geométrico idêntico no geral, isso por volta do ano 10500 a.C. – com o Ekur (a Grande Pirâmide), o porto espacial no Sinai e um novo Centro de Controle no Monte Moriá (a futura Jerusalém). Em relação às cidades mais sagradas da Suméria, elas começaram a ser reconstruídas apenas por volta de 3800 a.C., a cidade de Enki, Eridu, foi a primeira e, em seguida, Nippur, a cidade de Enlil. Os templos dos deuses foram reconstruídos exatamente de acordo com a mesma arquitetura, orientação e medida.

O que um Comandante da Terra deveria ter feito para minimizar a catástrofe do Dilúvio

Enlil intimidou os deuses da Assembleia a apoiá-lo em um esquema genocida para destruir a humanidade por meio do Dilúvio, como acabamos de ver. Esse foi outro esquema genocida que Enki impediu, salvando Ziusudra/Noé, sua família, as sementes das plantas e os genomas dos animais. Após o sexto ato de Enlil, os outros deuses não podiam deixar de compreender a amplitude da destruição de sua civilização, da humanidade, dos animais, das plantas e da Terra, e a imprudência por parte de Enlil em não tentar salvar os terráqueos. A vegetação selvagem foi parcialmente poupada, pelo menos nas montanhas; mas as planícies estavam cobertas por milhões de toneladas de lama. Nós vemos os deuses chorando (exceto Enlil). Nós vemos que Inanna arrependia-se de ter votado a favor da destruição da humanidade. Nós vemos Ninmah se recusando a seguir as ordens de Anu para a retirada em massa para Nibiru, e os deuses seguindo sua liderança. Mas *não vemos nenhuma crítica sobre como Enlil administrara a crise*, e nenhuma análise de que, se não fosse pela capacidade de Enki de prever, não haveria forma alguma de reconstruir qualquer coisa. Nenhuma semente da humanidade, nenhuma força de trabalho, nenhuma semente de cultura e nenhuma semente de árvore frutífera. Eles tinham de começar do zero, trazer sementes de plantas e culturas, e domesticar os animais de Nibiru. Mas já não possuíam instalações espaciais para fazê-lo! Assim, nenhuma ajuda chegava até eles, além de transportadores de peso leve. Em relação ao tempo para reconstruírem algumas instalações, eles teriam de esperar pela próxima janela de oportunidades em termos da órbita de Nibiru. Mas tudo que pudesse ser trazido de Nibiru não iria englobar as espécies específicas de seres vivos – flora e fauna – nativos da Terra nem os hominídeos que existiam antes da engenharia genética que levou ao *Homo sapiens* e, em seguida, o *Homo sapiens sapiens* (o "homem moderno", ao qual pertencemos). Nada teria substituído o trabalho dedicado e paciente de Ninmah para adaptar na Terra as espécies de plantas nibiruanas – tais como a Árvore sagrada, que era feita do néctar da Imortalidade – um trabalho que ela ampliou desde sua aterrissagem na Terra em 428000 a.C. até 11000 a.C; isso é um imenso espaço de tempo de 417 mil anos! Mas, e a perda de todos os arquivos e dados históricos – sem mencionar os templos magníficos e os objetos de arte que os decoravam? Beroso conta-nos que Enki instruiu Noé a guardar qualquer escrito que caísse em suas mãos, na Suméria, para que pudessem ser preservados. E Ninmah recolherá bancos de dados de sementes e genomas – um ela enterrará em Baalbek e o outro será para a arca. Mas nenhuma outra coisa do gênero parece ter sido feita por outros deuses.

Foi, quando consideramos em profundidade, uma enorme cegueira por parte de Enlil – algo realmente difícil de se imaginar!

Graças ao poder de previsão de Enki e Ninmah, se eles decidiram salvar a semente da humanidade e os genomas dos seres vivos, é perfeitamente lógico deduzir que eles fizeram o mesmo esforço para salvar seu trabalho, o de Marduk e de Hermes, nos domínios da ciência, arquitetura e o conhecimento da tecnologia de MEs, história, registros históricos e todo o material escrito (em pedras e tábuas de argila) – um legado de inteligência que abrangeu um tempo ainda maior que 434 mil anos. É completamente improvável que Enki e Ninmah, e especialmente o jovem gênio Ningishzidda/Hermes, não tenham feito nada para preservar o conhecimento e os registros que eles e outros tinham acumulado na Suméria.

De fato, na versão grega da Grande Inundação, há uma operação montada para salvar os livros. Vamos recordar que os eruditos gregos desenvolveram sua ciência a partir do Egito, onde foram iniciados pelos sacerdotes, e que o sacerdote e historiador Beroso era grego. A versão de Beroso do Dilúvio chegou até nós por meio de um erudito grego chamado Abideno, e nela, Noé, Rei de Ereque, é o Rei Sisithros (ou Sisithrus), décimo governante antes do Dilúvio (assim como nas escrituras) e o deus que o previne é Cronos (ou Kronos):

> A ele [Sisithrus], a divindade Cronos previu... que haveria uma enxurrada de água; e Cronos ordenou que ele colocasse todos os escritos que estivessem em sua posse na cidade do Sol, em Sippara. (Smith, *The Chaldean Account of Genesis,* 47)

O momento previsto para o Dilúvio acontecer é o mesmo fornecido pelas tábuas sumérias, e também pelo Livro, como sendo o "segundo mês" do ano.

Agora, Sippar é a cidade de Shamash, cujo equivalente celestial é o sol, assim ela é a "cidade do Sol" e seu porto espacial foi orientado por esse deus. Nós vemos nos textos gregos muitos outros detalhes congruentes com relatos sumérios e do Livro, tais como o Monte Ararat, a libertação dos pássaros e a volta da Armênia para a Babilônia. É especialmente eloquente encontrar os nomes sumérios corretos do deus e do porto espacial em Sippar. Assim, desde a Suméria até o Egito e, em seguida a Beroso (século III a.C.), ele próprio citado por Abideno, um discípulo de Aristóteles (século IV a.C.), os nomes corretos dos deuses, cidades e os mesmos relatos históricos fornecidos.

Há duas discrepâncias; a primeira é que Sisithros tem que recolher e salvar livros e levá-los ao porto espacial – que, é claro, deveria estar incógnito, já que Enki/Cronos não deve prevenir Sisithros. No porto espacial, em Sippar, os anunnaki remanescentes, ao sinal de Shamash, deveriam lançar suas espaçonaves e entrar na órbita à volta da Terra. Assim, levar os livros para o porto espacial significa que Enki os levaria a bordo de sua própria espaçonave – e, de fato, ele parece ter desaparecido enquanto os outros deuses são descritos como lamentando e chorando em, pelo menos, duas espaçonaves. O outro detalhe incongruente é que Cronos ordena que Ziusudra "navegue" para a Armênia (Monte Ararat). No relato sumério, Ziusudra está no submersível e Enki manda que o piloto leve a ele e a sua família ao Monte Ararat. Enki disse, "Que o barco seja um Ma.Gur.Gur – um barco que pode virar e rolar". O texto acadiano, diz Sitchin, descreve um barco "'com telhado por cima e por baixo', hermeticamente selado com 'piche resistente... para que o sol não veja o seu interior... como um barco de Apsu', um *sulili*". Sitchin observa que o termo sulili, utilizado para descrever um barco, "é o mesmo termo usado hoje em dia em hebraico (*soleleth*) para indicar um submarino" (12º,

396). Além disso, Ziusudra recebe um contêiner com os genomas, as "Essências da Vida" de todos os seres vivos da Terra – assim, não é ele que recolhe os animais (como diz a versão do Livro).

Um esconderijo secreto em uma base espacial em Marte ou na Lua?

De fato, há um texto sumério que aponta para a recuperação de MEs pelos enkiitas do templo de Marduk antes do Dilúvio; é uma parte do *Erra Epos,* que descreve como Nergal destruiu o sistema de distribuição de água da câmara de controle subterrânea do Esagil. Em determinado ponto de sua discussão acalorada, Marduk confronta Nergal acerca do desaparecimento de um carregamento de MEs e objetos sagrados e sobre a incapacidade de Nergal em se responsabilizar por eles. Esses são os "Instrumentos que dão as Ordens, o Oráculo dos Deuses, o Sinal do Reinado, o Cetro Sagrado que confere Esplendor ao Reinado, a Pedra Sagrada que Irradia, que Desintegra Tudo..." Onde eles estão?, perguntou Marduk.

Nesse momento, Nergal promete a Marduk devolver os MEs, desde que Marduk concorde em deixar a Suméria e ir buscar os MEs no Abzu inferior (a Terra das Minas). Assim, o templo antediluviano na Babilônia fora desprovido de seus MEs (ou alguns deles) antes da catástrofe, e Nergal fizera isso – ele levou os MEs para o Abzu inferior e não os trouxe de volta. Incidentalmente, isso significa que, embora Nergal pudesse roubar os MEs, não faz sentido que ele saiba como eles funcionam. Marduk, de fato, teve de explicar claramente a ele as consequências de mexer com os seus MEs dos sistemas de distribuição de água.

Nergal poderia, ao recuperar os MEs do templo Esagil de Marduk antes do Dilúvio, ter feito parte do plano de Enki para salvar itens importantes de conhecimento e tecnologia e escondê-los na África?

Enki envolveria o menos confiável de seus filhos nessa gigante operação de salvamento? Será que, na época, Marduk estava envolvido em outra parte do plano que exigia sua máxima atenção, ações que ele julgava mais importantes do que seus próprios poderosos MEs da Suméria? O que poderia ser? Obviamente, ele não estava salvando nada da Suméria (nem livros nem objetos raros), pois, se fosse o caso, estando no sítio, ele também teria levado seus MEs. O que poderia ser mais precioso para ele do que proteger a vida de sua amada esposa terráquea, as esposas dos igigi e todos os seus filhos, levando-os para um lugar secreto e seguro? Enquanto isso, Enki e Ningishzidda teriam salvado os livros e recolhidos os MEs do Egito, enquanto Ninmah coletava a Essência da Vida de todos os animais e plantas, recorrendo aos seus bancos de dados em Baalbek e no Abzu. Um lugar seguro para esconder coisas pequenas como os MEs seria a Grande Pirâmide, inabalável e hermeticamente fechada.

Nós sabemos que Enki e seus filhos não estão presentes na espaçonave de Ninmah ou de Inanna. E, claro, ele não estava com Enlil e Ninurta, que chegarão separadamente ao Monte Ararat. Onde ele estava? Nossos melhores palpites são uma montanha alta e oca no Abzu, construída como uma fortaleza hermeticamente fechada (e nós sabemos que o laboratório de Ninmah no Abzu ficava em uma montanha oca) ou então em uma base espacial fora da Terra, na Lua ou em Marte. O problema com a Estação de Passagem de Marte – o porto espacial interplanetário do qual as espaçonaves eram lançadas ou aterrissavam quando Nibiru estava próximo ao seu perigeu – era que, naquele momento, ela estava lotada com todos os anunnaki que decidiram voltar a Nibiru justo antes que a onda gigante se aproximasse. Não era exatamente o lugar ideal para realizar operações furtivas. Os lugares mais prováveis para a família de Enki ficar segura durante o Dilúvio, e para esconder as famílias igigi e todos os livros e tesouros recolhidos, são uma Estação Lunar secreta ou uma instalação secreta em um cume elevado na Terra.

Zecharia Sitchin deduz, pelo ritmo excepcionalmente elevado de disfunção e/ou perda de sistemas de vigilância nas diversas vistorias ou missões de Marte, que os anunnaki mantiveram uma presença em Marte, "mesmo que apenas robótica". Ele foi crucial ao revelar dois acontecimentos importantes sobre os quais houve total negação e blecaute por parte das agências espaciais mundiais e que favoreceu não apenas a cooperação internacional para pesquisa espacial, mas também o final da Guerra Fria (*Dias*, 302-6).

O primeiro incidente foi a descoberta, em 1983, de um planeta do tamanho de Netuno na extremidade de nosso sistema solar. A descoberta foi feita pelo IRAS (acrônimo de *Infrared Astronomical*

Satellite) da Nasa, que explora e inspeciona o espaço por meio da detecção do calor (infrared) de corpos celestiais ou quaisquer objetos. O IRAS estava, na época, procurando por um décimo planeta depois de Plutão para explicar as anomalias gravitacionais das órbitas de Netuno e de Plutão. As agências espaciais alarmadas imediatamente focaram nesse corpo e, seis meses mais tarde, descobriram que ele se movera: na realidade ele estava vindo em nossa direção! (Além disso, eles agora sabiam que se tratava de um planeta). No dia seguinte, artigos sobre a descoberta saíram em alguns jornais, mas, no outro dia, foram retirados. Agora, esse planeta enorme e fora de limites observado em 1983 poderia muito bem ter sido aquele "descoberto" em dezembro de 2015, chamado Planeta Nove, cuja órbita elíptica gigante, porém muito alongada, à volta de nosso planeta, leva por volta de 10 mil anos. O Planeta Nove é um planeta rochoso como o nosso, e não está no mesmo plano elíptico e, assim, ele atravessa a Terra duas vezes em cada uma de suas revoluções – assim como Nibiru era chamado "Planeta da Travessia". Então, caso tivesse alguma coisa a ver com Nibiru, sua órbita real seria mais ou menos três vezes mais longa do que aquela estimada por Sitchin.[6] Voltando à observação de 1983, uma mudança imediata global da política entre os Estados Unidos e a União Soviética aconteceu imediatamente a seguir, com um encontro entre os dois chefes de estado, Reagan e Gorbachev, e uma nova cooperação para o espaço. Foi quando o Presidente Reagan, falando sobre Gorbachev e apontando para o céu, pronunciou sua famosa sentença diante das Nações Unidas:

> Apenas imaginem como seria fácil a minha tarefa e a dele... se de repente houvesse uma ameaça a este mundo feita por outra espécie de outro planeta fora do universo... Ocasionalmente eu penso como as nossas diferenças desapareceriam rapidamente caso enfrentássemos uma ameaça alienígena vinda de fora deste mundo.

Então, em março de 1989, aconteceu o segundo evento, chamado o Incidente Phobos. Duas sondas soviéticas (chamadas Phobos 1 e Phobos 2) foram lançadas em 1988 para explorar Marte e sua

---

6. Veja meu blog para mais informações sobre o Planeta Nove: http://chris-h-hardy-dna-of-the-gods.blogspot.fr/search/label/Exopolitics%20-%20exo-civilizations.

estranha minilua – estranha porque possivelmente seria vazia. O primeiro Phobos desapareceu e nenhuma explicação foi dada. Como discutido por Sitchin em *O Fim dos Dias*, o segundo, em órbita à volta de Marte, começou a enviar dois tipos de fotos (com uma câmera normal e outra infravermelha) quando, de repente, surgiu a "sombra de um objeto voador em forma de charuto nos céus do planeta entre a nave soviética e a superfície de Marte", descrito pelo chefe da missão como "algo que alguns poderiam chamar de disco voador". Eles direcionaram a Phobos 2 para se aproximar da minilua a uma distância de quase 50 metros. *"A última fotografia que a Phobos 2 enviou mostrava um míssil vindo em sua direção da minilua.* Imediatamente a seguir, a espaçonave começou a girar e parou de transmitir – destruída pelo misterioso míssil". Menos de um mês mais tarde, em abril de 1989, a comissão secreta com representantes de todos os principais países (nascida a seguir ao primeiro incidente) formulou uma "Declaração de princípios referentes a atividades subsequentes à detecção de Inteligência Extraterrestre", que estipula os procedimentos a seguir caso algum sinal fosse recebido – nomeadamente para atrasar a divulgação por pelo menos 24 horas antes de alguma resposta ser dada. Como conclui Sitchin, "as preparações eram para um encontro próximo"; a seu ver, isso "Indica que os anunnaki ainda têm uma presença – provavelmente uma presença robótica – em Marte, sua antiga Estação de Passagem" (*Dias*, 305-6).

Enki, o único possuidor de MEs após o Dilúvio

Por volta de 4000 a.C., Anu e Antu visitaram a Terra e uma Assembleia, é claro, foi convocada. Anu, presidindo o encontro, apresentou a acusação de Enlil dizendo que Enki poderia ter guardado o conhecimento sagrado para si. Isso, dizem as tábuas, aconteceu após Enki ter reconstruído Eridu com seu novo e deslumbrante templo-moradia, o E.En.Gur.Ra ("Casa do senhor cujo retorno é triunfante"), guardada pelos "Touros do Céu". O texto *Lamento para Eridu* (traduzido para o inglês por A. Falkenstein) descreve a viagem de Enki para comparecer à Assembleia durante a visita de Anu e, em seguida, as deliberações. Anu se dirige à Assembleia:

Deuses anunnaki que vieram para a Corte da Assembleia! Meu filho teve para si uma casa construída; o Senhor Enki, Eridu, como uma montanha da terra ele ergueu;... *Em seu santuário, do Abzu, as Fórmulas Divinas Enki depositou.*

Sitchin diz: "A reclamação de Enlil [era] que Enki retinha dos outros deuses as '*fórmulas divinas*' [os MEs] – *o conhecimento de mais de cem aspectos da civilização* – limitando apenas o avanço de Eridu e de seu povo. Foi, então, decidido que Enki deveria partilhar as Fórmulas Divinas com os outros deuses para que eles também pudessem estabelecer e restabelecer seus centros urbanos: civilização deveria ser concedida a toda a Suméria". (*Guerras*, 194; minha ênfase). Assim, basicamente, nós vemos uma situação política bastante nova após o Dilúvio. Enki tivera em sua posse todos os MEs, todos os aspectos da civilização e não os divulgou por um período muito longo! Apenas agora, sob o comando de Anu, ele será obrigado a fazê-lo. Além disso, as instalações espaciais no Sinai, Egito, Baalbek e Monte Moriá (a futura Jerusalém) estão, em sua maioria, sob o controle dos enkiitas, uma vez que, após a Primeira Guerra das Pirâmides, Seth (Rá/filho de Marduk), que escapou da vingança de Hórus e invadiu Canaã, investiu no porto espacial do Sinai e no Centro de Controle no Monte Moriá. E então passou a ser o novo território de Ninmah já que, depois da Segunda Guerra das Pirâmides, ela comandava as instalações espaciais no Sinai.

Tudo isso significa que, com o Dilúvio e o papel que Enki desempenhara ao proteger não apenas a semente da humanidade e dos seres vivos, mas também a tradição tecnomágica, literária e histórica de sua civilização e humanidade, uma mudança política importante ocorrera. Enki reconstruiu seu templo imediatamente, mas Eridu é a única cidade reconstruída. Os outros templos e cidades destruídos têm de ser reconstruídos de acordo com a mesma geoarquitetura que possuíam antes do Dilúvio, mas quem possui os esboços? O conhecimento da geometria sagrada? Os MEs dessas ciências tecnomágicas? Claro que é Ptah/Enki, "o medidor da Corda" – um título que será transmitido a Tot/Ningishzidda/Hermes e a seus filhos mais velhos. Podemos deduzir por meio dessa informação que Enki realmente escondeu mais do que os MEs na África antes do Dilúvio; certamente todos os livros, o conhecimento sagrado e os objetos e emblemas de poder. E isso está em consonância com sua reputação. Assim, quando Enlil fica furioso ao descobrir a arca e que um terráqueo, Ziusudra, sobrevivera, "ele ficou repleto de raiva contra os deuses igigi"; mas Ninurta aponta um dedo acusador em direção a Enki/Ea: "Quem, além de Ea, pode conceber planos? Ea conhece todos os assuntos"! (*Encontros*, 104).

Alguém, de fato, protegeu e preservou mais do que a semente da humanidade e dos seres. Foi Enki e seu clã. E, assim, quando Cronos/Enki ordena que Sisithros/Ziusudra reúna todos os livros da Suméria em seu porto espacial, talvez Enki não tenha direcionado sua espaçonave para entrar na órbita da Terra, e sim em direção a um refúgio escondido na África que ele considerava protegido da onda gigante e da tempestade. Nós temos um texto que mostra claramente que Marduk/Rá estava envolvido nos trabalhos de arquitetura e engenharia relacionados com as instalações espaciais (e esse conhecimento envolvia, claro, a geometria sagrada, assim como numerosos MEs). Uma estela erigida perto da Esfinge de Gizé refere-se a Rá como o "Extensor da Corda" (o arquiteto) de um lugar escondido que alojava seu *shem* ou "Pássaro" (traduzido incorretamente antes da decifração de Sitchin como um "nome") – ou seja, uma instalação de onde ele poderia decolar com uma nave.

> Você construiu para si um lugar protegido no deserto sagrado, *com um nome oculto* [shem]... Você se ergue lindamente... Você cruza o céu com um bom vento... Você atravessa o céu na barca celestial. (*Guerras*, 150; minha ênfase).

Nós observamos uma referência a um lugar protegido no qual um shem (um foguete ou uma espaçonave, de acordo com Sitchin) está escondido e permite um lançamento. Poderia ter sido o lugar em que uma espaçonave decolou do porto espacial de Sippar antes do Dilúvio e aterrissou com sua carga preciosa de todos os livros que puderam ser reunidos na Suméria? Isso, é claro, está além do fato de que é certo que Enki e Ninmah, dois cientistas e os anunnaki mais eruditos, constituíram sua vasta biblioteca no Egito. E qual era o deserto sagrado? Por que e desde quando ele era sagrado? Em resumo, nós vemos que Marduk e Tot eram, como Enki, arquitetos e engenheiros. Marduk, encarregado da estação espacial de Marte, também poderia ter construído uma instalação secreta para esconder os livros ali ou na Lua.

Mas agora, depois do Dilúvio, que o verdadeiro poder (dos MEs e o controle das instalações espaciais) movera-se na direção de Enki, Ninmah, Ningishzidda e Marduk, isso altera a hierarquia da família real? De forma alguma. Alguém reconheceu a dívida que todos tinham com Enki? Nem um pouco. A única coisa em que os enlilitas pensavam era na *guerra* para reconquistar o controle.

Assim, para voltarmos aos desempenhos de Enlil como Comandante-chefe da Terra, eu acho difícil aceitar que os deuses não teriam criticado o governo de Enlil, suas decisões e a forma de lidar com a situação. Eu não posso acreditar que Enki e os enkiitas não aproveitaram a oportunidade, após o desastre, para questionar a liderança de Enlil, apontar seus graves defeitos, seus enormes erros de julgamento, suas decisões fatais e como (se não fossem suas próprias ações) ele os teria conduzido a todos a uma situação tão grave e desesperada, para que o Dilúvio fosse uma catástrofe dez vezes maior. Por que eles não se rebelaram contra o governo de Enlil, levando Anu como árbitro? Claro, há uma estratégia política que diz ser imprudente mudar os líderes no momento em que um país está em guerra ou é acometido por um desastre; e isso, ainda hoje, é exemplificado como uma estratégia. No entanto, tal posição pode ser contestada sob o argumento de que o líder que criou as situações catastróficas (sejam financeiras ou ecológicas) não é, precisamente, aquele a quem deveria ser confiada a gestão da crise. Mas, na prática, o medo é incutido nas mentes das populações e elas votam de forma mais conservadora.

Como poderia ser antecipado, Enlil, nos milênios seguintes, apenas levará aos anunnaki, à humanidade e ao planeta Terra, mais do mesmo: mais guerra, mais devastação, mais sofrimento e mais governo e decisões aberrantes. Além do mais, com o passar do tempo, ele se tornará progressivamente mais autocrático, substituindo Anu como o primeiro orador e deus mais influente na Assembleia. Mas agora vamos examinar seu próximo grande ato.

Enlil destrói a Torre de Babel de Marduk e obriga a desunião na humanidade

Entre o Dilúvio (11000 a.C.) e a crise da Torre de Babel (3450 a.C.), duas guerras foram travadas entre os filhos de Enlil e os filhos de Enki. A Primeira Guerra das Pirâmides começou por volta de 400 anos após Rá/Marduk ter passado o reinado do Egito a seus dois filhos, Osíris e Seth (igualmente qualificados para serem reis), dividindo o território entre o norte (Baixo Egito) concedido a Osíris, e o sul (Alto Egito) oferecido a Seth. Como bem sabemos, Seth matará e desmembrará Osíris em 9330 a.C., dando a sua esposa e meia-irmã, Ísis, a tarefa de juntar seu corpo novamente. Quando adulto, seu filho Hórus começará uma guerra contra Seth e o vencerá. Seth, então fugirá para o Sinai e Canaã, conquistando as regiões e estabelecendo seu reinado ali. Mas isso proporcionou aos enkiitas o controle de todas as novas instalações espaciais, e os enlilitas lançarão a Segunda Guerra das Pirâmides e, no final dela, Marduk é enclausurado vivo dentro da Grande Pirâmide; Ninmah intervém e negocia a paz entre os dois clãs. Marduk é resgatado e Ninurta saqueia o Ekur – o Vínculo Céu-Terra – e rouba todos os seus MEs e sua tecnologia. Uma nova Assembleia dos Deuses divide a Terra em quatro regiões, e Inanna recebe a quarta, o Vale do Indo. No Egito, o reinado de Tot começa em 8670 a.C.

Então, como é relatado no Épico de Etana, por volta de 4000 a.C. (na mesma cúpula da Assembleia em que Enki foi confrontado como possuidor dos MEs), os grandes anunnaki decidem baixar o reinado e estabelecer a função de Lugal, simultaneamente rei e Alto Sacerdote, transmitida a seus descendentes, e também linhagens de rainhas e Altas Sacerdotisas. No início, todos eles eram de ascendência mista entre anunnaki e terráqueos e, mais tarde, as funções reais e sacerdotais serão realizadas por diferentes indivíduos, às vezes por terráqueos extraordinários.

Novas cidades são estabelecidas como capital do império, governadas por esses semideuses, ou reis e rainhas humanos da Terra (porém ainda sob o controle dos Deuses Altivos). A primeira delas é Kish (3760 a.C.), a cidade de Ninurta. Ela se torna a capital administrativa, enquanto Ur, a cidade de Nannar, crescerá como a capital comercial. Os símbolos do reinado humano (e podemos deduzir que são MEs) são da Tiara, da Coroa e do Cajado do Pastor. Notemos que aqui, mais uma vez, nós vemos na Suméria as raízes do simbolismo da realeza (com a Coroa) e do sacerdócio com a Tiara e o Cajado do Pastor, que ainda são os emblemas dos papas. A lista dos reis sumérios descreve como o reinado na Terra mudava-se de uma cidade a outra, de Kish a Ereque e, então, a Ur. Textos bíblicos acrescentam a Babilônia como a segunda capital.

É nesse contexto que a construção e, então, a destruição da Torre de Babel acontecem. Nas palavras do historiador Beroso:

> Os deuses introduziram uma variedade de idiomas entre os homens que, até aquela altura, falavam todos a mesma língua.

E ele continua, descrevendo a que os textos bíblicos se referem:

> Quando todos os homens outrora falavam o mesmo idioma, alguns entre eles se encarregaram de construir uma torre grande e altaneira, para que pudessem *subir até o céu*. Mas o Senhor, ao enviar *um turbilhão*, confundiu seus padrões e concedeu a cada tribo um idioma particular e próprio. (*Guerras*, 198; minha ênfase)

Para Sitchin, há uma fonte comum para as descrições amplamente similares de Beroso e do Livro, e ele indica o texto cuneiforme acadiano (chamado K-3657), que George Smith descobriu na biblioteca de Assurbanípal em Nínive e traduziu em seu primeiro livro, de 1876, (*O Relato Caldeu do Gênesis*). Entre oito colunas de texto, Smith salvou quatro delas. O texto K-3657 foi retraduzido por W. S. C. Boscawen em *Transactions of the Society of Biblical Archaeology*, volume 5. Seguindo a tradução de Boscawen, Sitchin observa:

> "Os pensamentos" do coração desse deus "eram malignos; contra o Pai dos Deuses [Enlil] ele foi perverso...o povo da Babilônia ele corrompeu ao pecado", estimulando *"pequenos e grandes a misturarem-se no monte"*. (*Guerras*, 198; colchetes no original, minha ênfase)

Aqui temos uma declaração extraordinária! *O grande "pecado" da Babilônia (e de Marduk) foi promover a fraternidade entre todos os povos – grandes ou pequenos!* É isso que foi traduzido pelo Livro como a presunção tola da Babilônia ao querer ultrapassar o poder da divindade e, como uma anterior unidade de línguas (ou conselhos), justamente irritadas, a divindade ordenou que "seus conselhos fossem confundidos".

Como frequentemente acontece nas tábuas, o mesmo nome do deus que é implicado (cujos "pensamentos do coração eram maus") estava danificado. Isso é outra questão a considerar no momento devido: os estragos nas tábuas sumérias e acadianas às vezes apresentam uma sabotagem intencional e deliberada? E o fato é que podemos ver claramente que algumas palavras foram apagadas de forma intencional em várias tábuas cujas fotos são apresentadas no livro de Leonard King, *Babylonian Magic and Sorcery*. Várias tábuas mostram grupos de palavras habilmente apagadas de forma a seguir as linhas muito ordenadamente para serem danos naturais (veja, por exemplo, as gravuras do Rei 31, 38 e 40). Em que momento essa sabotagem aconteceu – em tempos sumérios ou desde a descoberta e escavação da biblioteca de Assurbanípal em Nínive (atribuídos a Austen Layard), em 1849? E foi feita por quem, sob as ordens de quem (um indivíduo ou um grupo)? É claro que agora temos tantas tábuas e textos para recompor (a coleção do Museu Britânico soma 31 mil tábuas só da biblioteca de Assurbanípal), que sabemos muito bem qual foi o deus que construiu a Babilônia e seu próprio templo-moradia ali, Marduk/Rá, o primogênito de Enki.

E o texto continua para relatar como "o senhor do Monte Puro", Enlil, "falou ao Céu e à Terra... Ele elevou seu coração ao Senhor dos Deuses, Anu, seu pai; para receber a ordem que seu coração pedia. Nessa altura, ele também ergueu [seu coração? sua voz?] a Damkina" (texto K-3657, citado em *Guerras*, 198-99; colchetes de Sitchin).

Assim, nós vemos Enlil tentando induzir a mãe de Marduk (e legítima esposa de Enki), Damkina, *a ficar do seu lado e contra seu próprio filho primogênito!* O verso seguinte está parcialmente danificado, mas ela apoia o filho: "Com meu filho eu ergo", e ela refere a patente numerada de Marduk como um deus que pertence ao círculo dos Grandes Deuses. Uma vez que após Enki (40) e ela própria, Ninki/Damkina (35), a descida de Enlil (os filhos e suas esposas, até seus netos Utu/Shamash e Inanna) precedeu a de Marduk, seu baixo estatuto foi definitivamente matéria de contrição e raiva em sua casa. E é claro que Damkina ficará ao lado de seu filho em sua antiga luta para ter sua própria cidade. O nome *Babilônia* é acadiano e significa "Portal dos Deuses", que Sitchin interpreta como "o espaço pelo qual os deuses entram e deixam a Suméria" (*Guerras*, 199). Em suma, tal Portal no templo de Marduk seria, então, um porto espacial privado ou alternativo com um Vínculo Céu-Terra. A direção ou sala de controle (os santos dos santos sempre se estabelecem na plataforma mais alta do zigurate) servia para permitir que ele alcance, ou (como diz Beroso) para "subir ao céu", ou seja, para monitorar e se comunicar com os voos espaciais entre Nibiru e a Terra, e também para monitorar os voos espaciais para a Terra.

Ptah/Enki e Rá/Marduk trouxeram à existência, no Egito, uma civilização nova e quase independente, que estava livre dos decretos e indicações da antiga civilização nibiruana e distante o suficiente do controle de Enlil para desenvolver-se sozinha. No entanto, Marduk (assim como Enki ou Ninmah), ainda queria ter uma forte presença na Suméria, ter seu próprio templo com sua própria tecnologia. Mesmo que eles estivessem, por agora, bastante seguros de que a civilização egípcia iria suceder a decadente civilização suméria (ainda em processo de reconstrução), as políticas mundiais, todavia, ainda giravam em torno da Suméria e também de Anu, em Nibiru. Marduk quer para seu templo Esagil a melhor tecnologia que eles desenvolveram no Egito – muito além de suas "medidas" geométricas sagradas.

Vamos relembrar o texto *Erra Epos*, que eu analisei parcialmente em *DNA dos Deuses*, e no qual nós vimos Nergal destruindo o sistema de distribuição de água da câmara de controle subterrânea do Esagil. Erra/Nergal, enquanto louva Marduk, observa que seu templo Esagil "a moradia de Anu ela cobre com escuridão" (*Guerras*, 252). Em outras palavras, sua própria magnificência irrita os outros deuses. Nesse momento, Marduk explica as novas condições predominantes desde o Dilúvio:

> Em consequência do Dilúvio, os decretos do Céu e da Terra foram perdidos. *As cidades dos deuses sobre a ampla terra mudaram ao seu redor; eles não foram levados de volta às suas localizações...* Conforme os inspeciono novamente, com a maldade eu fico indignado. Sem

retornar aos seus locais [originais], a existência da humanidade é diminuída... Eu preciso reconstruir minha residência que, no Dilúvio, foi destruída; Seu nome [eu devo] invocar novamente.

Aqui, nós temos uma alusão ao tipo de arquitetura sagrada que Marduk tinha em mente enquanto constrói seus templos (na Babilônia, no Egito). Também temos de sublinhar que a maldade, aos olhos de Marduk, é a não conformidade das novas cidades e templos com as medidas sagradas, arquitetura, localizações, etc. Nada a ver, em absoluto, com a maldade na boca de Enlil – que apenas significa que quem é desobediente, logo é inimigo – e tudo a ver, em contraste, com seu conhecimento como Rá do Egito.

Uma análise dos campos semânticos do incidente da Torre de Babel

Quando a destruição da Torre de Babel ocorre, em meados do quarto milênio a.C., a reconstrução das cidades antigas, que começou (com exceção de Eridu) apenas três séculos antes, ainda está em curso. Isso significa que o Dilúvio e a cegueira de Enlil durante esse acontecimento fatal ainda perturbam as memórias. Assim como fizera no Egito, Marduk queria que seu novo Esagil – a Torre de Babel – tivesse, no teto, uma pista de aterrissagem de última geração e um hangar protegido para seu pássaro voador, assim como Enlil, Ninurta, Inanna e Ninmah tinham em seus templos. Mas ele também queria a tecnologia de comunicação funcionando na Terra e ao longo do espaço – o Vínculo Céu-Terra. De fato, o nome *Esagil* diz tudo, já que significa "casa cujo topo é altivo". Assim como *IL* ou *EL* significa "altivo, senhor, divino", o nome da torre pode ser compreendido como "cujo topo alcança o Céu". E é por isso que a versão do Livro fala de um grupo de pessoas com a intenção de construir "uma torre cujo topo alcançará os céus". Marduk, como sabemos, pretendia que sua cidade fosse a próxima capital da Suméria depois de Ereque, mas Ur fora a escolhida. Nesse momento, ele decidiu, contudo, construir seu próprio grande templo.

Assim, vamos fazer uma nova reflexão, utilizando a Teoria dos Campos Semânticos, sobre o texto acadiano descoberto em Nínive que George Smith e, mais tarde, W. S. C. Boscawen traduziram (*Guerras*, 198):

Os pensamentos do coração [de Marduk] eram maldosos; [EM]
contra o Pai [EM]
dos Deuses [EI]
ele era perverso... O povo da Babilônia ele corrompeu ao pecado [EM]
[induzindo] [EM]
Grandes e pequenos a se misturarem no monte. [EI]

Dessa maneira, apenas dois grupos de palavras apresentam uma Estrutura Informacional [EI]. O que é impressionante nesse texto acadiano é o *campo semântico* ligado a ele. Esse é um de dois textos que vi até agora que relatam acontecimentos na Estrutura Moralista [EM] que admite uma visão de mundo e valores correntes e congruentes com os do Livro. Nós temos os ingredientes principais:

- O Comandante-chefe tornara-se onipotente e o Pai que se destacava entre os Deuses (ainda retendo a pluralidade dos deuses que ele governa).
- Um deus (ou rei) quer agir de forma independente → *portanto ele é julgado como um "inimigo" e oponente* do pai dos deuses → *portanto ele é mau* e perverso.
- A população de sua cidade não é apenas vista como seus seguidores naturais (como qualquer população em cada uma das cidades dos deuses); *porque ele é mau,* ele "os corrompeu". Nós vemos aqui o início de uma lógica circular que se movimenta em sentido contrário à suposição fundamental (o axioma central do campo semântico): Eu sou O Bem → quem não está comigo está contra mim → portanto, eles são maus.
- O povo o venera e louva (o deus eterno da cidade *dele*) em vez do autodenominado "pai" → portanto, ele os induziu *ao pecado*.

Com exceção do reconhecimento claro da pluralidade dos deuses, o campo semântico é muito semelhante, comparando os julgamentos e suposições de "pecador" e "perverso" que são colocados em Sodoma e Gomorra antes de sua completa destruição.

Esse texto poderia, de fato, ser o elo perdido entre os textos sumérios/mesopotâmicos e os textos bíblicos. Os fundamentos sobre os quais esses julgamentos foram feitos são os mesmos.

Sitchin diz, "como as declarações bíblicas certificam (por exemplo, Deuteronômio 29:22-27), a "perversidade" das cidades da Planície da Jordânia era que 'eles abandonaram a Aliança do Senhor... e eles serviram outros deuses". (*Guerras*, 325). Curiosamente, em ambos os casos, os "outros deuses" eram Marduk e seu filho Nabu.

Assim, o texto K-3657 declara, desde o início, como um axioma e uma manipulação perfeita da mente do leitor, que Marduk é mau e um sedutor – enquanto, em contraste, Enlil é chamado "o Senhor do Puro Monte" e "pai de todos os deuses", acentuando, dessa maneira, tanto sua pureza quanto sua irrefutável autoridade.

Nesse ponto do texto, Enlil procura o apoio de seu próprio pai, colocando-o, assim, do seu lado (a propósito, o verdadeiro "pai dos Deuses", contradizendo então sua atribuição anterior); em seguida, ele tenta colocar a mãe de Marduk contra seu filho, em vão. Finalmente, em uma postura de negociação bastante fora do normal, Enlil tenta persuadir os trabalhadores ocupados no sítio a pararem de trabalhar. Para fazê-lo, ele é descrito como subindo em seu "redemoinho" (um tipo de helicóptero, como vimos) e falando com eles de cima... também em vão.

> E agora ele tem um acesso destrutivo. Essas sentenças (*Guerras*, 199) são todas em EI:
> Para a torre forte deles, durante a noite, ele se dirigiu. [EI]
> Em sua ira, uma ordem ele emitiu: espalhar-se por todo lado foi sua decisão [EI].
> Ele ordenou que seus conselhos [idiomas] fossem confundidos ... seu curso ele interrompeu. [EI]

Enlil (assim como a divindade do Livro), geralmente, não perde tempo negociando; os julgamentos são imediatamente seguidos por ação violenta e letal. Após a tentativa falhada de interromper seu trabalho, ele destrói a construção com grande violência.

Em seguida, ele pune não apenas o povo de Marduk, mas toda a humanidade com um tipo de maldição: de agora em diante, haverá um idioma para cada tribo e será impossível se comunicar facilmente.

O texto acadiano termina com uma lição moralista (tudo em EM):

> [Porque eles] contra os deuses se revoltaram com violência, [EM]
> Violentamente eles [foram esmagados e] [EM]
> Eles choraram pela Babilônia; eles choraram muito. [EM]

Claro que observamos o acréscimo de uma mentira perfeita: "eles se revoltaram violentamente" – esse não é de todo o caso; eles apenas construíram uma torre. E, no Livro, a ideia parece ter surgido de forma espontânea, enquanto eles viajavam – o que é uma impossibilidade quando consideramos, por um lado, o tamanho do templo e, por outro, o cuidado com o qual os edifícios sagrados eram concebidos e construídos por meio da geometria sagrada.

Mas nós vemos que mentiras não têm importância quando os objetivos são atingidos. E esses objetivos cruciais são: (1) colocar a culpa da falha no oponente ou inimigo mostrando seus "pecados abomináveis", (2) dar uma razão para a ira de deus – o pecado – para que o castigo (por mais que severo) seja merecido, (3) permitir que ira de deus atinja e destrua seus inimigos, para que todos temam a deus.

Assim, aqui temos um texto mesopotâmico recuperado em Nínive (a capital da Assíria), escrito em acadiano, que expressa o mesmo campo semântico sustentando uma estrutura moralista – julgamentos de pecado e perversidade projetados nos oponentes, distorcendo a verdade para racionalizar a violência e as ações belicosas por parte do chefe dos deuses na Terra.

Nesse texto, Enlil já se tornou o "pai dos deuses" no lugar de Anu e, no Livro, Enlil será ainda transmutado em plural-singular (tornando-se a voz única de tudo). E a abstração final levará a um único e exclusivo deus – que perdera qualquer sinal de sua espécie humana (de seus pais, família, esposa e filhos) e de sua humana, ou muito humana, psique, com suas fraquezas, defeitos, e grandes erros do passado, e ímpetos despóticos e violentos.

O relato do Livro da Torre de Babel

Como nós descobriremos, o relato do Livro é surpreendentemente semelhante ao da tábua acadiana, que lhe precede em mais ou menos dois milênios, tanto em termos do perfil psicológico da divindade, quanto em termos dos acontecimentos violentos.[7]

No início, há um grupo de nômades: "E conforme vinham do oriente, eles encontraram um vale... e eles disseram uns aos outros: 'Vamos fazer tijolos'". Em seguida, alguém lança a ideia: "Venham, vamos construir uma cidade, e uma torre cujo topo alcançará os céus" (EM). Assim, o palco é, de alguma forma, limpo de toda a civilização suméria e deuses concorrentes: não há cidades (que já estavam em tijolos), nenhum dos outros deuses com seus próprios direitos e reivindicações para construir um templo-moradia; não há uma hierarquia predefinida na família real nem disputas. Apenas um bando de nômades desmiolados com um orgulho delirante, cujos tolos desejos consistiam em "alcançar os céus" e, assim, igualar-se a Deus. Assim, fica esclarecida nas frases introdutórias a necessidade da divindade em restabelecer sua autoridade punindo-os de forma severa. No entanto, por agora, a divindade apenas desce para observar: "E Y. desceu para ver a cidade e a torre que os *humanos* construíam" (EM).

Aqui, mais uma vez, o passado é apagado. Claro que Enlil sabe sobre a Babilônia e as reivindicações de Marduk. No entanto, a divindade tem de "descer" – a implicação sendo que seu trono fica, geograficamente, nas esferas superiores dos "céus", reforçando assim a ameaça sugerida. Por que um deus onisciente precisaria se deslocar para ver? Também, os construtores são apenas "humanos" – o distanciamento entre Deus e as "formigas humanas" está completo. Isso prepara o cenário para amplificar em demasia o enorme orgulho e a arrogância pecaminosa desses humanos desprezíveis. Se eles eram tão desprezíveis e ineptos, eles seriam incapazes de construir uma torre, e por que a divindade, então, se dá ao trabalho de destruir a construção? Como Sitchin salienta (*Guerras*, 197; minha ênfase):

---

7. A destruição da Torre de Babel é recontada no Gênesis 11; os trechos utilizados nesta seção são do Gênesis 11:2-5; a ênfase ao longo deles é minha.

E [a Divindade] disse aos colegas anônimos: "Isso é apenas O começo de seus empreendimentos; *de agora em diante, tudo que eles possam planejar fazer não será mais impossível para eles*". [EI]
E Y. disse aos seus colegas: "*Venham, vamos descer e confundir seus idiomas, para que eles não possam entender o que cada um diz*". [EI]
Então o Senhor os "espalhou [EI]
dali para toda a face da Terra, [EM]
e eles pararam de construir a cidade". [EI]

Após preparar o cenário para um conto muito moralista da punição do excesso de arrogância – tudo em EM – de repente, ao falar com seus interlocutores e mobilizando-os ("Venham, vamos descer"), surge uma parte do texto que revela um relato muito mais antigo, em estrutura informacional (EI) – a primeira sentença que eu coloquei em itálico.

Aqui, nós reconhecemos, apresentado em um perfil psicológico soberbo, o ciumento e paranóico Enlil, sempre temeroso de que os humanos da Terra possam suplantar os anunnaki. Com este medo, Enlil projeta muito mais poder sobre os terráqueos do que aquilo que eles podem aguentar (nada será "impossível para eles") – e essa Estrutura Informacional está em total desacordo com a Estrutura Moralista que visa sistematicamente a *depreciar e reduzir os terráqueos* a pecadores endêmicos em constante necessidade de um pastor e de um pai severo.

Nós reconhecemos facilmente o estilo semântico e o medo patológico da pessoa que já disse, no jardim do Éden: "Vejam, Adão se tornou um de nós...*e agora ele não pode... partilhar também da Árvore da Vida... e viver para sempre*?

A demonstração da Torre de Babel, embora exagerada, é, no entanto, muito interessante, porque Enlil, apesar de todo seu medo, parece ter um palpite sobre o que, eventualmente, acontecerá na Terra em um futuro muito distante. Em nosso tempo, efetivamente, a espécie humana nascida na Terra terá uma ciência e uma civilização que corresponderão às dos anunnaki, e isso, eventualmente, irá desvendar e decifrar a história de sua origem

– permanecendo assim distante dela e conquistando sua própria liberdade desse passado.

O que os anunnaki sabiam sobre exocivilizações no universo?

O texto sumério original mostrava Marduk como o arquiteto e planejador de seu novo templo-moradia, o Esagil. Seu objetivo e reinvidações, assim como seu conhecimento elevado em engenharia, destabilizavam Enlil ao ponto de ele ordenar que a torre fosse destruída. Até aqui tudo bem – de certa forma é sensato, dado os caracteres e personalidades específicos que se confrontavam. Mas, então, por que confundir os idiomas? Por que ordenar uma diáspora? Claro, como é frequentemente visto, o texto bíblico está repleto de contradições – além das principais dos campos semânticos que nós já analisamos. Por exemplo, se eles eram apenas um bando de nômades, é difícil enviá-los para "todos os lados da face da terra" – eles não são numerosos o suficiente! Esse exagero totalmente irrealista é, como de costume, utilizado para enfatizar o poder da divindade, por isso ele cai na categoria EM. Agora, se os idiomas dos construtores são confundidos e eles não conseguem se entender, qual a necessidade de espalhá-los? É aqui que retornamos à verdadeira razão para o acesso de ciúmes e raiva de Enlil... e a chave está no texto traduzido por George Smith:

> [O] povo da Babilônia [Marduk] corrompeu ao pecado [induzindo] *grande e pequeno a misturarem-se no monte.*

Era muito mais do que um alto e sofisticado edifício que Marduk começara. Nessa "casa como uma montanha", em seu templo em forma de pirâmide, *Marduk começou uma nova comunidade. Uma irmandade de indivíduos instruídos e iniciados.* Talvez seguindo o modelo que ele e Enki lançaram no Egito. Também é evidente que essa irmandade incluía homens e mulheres – porque as mulheres anunnaki também eram gênios científicos de primeira ordem, como Ninmah, é claro, mas também a geóloga Ereshkigal (irmã de Inanna).

Devemos lembrar que Marduk amava profundamente sua esposa terráquea Sarpanitu; como eu propus, é altamente provável, dada a propensão de Marduk a se opôr à posição e decisões de Enlil, que ele e os igigi que viviam com suas esposas nas instalações de Marte ou da Lua (os despreocupados igigi, capazes de contradizer as ordens de Enlil), tenham salvado suas esposas e filhos do Dilúvio. Eles possuíam todo o conhecimento necessário para fazê-lo: eles conheciam as diversas bases e como utilizá-las, e eles tinham o controle das espaçonaves.

Assim, é isso que enfurece duplamente Enlil: ele viu essa comunidade de empreendedores falando um idioma e, o mais importante, vivendo em harmonia, em busca do conhecimento, da "solução para os segredos". Isso e sua vontade de explorar o universo (por meio do próprio Vínculo astronômico Terra-Céu do Esagil e os canais de comunicação). Eles tinham acesso a um conhecimento que ia longe e tinha como objetivo ir muito além de seu planeta natal Nibiru e seu sistema político deliquescente (que se provara não ser apenas despropositado, mas letal a uma civilização inteligente).

É bastante evidente que *destruir a torre na Babilônia não destruiria, de forma alguma, a comunidade* como um todo na Suméria, no Egito e nem na África. E isso nos leva à persistente questão, aquela informação que foi total e hermeticamente apagada de todos os textos, seja nas edições monoteístas ou nos registros sumérios dos anunnaki: *O que os nibiruanos sabiam acerca do universo e outras civilizações inteligentes?*

Hoje temos bastante evidência de que, nas palavras de Sitchin (*Guerras*, 305), "o ponto de vista bíblico, que condensou os relatos mesopotâmicos dos deuses em um formato monoteísta", ao fazê-lo, apagou uma tradição essencial sobre nossas origens, um volume de informação precisa.

O que a religião monoteísta matriz estava realmente tentando fazer (ou esconder) quando eles construíram uma entidade abstrata, não humana, que se diz ter criado o universo, mas tinha, de fato, apenas otimizado uma espécie humana em um planeta minúsculo, enquanto todas as estrelas brilham sobre nós em todos os seus bilhões e bilhões de fagulhas?

Por que os narradores tomaram a decisão de esconder de mulheres e homens sua verdadeira origem quando foi um fato de vida para as sociedades adâmicas viver lado a lado com os anunnaki e interagir com eles?

Essas são questões em aberto para ponderar. Mas quando consideramos os temas muito mais amplos do conhecimento dos anunnaki sobre outras civilizações existentes no universo, eu não posso deixar de pensar que, a causa de todo o peso e atenção de um príncipe que deseja ser o único e autocrático Mestre da Terra é algo que não bate: um grande volume de informação está perdido, mesmo quando incluímos Nibiru no cenário – apenas outro brilho minúsculo no universo. E para tentar preencher a lacuna, meu palpite é que devemos *seguir os passos de Enlil, a quem, de repente, foi permitido que tivesse seu próprio jardim real com duas Árvores-deusas na Terra* – uma mudança para um estatuto mais elevado que o do seu pai, Anu (já que Anu ainda não está morto e, portanto, a mudança não reflete um legado normal). E essa mudança acontece logo após a criação de um ser novo e inteligente em um planeta jovem.

5

A Utilização de Armas Nucleares

O Relato Sumério

O OITAVO ATO DE ENLIL consistiu em levar à total aniquilação da civilização da Suméria. Nesse ato final, nós não veremos nada de fundamentalmente distinto do que já vimos: as disputas entre enkiitas e enlilitas. Mas, para coroar esses fogos de artifício, Enlil superará a si mesmo em todas as qualidades poderosas e altivas que nós o vimos expressar de forma tão descarada ao longo dos 413.977 anos de seu reinado na região sumeriana, como déspota dominante, possuidor do título de Rei do Céu e da Terra e herdeiro legal de Anu – ou seja, desde sua chegada à Terra até a irradiação nuclear das planícies da Jordânia e do Sinai e também da região da Suméria e a quase obliteração de seu povo, flora e fauna.

A abominável guerra dos enlilitas contra Marduk: A utilização de armas nucleares

As permanentes e imensamente caras guerras entre os deuses, como as duas Guerras das Pirâmides registradas nas tábuas, encontraram seu ponto mais alto na segunda metade do século XXI a.C. A mais cruel de todas essas guerras acarretou na total destruição da Suméria e da Palestina, e foi registrada nas tábuas sumérias, principalmente como um imenso número de "Lamentos" do que de qualquer cidade destruída na Suméria. Ela também foi registrada no Livro como a Guerra dos Reis, na qual Abraão teve participação ativa, seguida, em 2024 a.C., por aquilo que foi chamado de destruição de Sodoma e Gomorra.

Vejamos o prólogo dessa guerra.

Nós sabemos que Terá, o pai de Abraão, era o Alto Sacerdote de Enlil em Nippur, a cidade mais sagrada e a primeira capital da Suméria, criada por e dedicada a Enlil. De fato, o primeiro nome sumério de Abraão, *Abram*, significava "morador de *Nibru.ki*" – isto é, Nippur, na Suméria. Em seguida, Terá foi viver em Ur, a nova capital, a cidade de Nannar, herdeiro de Enlil, quando este deus recebeu a tutela espiritual e administrativa das duas cidades, correspondendo à coroação do Rei Ur-Nammu. Então, em 2096 a.C., o Rei Ur-Nammu, em batalha no oriente em uma missão para os deuses, morreu por acidente – ele que fora o protegido de vários deuses, especialmente de Enlil e de seu primogênito, Nannar. A população sentiu que, de uma forma impossível de conceber, os grandes deuses permitiram que seu protegido morresse, eles o abandonaram – eles, que eram onipotentes, não se importaram em interferir e salvar seu rei eleito, alguém que apenas seguia seus desejos. Uma decepção e um questionamento imensos emergiram nas mentes dos sumerianos sobre o Chefe dos Deuses, Enlil, claramente expressos nas tábuas.

Nesse mesmo ano, Terá mudou-se com sua família – nomeadamente o jovem casal Abram (Abraão), 27 anos, e sua esposa e meia-irmã, Sarai (Sara) – para Harã, uma cidade que ficava nas margens do Rio Eufrates, na região hitita, a noroeste da região da Suméria... como se fosse uma preparação para a terrível catástrofe que viria e destruiria a Suméria. Quando Abraão tinha 27 anos, ele foi instruído pela Divindade a deixar Harã e ir para o sul, e ele partiu com sua esposa e seu sobrinho Lot, cujo pai morrera. Foi nessa ocasião que podemos deduzir que Abraão – um sumério de Nippur e filho primogênito do Alto Sacerdote Terá (do templo de Nippur de Enlil e, em seguida, do templo de Ur), portanto já criado para ser o próximo Alto Sacerdote – como não tinha filhos, escolheu Lot para ser seu filho adotivo, para quem a linhagem sacerdotal passaria. A mudança aconteceu 24 anos antes da utilização das armas nucleares que destruíram cinco cidades na planície do Sinai e, em seguida, toda a Suméria, por meio da subsequente nuvem radioativa – mas a linhagem de Abraão de Altos Sacerdotes de Enlil foi poupada.

Foi uma Assembleia dos Deuses que aprovou a utilização de armas nucleares para destruir Marduk e seu filho, Nabu. É notável que, como a Mesopotâmia (Suméria e Acádia) foi destruída quase totalmente, todos os anunnaki que tinham suas cidades e moradias ali (principalmente o clã de Enlil) perderam quase totalmente sua população e todas as suas propriedades, assim como seus rebanhos e colheitas. A terra foi minuciosamente queimada pelo vento contaminado. A única exceção, a única cidade que escapou à destruição, foi a moradia de Marduk... a Babilônia.

E qual foi o pecado atribuído a essas "cidades imorais", que seriam completamente queimadas e contaminadas, assim como todos os animais, plantas e a própria terra, e também o mar? Aqui, mais uma vez, temos de notar que o "pecado" dos terráqueos que povoavam as cinco cidades que foram destruídas eram todos serem seguidores de Marduk; em outras palavras, os enlilitas consideraram normal que, para destruir Marduk, seus seguidores terráqueos também deveriam ser destruídos – era esse todo o "pecado" das cidades "imorais".

> As cidades que ele [Erra/Nergal] destruiu, ele transformou em desolação... Como se fosse fogo, ele queimou os animais, baniu seus grãos transformando-os em pó. (Épico de Erra)

Previsivelmente, como eles eram deuses, Marduk e Nabu escaparam da destruição; mas toda a população humana das planícies da Jordânia e do Sinai foi exterminada por várias explosões – com exceção de Abraão, seu sobrinho Lot e suas duas filhas pequenas. Mas a esposa de Lot não foi poupada.

E qual foi a consequência de maior importância desse ataque de guerra perpetrado com intenção obstinada por deuses totalmente cegos de raiva, inveja e um desejo de vingança violenta – e cuja decisão completamente irresponsável foi, todavia, conquistada pela maioria das melhores mentes divinas da Assembleia de todos os deuses e deusas? A destruição de sua população suméria, sua terra natal e a civilização da Mesopotâmia. Devemos notar o fato de o próprio Rei do Céu, Anu, ter participado dos debates da Assembleia, conduzindo-os, claro, como era adequado à sua posição, e ter votado de forma positiva. De fato, um vínculo Céu-Terra foi mantido aberto continuamente durante os poucos dias de crise. O apoio e incentivo mais violento para a utilização de armas nucleares vieram de Nergal, apoiado por Enlil.

Assim, como esses deuses reagem ao fato de suas moradias e sua civilização serem destruídas por um vento supostamente desafortunado, soprando em direção ao nordeste e trazendo, assim, às suas próprias cidades a energia nuclear letal que eles desencadearam em outro lugar? Como eles reagem à perda de tudo, sua civilização e seguidores, enquanto a cidade de seu próprio arqui-inimigo – a Babilônia – era a única a ser poupada? Eles agora interpretam por consentimento mútuo que o (misterioso) "Criador de Tudo" escolheu Marduk como seu protegido e que, de acordo com isso, eles não só têm de deixá-lo em paz, mas têm de conceder-lhe (finalmente) o direito de possuir uma terra sua e de ser venerado em um templo. Além disso, eles lhe concedem o reinado de Enlil, o estatuto de Chefe dos Deuses na Terra – pelo menos durante todo o ciclo de Ram. E, assim, começou a era de Marduk, que se declarou, além de ser o primeiro entre os deuses, o único deus, enquanto Enlil teve de abrir mão de sua soberania.

Dessa forma, a Mesopotâmia, o Líbano e as regiões do Sinai foram irradiadas e se tornaram impróprias para a vida durante muito tempo. A consequência final (que no meu entender não é citada nas tábuas que descobrimos) é que primeiro Enlil e, em seguida, todos os deuses do clã de Enlil, agora tinham de encontrar uma nova terra, contruir novas moradias, e também tinham de descobrir uma nova população de terráqueos para serem seus seguidores, sacerdotes e empregados. E não podia ser no Egito e nem na África como um todo – o domínio do clã de Enki desde épocas remotas.

Durante seu longo exílio, Marduk e seu filho viajaram para vários países e ele já se tinha apresentado (como era seu objetivo de longa data) como *o* deus principal, e na altura da utilização das armas nucleares, ele reunira seguidores e templos por toda a parte. Nós podemos concluir que essas regiões eram aquelas onde ele era venerado como a divindade eminente sob diversos nomes – como a região que se tornaria o centro da Pérsia com o pai de Ciro, e onde ele é chamado de Ahura-Mazda (ou Ormuzd) e, claro, o Egito, domínio de seu pai, onde ele reinou como Rá após os 9 mil anos do reinado de seu pai Ptah/Enki, começando, assim, o segundo reinado da primeira dinastia de deuses no Egito (como afirmado por Mâneton em sua Lista de Reis).

Em sua obra reconstruída chamada *O Livro Perdido de Enki*, Sitchin descreve que Enlil foi prevenido por um sonho de que uma catástrofe atingiria a Suméria e que, por isso, ele ordenou que Terá tirasse sua família de Nippur e, em seguida, de Ur, e se estabelecesse em Harã. E porque, mais tarde, ele mandou que Abraão seguisse na direção sul, para Canaã e o deserto do Negev – onde ele teve uma participação ativa e heroica na Guerra dos Reis que, de alguma forma, levou à fatal utilização das armas nucleares – o ato final.

Resumo dos acontecimentos na Suméria envolvendo a Guerra dos Reis

Aqui está uma síntese da sequência completa dos acontecimentos: o incidente da Torre de Babel acontece em 3450 a.C., no início da primeira dinastia de Ur, ou período Ur I (*Guerras*, 349). Em 2316 a.C., Nergal convence seur irmão, Marduk, a deixar mais uma vez a Babilônia e, imediatamente, começa a destruir o templo de Marduk e o sistema de distribuição de água que servia a Mesopotâmia. E o ato final – a contaminação radioativa da Palestina e da Suméria – acontece em 2024 a.C., exatamente quando Abraão (ou Abe), nascido em Nippur, completa 99 anos de idade.

Durante o século anterior, Ur se tornou a capital de um novo Reinado da Suméria e Acádia chamado de período Ur III. Os reis governantes foram *Ur-Nammu* (entronado em 2113 a.C.) e *Shulgi* (que enviou tropas elamitas chefiadas por *Khedorla'omer* para restaurar a ordem em Canaã em 2055 a.C.). Em seguida, veio *Amar-Sin* que, em 2041 a.C., foi exigido por Inanna a formar a Aliança dos Reis do Leste (também auxiliado por Nannar, pai de Inanna e filho de Enlil). Isso começa a Guerra dos Reis, que incitou a Aliança dos Reis do Leste (da Suméria), liderados então pelo Rei de Ur, Amar-Sin, contra os reis das cinco cidades de Canaã/Palestina, incluindo Sodoma.

Shu-Sin reina após Amar-Sin morrer acidentalmente. Enquanto isso, Enlil deixa Nippur e abandona sua esposa Ninlil por muito tempo; o local de sua nova moradia fora da Suméria é um ponto de interrogação para nós. Então, o Rei Shu-Sin constrói um barco magnífico, adornado com pedras preciosas, e o coloca voltado para a Casa do Prazer de Ninlil. Isso traz Enlil de volta a Nippur, mas apenas por um curto período. Mas, desta vez, ele parte com Ninlil.

Durante os reinados de Shu-Sin e, então, de Ibbi-Sin, nos anos que precederam a utilização de armas nucleares, numerosos oráculos da Suméria previram o desastre iminente, cada vez mais premente com o passar do tempo (*Guerras*, 321). Ibbi-Sin, por exemplo, recebe tais previsões de um oráculo:

> "O filho no ocidente se erguerá... é um presságio para Ibbi-Sin:
>
> Ur será julgada".

Outro oráculo anuncia:

> "Quando o sexto ano [do reinado de Ibbi-Sin] chegar, os habitantes de Ur serão capturados!"

De fato, as armas nucleares aniquilaram os moradores de Ur de todas as cidades sumérias, no sexto ano do reinado de Ibbi-Sin.

Outro oráculo adverte:

> "Desastres [acontecerão] quando, pela segunda vez, ele que se autointitula Supremo [Marduk], como alguém cujo peito foi ungido, virá do ocidente".

Marduk, de fato, estava em Harã, no oeste da Suméria, e é dali que ele irá para a Babilônia reivindicar seu templo.

O exército da Aliança Oriental avançará para o sul e atacará Canaã e o Sinai, com o claro objetivo de confiscar o poder do porto espacial no Sinai. Enquanto isso, Abe (agora com 75 anos e ainda sem filho), sob o comando de Deus, deixa Harã (terra dos hititas) e vai para Canaã em 2048 a.C., com sua esposa e meia-irmã, Sara, e seu jovem sobrinho e filho adotivo, Lot, na dianteira de uma tropa de elite.

Abe assentou suas tropas e o campo principal perto de Hebrom, mas ele segue viagem com Sara para o Egito, onde eles foram imediatamente recebidos pelo faraó como se fossem da nobreza. Eles permanecerão ali por cinco anos e partirão com um exército poderoso.

Em seguida, Abe bloqueia o avanço da Aliança Oriental em Kadesh-Barnea, um oásis no Negev que foi estabelecido na entrada do território proibido de Deus no Sinai, onde ficava o Deserto de Parã e o porto espacial. Sitchin descobriu que o objetivo da Aliança era o Deserto de Parã, para profanar e destruir um recinto sagrado estabelecido nas redondezas. Porque isso, e quem estava na "Montanha dos Deuses" não é exatamente claro; a única coisa certa é que ele está colocado muito próximo ao porto espacial do Sinai. Não se sabe porque Enlil mandaria Abe deter o exército de seu próprio filho, Nannar, e não controlar o recinto fica, da mesma maneira, sem solução, uma vez que ele ordenará seu bombardeamento com armas nucleares poucos anos mais tarde.

Desse modo, bloqueadas, as tropas da Aliança Oriental de Nannar e Inanna viram-se na direção de Canaã e do norte. Nessa altura, os cinco reis cananeus (aliados de Marduk) os atacam, mas são derrotados. A Aliança saqueia as cidades de Sodoma e Gomorra e, além disso, leva o sobrinho de Abe, Lot (que estabelecera residência em Sodoma), como refém antes de direcionar sua cavalaria de camelos, rapidamente, de volta à Suméria.

"Ao saber das notícias, Abraão convoca seus melhores cavaleiros e persegue os invasores em retirada. Alcançando-os perto de Damasco, ele consegue libertar Lot e recuperar todo o espólio", (*Guerras*, 309). Então, Abe volta para Hebrom. Melquisedeque, Rei de Salém (Jerusalém), oferece um banquete pela sua vitória e dá parte do espólio a Abe, que recusa categoricamente, acrescentando que ele era imparcial na guerra da Casa da Nannar contra a Casa de Marduk.

Após ser derrotada uma segunda vez por Abe, desta vez perto de Damasco, a Aliança fica em desordem; consequentemente, o império de Ur é destruído e os reis de suas várias cidades perdem seus tronos (*Guerras*, 317-21). Progressivamente, as cidades da Suméria, uma a uma, deixam de oferecer fidelidade a Ur e pagar tributos e, finalmente, eles cortam toda e qualquer comunicação com Ur. Os dois últimos reis de Ur multiplicaram os presentes para vários Grandes Anunnaki com o intuito de acumular seu favor e apoio, mas o império de Ur, contudo, debateu-se.

O retorno de Marduk à Babilônia

Marduk chega a Harã (no momento em que Abe partira) e permanece entre os hititas, no noroeste da Suméria, durante os 24 anos que um oráculo hitita previu que ele teria de esperar antes de poder voltar à Suméria reivindicar seu reinado. Marduk escreve um poema antes de deixar a região de Hatti:

> "Na região de Hatti eu perguntei ao oráculo [sobre] meu trono e meu reinado. Meus dias [de exílio] terminaram. Para minha cidade eu [seguirei o rumo]; meu templo Esagila como um monte [para erguer/reconstruir]... um rei da Babilônia [para estabelecer] na minha cidade... Alegria". Ele declara que deseja "afastar o mal e o azar... trazer O amor maternal à humanidade". [Textos Quedorlaomer; *Guerras*, 322]

Marduk vem do oeste e segue a Via Mari, pelo mar, com seu exército amorita, ou "Ocidentais". Dentro da Suméria, todas as cidades temem uma invasão vinda do oeste e até mulharas defensivas foram erguidas. Ninurta, aliado de Nergal, organiza um exército de tropas elamitas para deter Marduk, em vão. Em 2025-2024 a.C., Marduk avança, com sucesso, em direção à Babilônia, seus Ocidentais "tomando, uma por uma, todas as grandes fortalezas" (*Guerras*, 321). Ele se entrona em sua própria cidade; sua intenção, como sempre, é ser Rei da Babilônia e da Suméria, e o primeiro entre os deuses.

É nesse momento que o templo sagrado de Enlil, o Ekur, em Nippur, é profanado. E Enlil, seguindo a sugestão de Ninurta (que protege o verdadeiro culpado), atribui o feito a Marduk e pede à Assembleia que puna Marduk e seu filho, Nabu. De fato, os Textos Quedorlaomer descrevem tropas elamitas profanando os templos de Shamash e de Ishtar/Inanna e, claramente, aponta o próprio Erra/Nergal como o mandante para que o templo Enkur, de Enlil, seja profanado e saqueado (como vimos, Nergal tomara o partido dos enlilitas e de seu comandante de guerra, Ninurta). Esses textos até culpam Ninurta por acusar Marduk dessa profanação e por induzir Enlil a se vingar de Marduk.

Enlil, enfurecido e buscando vingança, corre de volta para Nippur: "Cavalgando à frente dele iam deuses vestidos de esplendor; [ele]

próprio emanava brilho como raio" (*Guerras*, 32). Ele destrói o templo da Babilônia, "Enlil contra a Babilônia causou o dano planejado", e o templo de Nabu, em sua cidade, Borsipa. Nabu, a par desses planos, refugia-se em cidades que o veneram ao longo do Mar Mediterrâneo. Mas Nergal irá além, instilando um desejo de vingança letal em Enlil: ele utiliza o mesmo pretexto dos templos profanados para incitar a Assembleia a votar pela utilização das "Armas Impressionantes", e isso apesar da forte oposição de Enki. A cidade em que Nabu se escondeu era Sodoma, e será ali que, mais tarde, as Armas Impressionantes o terão como alvo, "Quando o filho de Marduk estava na região costeira, ele, [Erra/Nergal], com o calor queimou a planície". (Épico de Erra).

Enquanto isso, os deuses, com lutas irrompendo por todo lado, estavam em constante comunicação com Anu, em Nibiru, e uma Assembleia permanente acontecia: "Anu, para a Terra, as palavras emitia, a Terra, para Anu, as palavras pronunciava", diz o Épico de Erra, o texto não deixa dúvidas de que Anu estava de fato, fora da Terra.

Marduk chega a seu templo, na Babilônia, apenas para ver que Nergal já estava ali e tinha danificado parte do Esagil e estava pronto para destruir o santo dos santos. Nergal e Marduk confrontam-se por todo o dia e toda a noite no templo de Marduk; Nergal quer que seu irmão odiado desista de todas as reivindicações do reinado. Enki, que rapidamente chega ao cenário, apoia Marduk e ordena que Nergal saia. Em seguida, o texto descreve-os (mas não Marduk) em uma Assembleia crucial (aquela que votará pela utilização das armas nucleares), na qual Enki constitui uma defesa para Marduk, sublinhando que "o povo" escolhera Marduk e "pela segunda vez elevaram sua imagem".

A raiva assassina e o ato genocida de Nergal

Nergal, furioso, volta para seu domínio africano e, ali, promete utilizar as Armas Impressionantes e levar total destruição à região e ao povo de Canaã, devotado a Marduk e Nabu. O Épico de Erra reconta sua intenção genocida:

> "As regiões eu destruirei... as cidades eu revoltarei, o povo eu farei desaparecer."

De antemão, uma raiva destruidora parece ter tomado conta dele há algum tempo, no momento em que (como os Textos Quedorlaomer descrevem), ele ordenou a violação do santo dos santos de Enlil, o Ekur, em Nippur:

> Erra, o impiedoso, penetrou o recinto sagrado... Ele contemplou o Ekur. Sua boca ele abriu, ele disse aos seus rapazes: "*Levem o espólio de Ekur, confisquem suas preciosidades*, destruam sua fundação, quebrem o recinto do santuário!"

E, é claro, nos lembramos agora de que, no passado, ele destruíra o templo sagrado de Marduk, o Esagil, e seu sistema de distribuição de água, causando, assim, a falta de água por toda a Suméria. Nergal/Erra é, claramente, a força antagonista a tudo que é sagrado e, especificamente, aos templos, cuja função é manter o Vínculo Céu-Terra (que pode significar muito mais do que o pragmático controle de conexão de voo entre Nibiru e a Terra que, de qualquer maneira, havia sido levado para o Sinai). Marduk, em contraste, possui grande conhecimento do Espírito, da dimensão do sagrado, para profanar qualquer templo – seja qual for a disposição dos deuses em relação a ele. Mas ali vemos, em Nergal/Erra, um desejo de destruir recintos sagrados, uma violência e furor que visam tão precisamente a locais de poder, que ele parece estar possuído (em um sentido etnopsicológico) por uma força destrutiva.

Claro que o problema, com os anunnaki, é que não podemos culpar o Diabo ou Satanás: eles próprios *são* os deuses e demônios personificados. Dessa forma, nos confrontamos aqui com uma questão filosófica crucial (e ontológica): se há indivíduos que são o demônio encarnado na civilização suméria, eles deveriam ser aqueles violentamente opostos aos valores mais sagrados do universo – nomeadamente, a vida *como consciência*, elevação da mente a uma consciência mais elevada, a busca pelo conhecimento próprio espiritual, porém, livre, o *Espírito* ou *Alma* do universo, a harmonização do ego com o Eu. E, nessa linha de pensamento, há um problema muito sério e inquietante sobre Enlil – o chefe *legal* dos anunnaki, o "justo" mais do que o "Virtuoso" – colocando a pessoa errada no papel de demônio (Enki, em seguida Marduk). E um problema ainda maior surge com a falta de percepção de Enlil em relação aos impulsos extremamente assassinos e genocidas de Nergal, e dessa incapacidade de Enlil em distinguir o bem do mal, ou seja, de perceber qual é a mente em ação, determinada em destruir sua própria civilização. Dessa maneira mistificado por seu jovem sobrinho, o Governante da Terra (também chamado de demiurgo no gnosticismo) surge claramente como "rei dos cegos", como sua mãe, Sofia, uma entidade mais elevada e etérea, o chama no texto gnóstico Hipóstase dos Arcontes.

E nós vemos exatamente o oposto com Enki impedindo Nergal de destruir o santo dos santos de Marduk, tentando refrear os impulsos do filho, opondo sua influência na Assembleia – e isso, mesmo quando a Assembleia dá a Nergal carta branca para agir em seu nome e banir Marduk ao exílio (quando eles não tinham um crime importante o suficiente para decretar seu exílio). Além disso, quando Enki fica ao lado de Marduk contra Nergal, ele não justifica sua escolha com motivos pessoais, mas indica que o "povo elegeu seu nome", que o povo quer que Marduk seja seu deus principal. *E essa é, a propósito, a primeira vez em que vemos explicitamente afirmado que os terráqueos poderiam escolher entre seguir um deus ou outro*; até agora, a população da cidade era uma audiência refém e uma comunidade religiosa prisioneira diante do senhor deus daquela cidade.

Na sequência do holocausto nuclear, nós esperaríamos que Nergal, expulso da Suméria por seu pai, explodisse contra Marduk (como sempre) ou mesmo contra seu pai. Nós esperaríamos que ele jurasse vingança e a destruição de seu pior inimigo: Marduk.

Mas o que vemos em vez disso? (Nesse momento devemos estar convencidos de que as palavras colocadas nas bocas das pessoas – e como são apresentadas em termos semelhantes em vários textos mesopotâmicos – são concretas, verdadeiras e de acordo com as originais). A falta de julgamento habitual desses textos em relação aos protagonistas – exceto os dois textos que apresentam a Estrutura Moralista – e os relatos detalhados do que disseram, e mesmo de seus sentimentos, indicam relatos originais imparciais. Então, o que as palavras de Nergal revelam? Seu objetivo global e final é destruir as regiões (plural), as cidades, as montanhas, os animais, os mares, as formas de vida do oceano e, acima de tudo, o povo. O objetivo principal de Nergal é destruir toda a vida e, especificamente, todos os povos (deuses e homens) – e ele acrescenta um detalhe terrível: "ninguém será poupado" (*Guerras*, 326). Ele quer fazer o povo desaparecer, transformar suas almas em vapor.

Essa é a força de uma mente inflexível e forçosamente determinada a destruir e apagar toda a consciência, todas as almas e toda a vida da Terra.

Sugiro que você leia com atenção a citação exata do Épico de Erra:

> Conferenciando consigo mesmo, [Erra jurou:] as regiões eu destruirei, como um monte de terra eu as deixarei; as cidades eu deixarei revoltas, em desolação vou transformá-las; as montanhas eu achatarei, seus animais farei desaparecer; os mares eu agitarei, o que for abundante neles eu dizimarei; *o povo eu farei desaparecer, suas almas se tornarão vapor; ninguém será poupado...*

De que lado Enlil está – a favor ou contra a humanidade e a civilização?

Essa forma intrinsecamente Má – Má com letra maiúscula, como em Essência do Mal: a força que é anticonsciência e antivida – não é reconhecida como tal pelo Chefe dos Deuses na Terra! É claro que vimos que seu próprio egocentrismo criou fortes condicionamentos que limitaram sua compreensão dos assuntos globais, todavia, isso *não* é aceitável pelo Primeiro Comandante nem pelo Rei do Céu, Anu, que, sempre apoiando Enlil, carece consideravelmente da sabedoria que ele deveria encarnar. Como eu disse, nós temos aqui um problema filosófico extremamente sério em relação às qualidades divinas atribuídas e projetadas na personalidade de Enlil – aclamado como "benevolente" e o paradigma de todas as virtudes morais.

Com certeza está claro que, dada a história da relação da humanidade com essa divindade, nós estamos, em nossos tempos modernos, lidando com uma personalidade ou um arquétipo (uma imagem de deus, como Jung chamou-a) em vez de lidar com o indivíduo real que viveu como um quase imortal desde antes do "aperfeiçoamento" dos "seres mistos", há 300 mil anos, pelo menos.

Se nos perguntarmos qual a melhor forma de descrever as (anti) qualidades do anticristo – não falaríamos tanto de uma pessoa ou força "oposta a Jesus", e sim de um desejo de destruir a dimensão da alma e confrontar a aspiração espiritual e a evolução da humanidade. É isso que Nergal/Erra é; ele é a personificação, o arquétipo do anticristo em nosso sistema solar. Em total contraste, Enki apenas expressa uma alternativa às regras e decretos do rei no comando; sua força é de oposição construtiva, de pensamento divergente, de liberdade de pensamento (*libre pensée*), de exploração criativa, filosófica e científica em oposição à "verdade" como poder absoluto, despótico e autocrático, os dogmas decretados, o "bem" institucionalizado. Enki está sempre em contato com a natureza; ele escreve poemas em suas viagens de barco pelos pântanos sobre a beleza natural que cerca seus santuários. Enki e Hermes representam a *religere* (uma religião no sentido literal do Latim de compreender, conectar, unir) como um Conhecimento Vivo – uma forma de Conhecer pelo contato; como conectar a própria alma do ser com a da Terra de forma a poder explorar a natureza e a dimensão do Espírito, da consciência cósmica. Esse tipo de Busca pelo Conhecimento e Sabedoria é um processo dinâmico, sempre em evolução, uma exploração infinita. E ela precisa de liberdade para existir.

Em contraste, Enlil representa o poder político despótico institucionalizado, mais inclinado a manter seu *status*, poder e controle do que explorar novos alcances da mente, do Homem e do universo. Enlil quer que o antigo decreto de seu pai – que o tornou o primeiro no controle e no comando – dure para sempre. No entanto, logo após as explosões nucleares, quando seu filho Nannar, deus de Ur, em vez de fugir das nuvens radioativas com sua esposa em sua aeronave, chama-o para pedir conselho, a resposta de Enlil será: "Ur... não recebeu um reinado eterno"; significando, Como você poderia imaginar que alguma vez seria para sempre o Deus de Ur? Ao passo que sua resposta imediata deveria ter sido: "Fuja, fuja o mais rápido que puder com sua esposa e família e ordene a evacuação de sua cidade". E então foi tarde demais.

Vamos persistir nessa observação de Enlil, porque ela mostra que o Chefe dos Deuses não vivia no presente, no aqui e agora de uma catástrofe séria – o aviso do vento radioativo, totalmente inesperado, que fora observado como indo em direção à Suméria, toda a região e que foi descrito por Nannar como chegando ao horizonte das cidades sumerianas. Essa resposta de Enlil ao seu fiho – aparentemente filosófica em relação ao final de todas as coisas (em um tom de reprovação, para completar) – está totalmente em desacordo com a forma que um líder de topo deveria reagir quando recebe a informação de que seu país ou domínio, suas cidades, e a área central da civilização nibiruana na Terra será destruída. Essa reação está ainda mais em discrepância com um pai que, de repente, recebe a informação de que seus filhos, netos e suas famílias correm o risco de ser fatalmente contaminados, como foi o caso de Nannar, a menos que fugissem naquele momento. E, como Enlil não foi o primeiro a receber a notícia, como se seus MEs que tudo sabem e tudo veem (como o "Olho Suspenso que examina a terra") e outros dispositivos de engenharia não seriam suficientes para saber de uma crise mundial importante? E no caso de ser o primeiro a saber, por que não foi ele a soar o alarme e ordenar a evacuação? Por que ele falhou em ordenar a evacuação, seja qual fosse o momento em que recebeu a notícia? Assim, agora podemos nos perguntar: Enlil estava se vingando psicologicamente de Nannar por seu papel principal na tentativa da Aliança dos Reis do Oriente em profanar a moradia e o porto espacial do Sinai? No entanto, ele acabara de votar a favor da destruição nuclear desse mesmo porto espacial. Uma vez que ele não estava em Nippur nem na região da Suméria já há muito tempo, e não podia estar no território de Enki (mesmo que o faraó tenha fornecido tropas a Abe para defender o Sinai), estaria ele no território proibido e moradia oculta dos deuses nas montanhas do Sinai?

O que dizer do segundo comandante de Enlil para todas as operações militares e de defesa – Ninurta? Aquele que, ao lado de Nergal, disparou as sete armas nucleares contra o Sinai e Canaã? Ninurta, que estava no local com Nergal, lançando mísseis de suas espaçonaves e verificando para ver se eles acertavam os alvos corretamente. Ninurta, "o Escaldante" e Nergal/Erra, "Ele do vento maligno, o impiedoso", (como as tábuas passaram a chamá-los daí em diante) estavam em sua melhor posição para avaliar o desastre do alto e longe o suficiente para observar a nuvem de radiação se formando e as trajetórias dos ventos transportando fogo, fumaça e destroços, não apenas na direção nordeste, mas, precisamente, em direção à Suméria. Ou, então, devemos presumir que Ninurta era tão negligente, ignorante ou desequilibrado (como Nergal, definitivamente, era) que ele falhou em pensar sobre o assunto, ele, o cientista militar e de armamentos? Ele, o comandante da guerra, falhou em planejar apropriadamente para a Suméria e sua própria segurança durante as manobras (fora do caminho do vento, longe o suficiente da explosão e da onda sísmica) e que eles estavam apenas com pressa de atingir seu próximo alvo? Obviamente, eles não verificaram os ventos.

E, mais uma vez: Onde estava Enlil depois de ter sido visto conversando e banqueteando com Abe, perto de Hebrom, na véspera do lançamento das armas nucleares? Por que, quando as nuvens radioativas foram detectadas se aproximando das cidades da Suméria, ele não assumiu seu papel de Comandante da Terra e advertiu os outros deuses e as cidades, para organizar a proteção das populações e um gerenciamento da crise?

A Assembleia dos Deuses votando a favor da utilização de armas nucleares

Vamos revisar a ordem dos acontecimentos para analisá-los em profundidade. Na Babilônia, uma discussão calorosa acontece entre Nergal e Marduk – Nergal, com o apoio da Assembleia, que desejava que ele abdicasse de suas reivindações de novo deus supremo (após a era de Inanna, a era de Ninurta, de Nannar...). Enki chega e expulsa Nergal. Nesse momento, Nergal volta para a Assembleia e elabora uma defesa para a utilização de força máxima, ou seja, armas nucleares, contra as cidades controladas por Marduk e seu filho, Nabu. As "Armas Impressionantes" são sete mísseis deixados por Alalu, e apenas Enki e seu então piloto, que na altura escondeu os mísseis, deveriam saber onde eles estavam localizados – mas, possivelmente sem o conhecimento de Enki, o piloto revelara essa informação a Enlil ou a Nergal.

Durante o debate da Assembleia, que leva um dia inteiro, Enki repreende Nergal, se perguntando por que não seria a vez de Marduk, já que a população escolhera segui-lo. Mas Enlil e a maioria dos enlilitas apoiam Nergal.

Furioso por ter sido ultrapassado por seu pai, Nergal deixa o local da Assembleia e voa para seu domínio na África, onde terá um acesso de vingança e decidirá agir sozinho e usar, imediatamente, as "Armas Impressionantes". Assim, em vez de perseguir seu objeto odiado (Marduk e Nabu) – e isso revela uma grave incoerência psicológica ou, então, um plano predominante e em longo prazo – ele decide destruir as regiões, as cidades as montanhas e o mar, jurando que vaporizará o povo e destruirá suas almas e que ninguém será poupado.

O Épico de Erra, então, conta-nos que Gibil, vizinho de Nergal na África (a localização exata é incerta), ouve falar de seu plano e avisa Marduk que, por sua vez, procura Enki para perguntar sobre as armas e onde, exatamente, elas estão escondidas. Mas Enki age como se não soubesse de nada. Outro texto descreve que Enki, com muita pressa, pede à Assembleia que se reúna outra vez no local (Texto CT-XVI, 44-46; *Guerras*, 326). Quando Enli revela os planos de Nergal, tentando fazer com que eles vetem suas ações, os outros deuses não ficam nada chocados nem com a notícia, nem com a perspectiva de utilizar armas nucleares. Enki exprime uma grave advertência: as *Armas Impressionantes*, ele prevê, "*deixarão as regiões desoladas, farão o povo perecer*".

No entanto, Enlil e Ninurta são teimosamente a favor do lançamento de armas nucleares; apenas Nannar e Utu estão hesitantes. Na falta de um consenso, Anu será o árbitro e ele é a favor do uso de mísseis.

Em suma, nós vemos Nergal, o instigador e, em seguida, Enlil, Anu e Ninurta, ou seja, os clãs enlilitas (aos quais Nergal pertence politicamente) dando seu consentimento para a utilização de bombas nucleares para destruir as cidades da planície do Sinai, cuja população é seguidora de Marduk, e onde, dizem, Nabu está escondido, assim como o porto espacial. Essa é a única ocasião, nas tábuas que conhecemos, que uma decisão coletiva da Assembleia tem como objetivo matar um dos deuses anunnaki; o pior nesse sentido, até agora, fora o plano de Inanna, apoiado pela Assembleia, de encarcerar Marduk vivo na Grande Pirâmide, o Ekur, e deixá-lo morrer de fome, sede e falta de oxigênio – para que não fossem os responsáveis pela sua morte.

O plano, que consiste basicamente em matar a população de cinco cidades, quer dizer, a população humana da Terra, só porque ofereceram lealdade a outro dos 12 Grandes Deuses (cada um deles possuidor de um templo, uma cidade e numerosos seguidores), já é cruel, torcido e vergonhoso o suficiente. Ele mostra que, entre os anunnaki, o ódio passional (ódio alimentado por fortes emoções) vem em primeiro lugar e os impede de considerar as coisas de acordo com a ética e os valores elevados (isso sem mencionar os direitos humanos da população terráquea). Entretanto, havia mais do que o plano estabelecido: ele também consistia na destruição, com um míssil, de seu porto espacial no Sinai; e isso era tão completamente estúpido, que não podemos escapar da impressão de que a maioria dos grandes deuses, apesar de estarem reunidos para debater racionalmente e tomar decisões coletivas, careciam seriamente de profundidade de pensamento, antecipação, bom senso e, acima de tudo, pura humanidade e ética – e isso sem mesmo falar sobre as terríveis consequências para a Suméria.

Devemos notar que Nergal não estava presente fisicamente nessa última e crucial reunião, e que, basicamente, ele não deu sua opinião – Enlil e Ninurta deram (o que concede ainda mais responsabilidade a Enlil e aos enlilitas).

Ninurta, o Senhor dos Exércitos de Enlil, agora encarregado da missão de lançar armas nucleares sobre as cidades de Marduk e Nabu, e de destruir o porto espacial, corre até Nergal, na África – apenas para descobrir que ele já preparara as armas colocando o seu "veneno" (ativando os mísseis). Isso ele fez, obviamente, em duas espaçonaves, uma para ele e outra para Ninurta (como veremos, ambas lançarão os mísseis), como se ele soubesse, o tempo todo, qual seria o voto da Assembleia.

Ninurta tenta transmitir a Nergal que o desejo de Anu é que a população seja poupada. Essa é uma exigência extremamente ingênua e não científica, pois ou eles destroem cinco cidades de seguidores de Marduk ou terão de percorrer a demorada operação de pedir à população que fuja (mas, então, por que queimar a região?). Essa exigência de Anu e da Assembleia apenas mostra a extensão de sua ignorância em relação ao tipo de arma que estão prestes a utilizar, e o quanto interpretam mal a personalidade de Nergal, que acabara de afirmar o que iria fazer e começara a implementar as coisas. (Foi apenas em razão de Enki que a Assembleia se reuniu, mais uma vez, às pressas).

Ainda há outra interpretação, uma ainda mais chocante. Nós sabemos que, após o primeiro apelo de Ninurta, o empolgado Nergal finalmente concorda em avisar os igigi que operam o porto espacial e dar-lhes tempo para fugir, mas apenas eles.

A segunda interpretação é que a população referida por Anu era constituída apenas por anunnaki, nomeadamente os igigi (ou Nefilim), os astronautas com base na Terra; então, em nenhum momento, a população terráquea das cidades é considerada como "povo" e, muito menos, um problema a considerar.

Ainda tentando apelar à sua razão e sentido de justiça, Ninurta assim se dirige a Erra:

> Valente Erra, você o justo destruirá com o injusto.
> Você destruirá aqueles que pecaram contra você junto com aqueles que não pecaram contra você?

(Essa é uma sentença do Épico de Erra que vocês também encontrarão no livro, praticamente palavra por palavra, atribuídas a Abe implorando a seu Senhor para salvar pelo menos os Justos).

Os dois deuses debatem o assunto, mas Nergal, como se se estivesse possuído, vocifera:

> Eu aniquilarei o filho e deixarei que o pai o enterre;
> Então eu matarei o pai, não permita que ninguém o enterre!

Ninurta continua tentando reduzir a destruição; finalmente Nergal está (ou parece estar) ligeiramente contido. Ele promete poupar a Mesopotâmia e os oceanos. Os alvos claros agora são o porto espacial e as cidades devotas a Marduk. Isso, devemos notar, revela que, originalmente, ele também tinha como alvo a própria Suméria, certamente a Babilônia e Borsipa, revelando assim que ele (e também a Assembleia e Ninurta) não tinha ideia de danos colaterais, nuvens radioativas e ventos.

Esse último plano é aprovado por Enlil e Anu. Em seguida, Nergal entra imediatamente em seu pássaro voador – a espaçonave que transporta os mísseis "atrás, como um rastro" – e Ninurta, agora chamado Ishum ("o Escaldante") no texto, segue "de acordo com a palavra dada, um aperto em seu coração". (Este deus ainda tem coração, mas ele, todavia, votara a favor da utilização das armas nucleares).

O lançamento dos mísseis nucleares

Quando eles chegaram ao "Monte Mais Supremo", dentro do qual ficava o secreto Centro de Comando do porto espacial, Ninurta, "o Escaldante", dispara os primeiros mísseis nucleares:

Ishum toma a direção do Monte Mais Supremo; Os Sete

Impressionantes incomparáveis seguem seu rastro; ao monte,

o herói chega; Ele ergueu a mão e o monte foi esmagado.

A planície perto do monte ele, em seguida, obliterou; em sua floresta, nenhum caule de árvore permaneceu pendurado.

Então, emulando Ishum, Erra seguiu a estrada dos reis. As cidades ele destruiu, transformou-as em desolação. Nas montanhas, ele causou fome, seus animais ele fez perecer.

Ele cavou através do mar, sua totalidade ele dividiu... Como o fogo, ele queimou os animais, proibiu seu grão transformando-o em pó. (*Guerras*, 328)

Sitchin salienta a sentença que começa com "Então, emulando Ishum", na qual "as palavras empregadas pelo Épico de Erra são quase idênticas àquelas utilizadas no relato bíblico de Sodoma e Gomorra" (*Guerras*, 329).

Os textos Quedorlaomer também recontam a catástrofe, utilizando os mesmos nomes para os dois "devastadores", que serão chamados, de agora em diante, em todos os relatos, o primeiro, Ishum, significando "O Escaldante", aqui traduzido como "Ele que queima com fogo", e o segundo, Erra, significando "Ele do vento maligno".

Enlil, sentado e entronado em imponência, estava consumido Pela raiva. Os devastadores, mais uma vez, insinuaram o mal; Ele que queima como fogo [Ishum/Ninurta] e ele do vento maligno [Erra/Nergal] juntos realizaram suas maldades. Os dois fizeram Os deuses fugirem, fizeram com que fugissem do fogo. (*Guerras*, 330)

Aqui nós encontramos uma menção clara aos deuses igigi sendo obrigados a fugir das intalações do porto espacial, e o porto espacial claramente identificado como "Aquele que foi erguido na direção de Anu para disparar, eles fizeram atrofiar", em outras palavras, um Lugar de Lançamento.

Sitchin confirma que a planície do Sinai apresenta uma cicatriz enorme e alongada, visível apenas do céu, e enegrecida como se por um calor imenso: "O grande lugar (o porto espacial e pistas de lançamento na planície) nunca serão vistas novamente... mas a cicatriz deixada na face da terra naquele dia impressionante ainda pode ser vista nos dias de hoje" (veja figura 5.1).

Figura 5.1. Grande rastro queimado ao longo da planície do Sinai.

Como afirmam as tábuas, as explosões criaram um imenso vento giratório e, em seguida, um vento radioativo que eles chamaram de "o Vento Maligno", de onde vem o novo epíteto concedido a Nergal. A nuvem radioativa, transportada pelos ventos, semeou total desolação na Suméria: "Uma tempestade, o Vento Maligno, deram a volta pelos céus". A catástrofe foi descrita e registrada em muitos textos, em diversos idiomas, e em poemas específicos chamados Textos de Lamentações, ou Lamentos, alguns deles fornecem a lista das cidades contaminadas, onde muitas pessoas morreram. Aqui estão alguns trechos (*Guerras*, 337-42).

> A tempestade, em um relâmpago, criou uma nuvem densa que trouxe escuridão, [em seguida] rajadas de vento... uma tempestade que furiosamente chamuscou os céus.

> A tempestade esmagou a região, destruiu tudo... nada podia escapar-lhe.

Um texto chamado *O Lamento de Uruk* também reconta o debate da Assembleia e como Enki e sua esposa foram repreendidos e o voto foi a favor das Armas Impressionantes. Ele também afirma claramente que os deuses não anteciparam a extensão da catástrofe na Suméria: "Os grandes deuses empalideceram diante de sua imensidão".

> Tornando as cidades desoladas, casas tornaram-se desoladas; o boi da Suméria já não existe em seus estábulos, suas ovelhas já não vagueiam em seus cercados; seus rios fluem com água amarga, seus campos cultivados produzem ervas daninhas, suas estepes germinam plantas murchas.

> Esse mal que assaltou a região como um fantasma... as muralhas mais altas, as muralhas mais espessas, ele ultrapassava como uma inundação; nenhuma porta pode bloqueá-lo, nenhuma tranca pode fazê-lo recuar.

> O povo, aterrorizado, mal podia respirar; o Vento Maligno agarrava-os, não os concedia outro dia... as bocas ficavam encharcadas de sangue, cabeças chafurdavam no sangue... o rosto ficava pálido com o Vento Maligno.

Outro texto afirma *como desnaturado* era o vento e a nuvem mortais que

> Cobriam a região como um manto, espalhavam-se como um lençol... um Vento Maligno que domina a terra;...

> *uma grande tempestade enviada por Anu... ela veio do coração de Enlil... como um veneno amargo dos deuses...* levando a escuridão de cidade a cidade.

Em vários textos como este acima, *os instigadores da grande catástrofe nuclear são claramente nomeados* – eles atribuem a responsabilidade da utilização das armas de destruição em massa a Enlil e Anu, e o fogo que queimou a população e a região a Nergal e Ninurta.

O *Lamento sobre a Destruição da Suméria e Ur* descreve como os deuses correram para fugir, como eles abandonaram suas cidades e templos e como, observando de suas espaçonaves, eles ficaram arrasados com as atrocidades causadas pelo Vento Maligno, as pessoas sufocando e morrendo, os corpos empilhados em uma morte repentina.

> Ninharsag [Ninmah] chorou lágrimas amargas. [Nanshe corou,] Ó minha cidade devastada!

Por fim, em Ereque/Uruk, as divindades clamaram para a população despertar e fugir. Mas era tarde demais. Logo,

> As pessoas estavam empilhadas em montes... um silêncio pairou sobre Uruk como um manto.

Nannar e Ningal refugiaram-se no subterrâneo, na "casa do cupim", mas tarde demais, e Nannar foi submetido à irradiação e adoeceu. Encontrando um destino ainda pior, Bau, a esposa de Ninurta, partiu sozinha enquanto ele queimava as cidades e as terras, e ela estava tão arrasada com a destruição de seu povo que ficou chorando em vez de buscar sua própria segurança e "a tempestade alcançou-a, Bau, como se ela fosse mortal". E parece que ela morreu logo em seguida.

Nós concluímos pelas descrições que houve uma tempestade, um vento nuclear e uma nuvem radioativa. No entanto, alguns relatos nos fazem pensar se isso foi tudo. Se as sete altas nuvens de cogumelo – espalhando-se alto no céu acima da planície da Jordânia e além, nas montanhas do Sinai – poderiam, talvez, ser vistas de um avião, as próprias explosões não poderiam ser ouvidas da Suméria. No entanto, Inanna, apressada em seu "pássaro" indo em direção à costa, com o objetivo de embarcar em seu "navio submergível" e fugir para África, viu uma explosão irrompendo de algumas montanhas:

[O Vento Maligno] que em um instante, em um piscar de olhos, foi criado entre as montanhas.

O texto traduzido diz que Ninki, "voando como um pássaro, deixou sua cidade". Porém, o mais provável seria "voando em seu Pássro", porque ela foi para África para estar em segurança. Quanto a Enki, certamente o mais informado sobre esses assuntos, decidiu ficar para salvar os moradores de sua cidade.

O senhor de [Eridu] manteve-se fora de sua cidade... pelo destino de sua cidade danificada ele chorou lágrimas amargas.

Enki pede às pessoas que ele conseguiu reunir que fujam da cidade com ele; eles acampam nos arredores, perto o suficiente para verem, durante uma noite e um dia inteiros; eles observam como a tempestade "coloca sua mão" em Eridu. Depois, "a tempestade que carrega o mal saiu da cidade, destruindo o campo". Enki voltou a avaliar os danos; a cidade foi "sufocada" pelo silêncio... seus residentes empilhados aos montes". Em seguida, ele leva os sobreviventes para ou pelo deserto, e consegue fornecer algumas árvores frutíferas e plantas comestíveis e seguras. Antes de a tempestade atingir, Enki aconselhou Marduk, na Babilônia, a *se esconder debaixo da terra*, na escuridão.

Então, Enki e Marduk utilizam seu imenso conhecimento para curar o povo e os vivos, para tornar as plantas e frutas novamente comestíveis, para purificar as águas e limpar os terrenos e solos. Sua tarefa, considerada mágica pelas populações, foi recontada nos Versículos da Purificação.

Abrigos subterrâneos, templos e cidades na Suméria?

Por que Nannar e Ningal teriam uma *casa de cupim* por baixo de seu templo? Por que Enki aconselharia Marduk a se *esconder por baixo da terra*, na escuridão, em seu templo Esagil? Alguns deuses possuíam *bunkers* preparados para emergências? Enki, que tinha planos de emergência no passado em vista do Dilúvio, construiria uma cidade ou templo subterrâneos próximo a Eridu, e foi para esse local que ele levou seu povo?

A terra Hatti, a região dos hititas (atual Capadócia, na Turquia, delimitada pelo alto Eufrates a leste) é onde Marduk passou seu exílio durante 24 anos antes de seu (segundo) retorno dramático à Babilônia. Com sua capital Hattusa, ela se tornará o império hitita. Os primeiros vestígios de assentamento no sítio de Hattusa são do sexto milênio a.C. Há cidades subterrâneas impressionantes, construídas em vários níveis, tais como Derinkuyu, Kaymakli e Özkonak, que possuíam poços de água, sistemas de ventilação, adegas, igrejas, escolas, portas móveis feitas de pedra e poderiam abrigar entre 20 e 60 mil pessoas, com seus rebanhos e armazenamento de alimentos (veja figura 5.2). Özkonak tinha até um sistema de comunicação entre seus dez níveis, por meio de canos. Essas cidades subterrâneas eram ligadas por quilômetros de túneis. A população era, em sua maioria, grega; durante o Império Bizantino, eles construíam igrejas subterrâneas e se esconderam dos árabes muçulmanos e, depois, dos turcos muçulmanos.

Figura 5.2. Kaimakli, uma sala grande a vários níveis abaixo do solo.

Seria uma *casa de cupim* o termo para um tipo de *bunker* ou abrigo? Nesse aspecto, uma cidade subterrânea como Özkonak, com seus labirintos de túneis e moradias delimitadas, realmente parece um ninho de cupim; poderia ter sido uma Cidade de Cupim?

Também intrigante é o fato de que o imenso complexo de templos subterrâneos que foi descoberto em Göbekli Tepe, sul da Turquia, era constituído por templos circulares subterrâneos, cobertos por terra e totalmente escondidos. Nós descobrimos apenas 5% do complexo, e já há 20 círculos e 200 colunas magníficas, em forma de T, pesando entre dez a 20 toneladas (uma delas, ainda na pedreira, pesa 50 toneladas). A parte mais antiga, Camada III, recebeu datação de carbono estabelecida por volta do ano 9000 a.C., mas o topo da colina (o temene) era um sítio espiritual por volta de 11000 a.C. ou antes, o que o torna o templo mais antigo na Terra (veja figura 5.3).

Todos esses templos circulares apresentam um sofisticado teto de madeira geodésica, com vigas habilmente entalhadas dispersas de

Figura 5.3. Göbekli Tepe. Vários templos circulares subterrâneos.

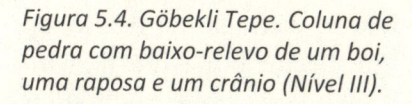

Figura 5.4. Göbekli Tepe. Coluna de pedra com baixo-relevo de um boi, uma raposa e um crânio (Nível III).

forma geométrica, como os raios de uma roda, a partir de um centro ou pedra angular apoiada em duas colunas centrais de pedra, que infelizmente já não são visíveis (veja figura 5.4).

As colunas de pedra dos templos, em formato de T, em um círculo e suportando as vigas do teto, apresentavam entalhes magníficos de uma complexidade e realismo que contradizem sua idade, trazendo questões persistentes sobre nosso passado (e perturbando as atuais suposições da arqueologia). E isso foi perto da época do Dilúvio e, de acordo com Sitchin, aconteceu em torno do ano 11000 a.C., e uma possibilidade é que os templos e cidades subterrâneos por volta daquela época foram construídos por alguns anunnaki antes do Dilúvio. Outra, referente ao segundo milênio a.C., seria que os abrigos foram construídos prevendo armas de destruição em massa de uma guerra horrorosa.

Nós sabemos que Marduk, sempre o alvo de repetidos ataques, como os das duas Guerras das Pirâmides, certamente lembrou-se de ser encarcerado na Grande Pirâmide, dado como morto, se não fosse Ninmah tranquilizar os deuses agressores, cegos de raiva, e negociar um acordo de paz *ad hoc*. Será que ele construiu um complexo subterrâneo como um abrigo seguro para uma população inteira em caso de uma emergência como um ataque nuclear? Se era notório que Marduk e seu filho, Nabu, ainda residiam na região Hatti, será que, em algum momento, seu irmão neurótico e inimigo vingativo, Nergal, e seu tio não menos que assassino, Enlil, teriam como alvo as terras hititas, em vez das cidades de Canaã? E poderia Marduk antecipar tal possibilidade? Nós veremos adiante que as ruínas do templo na cidade de Nabu, Borsipa, (atual Birs Nimrod) apresentam tijolos vitrificados, possivelmente resultado de uma arma devastadora.

A profanação e saque dos templos dos principais deuses enlilitas, ao longo da trajetória de Marduk de volta para a Babilônia, ordenados e realizados por Nergal e encobertos por Ninurta, com o intuito de deixá-los enfurecidos, especialmente Enlil, poderia ter sido um plano do Devastador Nergal, apenas aguardando um contexto plausível e adequado para acusar Marduk de seu feito e, assim, conseguir o voto da Assembleia e iniciar o bombardeamento de suas fortalezas. Lembre-se de que ele demonstrou tal pressa em preparar os sete mísseis, e que os instalou em duas espaçonaves mesmo antes da chegada precipitada de Ninurta, e isso mostra que ele os tinha à disposição por muito tempo.

Questões persistentes sobre o holocausto nuclear

Vamos considerar alguns detalhes dos acontecimentos que parecem implicar relatos de testemunhas oculares de explosões poderosas, raios gigantes e rajadas flamejantes, altos no céu. É afirmado claramente em alguns textos, como o *Lamento de Nippur*, que as explosões foram ouvidas antes da tempestade e do Vento Maligno.

> *Uma explosão maligna anunciou a tempestade nefasta*, e uma explosão maligna foi precursora de uma tempestade nefasta.

Após a detonação veio uma explosão de luz. "A tempestade, criada em um raio"; em seguida, uma onda de choque espalhou-se em um círculo à volta dos diversos locais tidos como marco zero: "Eles espalharam raios impressionantes em direção aos quatro pontos da terra, queimando tudo como fogo"; "Rajadas de vento... uma tempestade que furiosamente chamuscou os céus" (*Lamento de Nippur*).

Rapidamente, a escuridão estabeleceu-se, obliterando o sol: "quando os céus foram escurecidos e cobertos com uma sombra".

Então, mais uma vez, como Inanna podia avistar de Ereque ou mesmo quando voando para a costa, a explosão dos mísseis nas montanhas do Sinai, a 1.288 quilômetros de distância, o Vento Maligno "que, em um instante, em um piscar de olhos, foi criado nas montanhas".

Alguma coisa, parece, está faltando – mesmo nos relatos sumérios e mesopotâmicos. Uma nuvem de radiação que teve origem mesmo em Sodoma, aproximadamente a 1.127 quilômetros de distância do centro da Suméria, teria apenas se ampliado enquanto flutuava com os ventos, suas partículas ficando cada vez mais afastadas umas das outras com a distância. A descrição encaixa melhor se assumirmos a explosão próxima de outra Arma Impressionante na Cordilheira de Zagros, fronteira com a Suméria, apenas a 193 quilômetros de distância. Também, por que Enki, o gênio cientista da matéria, iria estimar que tinha tempo de fugir para as colinas próximas onde eles poderiam assistir à tempestade arrebatando a cidade – mas apenas a cidade e a planície próxima? Mais uma vez, uma nuvem radioativa à deriva teria varrido tão intensamente o campo e as próprias cidades.

Eu fiquei com a impressão de que havia mais mísseis e mais cidades foram alvo além daquelas cinco das planícies da Jordânia e do Sinai, e mais dois mísseis no porto espacial. A raiva letal de Nergal superou sua promessa feita a Ninurta e o fez voltar ao plano original de também destruir parte da Suméria, ou toda ela? Mas havia apenas sete mísseis deixados por Alalu! Quando ele saqueou o Ekur reconstruído de Enlil, em Nippur (não mais uma instalação de controle espacial), ele poderia ter levado as armas terríveis que foram *estocadas ali para que Enlil as utilizasse futuramente*? Ele teria profanado esse templo (e dois outros saqueados no mesmo período) com outro plano em mente, além de acusar Marduk e assim conseguir o apoio da Assembleia para o lançamento dos ataques nucleares? Um plano que constituía tomar posse das armas de destruição em massa de Enlil, nucleares com certeza e, talvez, bacteriológicas (mais letais que aquelas que ele utilizou para disseminar uma pandemia entre os terráqueos, uma vez que os moradores da cidade tiveram morte instantânea)? Então, se Enlil e Anu estavam convencidos de que essas armas de destruição em massa roubadas estavam nas mãos de Marduk, e este sem dúvida preparava um ataque, eles podem ter preferido atacar primeiro. Nós, de fato, temos alguns relatos de sintomas que podem ter sido causados por agentes bacteriológicos, como: "O povo, aterrorizado, mal podia respirar... bocas estavam encharcadas de sangue, cabeças chafurdavam em sangue" (*Guerras*, 337); e: "Deixando as cidades desoladas... aquele boi da Suméria já não estava em seus estábulos, seus ruios fluíam com água amarga, suas estepes germinam plantas murchas" (*Guerras*, 335).

E os MEs do templo de Marduk, seguros antes do Dilúvio, que Nergal nunca devolvera? Um, especificamente, tem um nome bastante assustador e explícito: "a Pedra Sagrada Radiante que Desintegra Tudo". Radiações e desintegração, isso não é uma descrição não ambígua de algum tipo de bomba nuclear (sabendo que os anunnaki se referiam aos metais com a mesma palavra usada para pedra)?

Anu e/ou Enlil teriam trazido de Nibiru, ou teriam construído na Terra, mais armamentos nucleares e utilizado energia nuclear para produzir luzes eternas, como aquelas no Egito analizadas por David Childress em seu livro *Tecnologia dos Deuses*? Enlil visitou Nibiru ocasionalmente, e seu novo título de Rei do Céu e da Terra fez dele o equivalente a Anu, capaz de também impor sua vontade e, assim, dispor livremente de seu arsenal nuclear. De qualquer modo, nós vemos Anu muito prontamente apoiando a utilização de armas nucleares para que que essa ação fosse uma decisão *ad hoc*. E assim podemos deduzir que, em Nibiru, ele não teria impedido Enlil de levar alguns materiais radioativos para a Terra. Vamos relembrar que todos os Lamentos colocam a responsabilidade do Vento Maligno especificamente sobre Nergal, e que eles recontam um encontro privado dos Devastadores com Enlil, durante o qual eles conseguiram que Enlil apoiasse seus planos (tornando, assim, desnecessária a presença de Nergal durante a sessão de votação da Assembleia, cujo consentimento já estava certo).

O tema fica mais premente quando nós lemos um relato espantosamente semelhante ao da explosão nuclear, especificamente sobre o formato de uma nuvem em cogumelo com seu longo caule, no *Mahabharata* hindu:

> [Foi] um único projétil
> Carregado com todo o poder do Universo.
> Uma coluna de chama e fumaça incandescente
> Tão brilhante como mil sóis
> Ergueu-se com todo seu esplendor...
>
> Foi uma arma desconhecida,
> Um relâmpagado de ferro,
> Um gigante mensageiro da morte,
> Que reduziu a cinzas
> Toda a raça dos Vrishnis e dos Andhakas.
>
> Os corpos estavam tão queimados
> Que ficaram irreconhecíveis.
> O cabelo e as unhas caíram;

A cerâmica quebrava sem razão aparente,
E os pássaros ficaram brancos.

Após algumas horas
Todo os gêneros alimentícios estavam contaminados...
Os soldados atiravam-se nos riachos
Para se lavarem e ao seu equipamento.

Enigmas nucleares na Terra e em Marte

Mas as descobertas arqueológicas da civilização do Vale do Indo (3500-1900 a.C.) levantou questões sobre a possível utilização de armas nucleares em tempos antigos. A escavação das primeiras duas cidades descobertas, Harappa e Mohenjo-Daro, começou nos anos 1920. Quando os arqueólogos chegaram ao nível da rua, eles descobriram esqueletos de pessoas que tiveram morte instantânea nas ruas enquanto corriam e tentavam fugir, algumas delas de mãos dadas. Elas não apresentavam marcas de agressão, e não foram tocadas por animais selvagens, mas não sobrou ninguém, parece, para enterrá-las (veja figura 5.5).

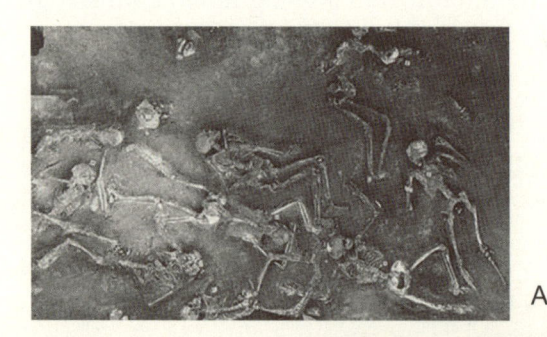

Figura 5.5. (A) O povo de Mohenjo-Daro teve morte instantânea. (B) Pedaços vitrificadas em Mohenjo-Daro.

Ainda mais espantoso, de acordo com Alexander Gorbovsky (*Riddles of Ancient History*), um esqueleto apresentava um nível muito alto de radioatividade, 50 vezes mais alto do que a radioatividade natural. Os esqueletos receberam datação de carbono e estima-se que sejam de aproximadamente 2500 a.C. Alguns céticos, em sua maneira habitual e superficial de explicar qualquer anomalia, propuseram que é claro que o desastre foi provocado por uma erupção vulcânica, ou que a radioatividade veio de um recente vazamento de uma central elétrica. No entanto, esses dois cenários absurdos não explicam, de forma alguma, (1) a radioatividade de esqueletos profundamente enterrados dentro da Terra durante 4,5 milênios nem (2) o impacto ou envenenamento instantâneo que destruiu as pessoas ainda em pleno movimento. E, mais precisamente (como acontece frequentemente com os céticos), simplesmente *não* há vulcão algum à volta! Em Mohenjo-Dario, também havia pequenos pedaços fundidos ou pedras negras espalhadas aos milhares em uma grande área, e isso parece ter sido o resultado de potes de cerâmica derretidos pelo calor extremo.

O Vale do Indo foi a região atribuída a Inanna após o fim da segunda Guerra das Pirâmides, quando Ningishzidda/Tot/Hermes recebeu o reinado de Enlil e começou seu governo como Chefe dos Deuses, e como Tot na civilização egípcia criou

Figura 5.6. (A) Inanna como astronauta; (B) a Deusa venerada na civilização do Vale do Indo.

Enki/Ptah, ou seja, em 8600 a.C. Agora, o busto de Inanna como uma astronauta, tão moderna e sofisticada, é muito semelhante à estátua da Deusa venerada nas cidades do Vale do Indo. Os grandes óculos de Inanna, e sua vestimenta, não deixam dúvidas de suas habilidades como piloto do seu próprio pássaro – apesar dos outros deuses anunnaki, cujos pilotos são devidamente nomeados, ela, no entanto, amava dirigir seu pássaro ela mesma (veja figura 5.6). Isso corrobora o fato de ela realmente ser capaz de utilizar seu pássaro para escapar da explosão nuclear e alcançar seu submarino, como vimos anteriormente.

Outro conjunto de dados sobre a utilização das armas nucleares na Terra em um passado muito distante é o *Mahabharata*, que reconta os feitos de Rama, o rei de um império da Índia avançado tecnologicamente, e seu capitólio era Dvarpa, próximo ao delta do Rio Indo. De fato, a batalha, que por volta de 10 mil anos atrás obliterou o fabuloso império de Rama – por meio da fantástica explosão nuclear que vimos anteriormente – foi uma gigante batalha aérea travada com espaçonaves chamadas Vimanas. (Devemos observar que, de acordo com o texto, "Rama governou a terra por 11 mil anos".) Vimanas são descritos em detalhe técnico em dúzias de tratados hindus antigos e também em esboços. David Childress esclareceu por meio de vários textos (nomeadamente o *Yantra Sarvasva*, escrito por Maharshi Bhardwaj), que os tipos de vimanas militares foram concebidos para serem "invencíveis, inquebráveis, não inflamáveis e indestrutíveis, capazes de atingir uma parada súbita em um piscar de olhos; invisíveis", e eles possuíam diversos radares para examinar o espaço e raios para gravar sons à sua volta. Alguns podiam "viajar entre planetas" (veja figura 5.7). As ruínas de Dvarpa foram recentemente descobertas no fundo do oceano, não longe do delta do Indo, enfatizando uma ligação com a civilização do Indo trazida por Inanna: assim, há uma possibilidade de que o bombardeamento de Dvarpa tenha sido parte da mesma guerra que destruiu as cidades do norte do Vale do Indo, mesmo que tenha acontecido em fases ou acontecimentos separados durante a guerra que também obliterou as cidades de Canaã e da própria Suméria.

Outra prova, mais precisa, vem da cratera de impacto em Lonar, na Índia, a nordeste de Mumbai. Perfeitamente redonda, é a única cratera de basalto conhecida formada pelo impacto, e foi datada em 50 mil anos. O calor foi tão intenso, que a pedra de basalto formou

RUKMA VIMANA

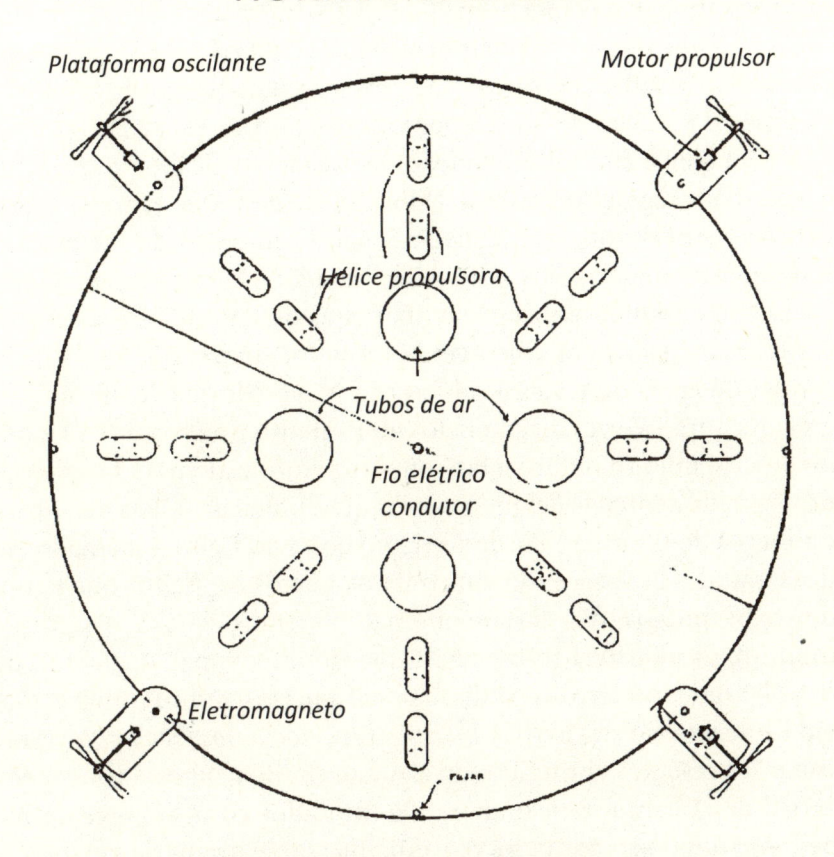

Plataforma oscilante — *Motor propulsor*

Hélice propulsora

Tubos de ar

Fio elétrico condutor

Eletromagneto

PLANO DA BASE OU PITHA

Desenhado por T. K. Ellappa, Bangalore. 2-12-1923

Preparado sob a instrução de Pundit Subbaraya Sastry, de Anekal, Bangalore

Fig. 5.7. Um tipo de Vimanas, o Rukma Vimana. (Cortesia de David Childress.)

milhares de esférulas de vidro (basalto vitrificado) espalhadas por uma grande área; foi calculado que o impacto criado foi maior que a pressão de 600 mil atmosferas. No entanto, nenhum destroço do meteoro foi encontrado à volta.

Então, compará-lo ao bombardeamento do Oriente Médio, que Sitchin estima que ocorreu em 2024 a.C., o intervalo entre a catástrofe do Vale do Indo – datada por volta de 2500 a.C. – é inexplicado, porém não muito extenso; mas de forma alguma isso pode explicar a explosão da cratera de Lonar, por volta do ano 48000 a.C.

Um fenômeno relacionado, o do cristal vitrificado (ou tectitos) em algumas regiões do mundo (Líbia, norte da Índia, França), ainda contraria uma explicação convencional do impacto de meteoritos, visto que, na maioria dos casos, simplesmente não há cratera de impacto. No entanto, temos provas perfeitas de grandes áreas desérticas transformadas em vidro verde fundido, chapas que se formam à volta de áreas de testes atômicos no Novo México (o silicone na areia misturado e vitrificado pelo calor intenso e a pressão). O vidro do deserto líbio (tão duro e tão puro que é utilizado para fazer lâminas) vem de centenas de quilômetros quadrados de folhas de vidro e estilhaços do Grande Mar de Areia no oeste do Egito, espalhado em duas grandes áreas. Tendo em conta os relatos explícitos que temos de textos antigos, nós certamente não podemos evitar a explicação muito mais plausível (e racional) que implica armas nucleares, ou outras armas poderosas, utilizadas em guerras muito antigas. David Childress, no seu livro *A Incrível Tecnologia dos Deuses*, descreve como "os vestígios vitrificados do zigurate em Birs Nimrod (Borsippa), ao sul de Hillah, foram uma vez confundidos com a 'Torre de Babel'. As ruínas são coroadas por uma massa de alvenaria vitrificada, os atuais tijolos de argila misturados por um calor intenso" (222). Agora, isso não é interessante? Borsippa foi a cidade de Nabu, filho de Marduk, e ambos foram alvo de uma guerra que levou ao bombardeamento da planície da Jordânia.

Agora, como foi mencionado na introdução deste livro, muito recentemente o físico John Brandenburg levou à atenção da comunidade científica uma explosão nuclear muito antiga, em Marte, que deixou rastros específicos nas rochas, o Isótopo Xe-129. Esse isótopo, que não é encontrado naturalmente, mas apenas como produto de uma explosão termonuclear, torna o bombardeamento de Marte um fato impossível de se duvidar. Essa descoberta foi precedida por outra de imensa importância: Marte possuía, por volta de 180-250 milhões de anos atrás, um oceano, vegetação e uma atmosfera – em uma palavra, Marte foi, como afirmado pelas tábuas sumérias, um planeta verdejante com pelo menos vida vegetal e pequenos animais, onde dizem que os astronautas sumérios, os igigi, pararam para reabastecer seus reservatórios de água. Como nós sabemos, eles também falam sobre os igigi possuírem uma base em Marte e também na lua, além de uma estação espacial em órbita.

Como o especialista na Mesopotâmia, Thorkild Jacobsen, concluiu em seu artigo "O Reinado de Ibbi-Sin": "Se alguma vez veremos com total claridade o que aconteceu naqueles anos, só o tempo dirá; a história completa, nós estamos convencidos, ainda está muito longe de nosso alcance".

Questões em aberto sobre os esquemas e a influência de Nergal

Em todas essas descrições do desastre, nós vimos os instigadores sendo apontados como: Enlil e Anu e a Assembleia dos Deuses. Especialmente acusados são aqueles que executaram a Tarefa Maligna, Nergal e Ninurta, claramente nomeados e responsabilizados. "*Uma explosão maligna anunciou a tempestade* nefasta, e uma explosão maligna foi a precursora da tempestade nefasta; *descendentes poderosos, filhos valentes foram os arautos da peste*": Como nós sabemos, os filhos tão "valentes" dos deuses eram Ninurta e Nergal. E, de fato, eles agora recebem novos nomes, e sempre serão lembrados como "o Escaldante e Ele do Vento Maligno – os Devastadores".

Um rei da Babilônia assim relatou uma época anterior:

O Senhor [dos Deuses] ficou enfurecido, ele concebeu ira. Ele cedeu o comando: os deuses daquele lugar o abandonaram... Os dois, incitados a cometer o mal, fizeram seus guardiões ficarem à margem; seus protetores foram para a cúpula do céu. (*Guerras*, 330).

Os "deuses daquele lugar" referidos como sendo, é claro, os igigi, aqui chamados de guardiões e protetores do porto espacial. Assim, no texto acima, nós vemos que Enlil deu a ordem aos seus dois filhos, e nos Textos Quedorlaomer: "Enlil foi consumido pela raiva. Os *devastadores novamente* sugeriram o mal... Os dois fizeram os deuses fugirem, fizeram com que fugissem do escaldante" (*Guerras*, 330; minha ênfase). Assim, aqui estão "os dois" que sugerem o feito a um Enlil furioso, que buscava um castigo radical. No entanto, os textos os chamam de "devastadores", e deixa claro que eles irão, "mais uma vez" devastar a população e a região. Dessa forma, nós podemos nos perguntar, que tipo de devastação eles criaram anteriormente? O porto espacial está claramente identificado com as palavras: "fizeram os deuses fugirem", comparando a citação prévia: "os deuses daquele lugar o abandonaram... *seus protetores foram para a cúpula do céu*" (o que significa que os igigi abandonaram o porto espacial e partiram em suas espaçonaves).

A última sentença deveria nos fazer refletir: Há julgamentos discretos ou velados que os escribas da Suméria inseriram nos textos? Isso quer sugerir que, em vez de serem os protetores de seu povo, suas cidades e templos (como deveriam ter sido), os deuses (exceto Enki) abandonaram a humanidade, na melhor das hipóteses para cuidar de si mesma ou, na pior, para sucumbir?

Além disso, um texto sumério sobre esse acontecimento mostra o tipo de Estrutura Moralista (EM), que frequentemente vemos acrescentada, interposta de tal forma que ela quebra a Estrutura Informacional (EI) do texto bíblico. Esse texto (Texto K-5001) é o segundo de dois que eu encontrei até agora que expressa o campo semântico de EM semelhante aos textos do Livro. Os especialistas não conseguiram decidir quem era, nesse texto, o deus implícito chamado de *Senhor*, mas ele estava relacionado com o Escaldante, traduzido aqui como um armamento extraordinário que esse senhor carregava ou usava, e que podia destruir com fogo uma população e região inteiras. Então, não há dúvida de que ele é *o* Escaldante, o próprio Ninurta, cujo feito nós reconhecemos bem.

> Senhor, Portador do Escaldante que queimou o *adversário*; que obliterou a *região desobediente*; que secou a vida dos *seguidores da Palavra Maligna*; que choveu pedra e fogo sobre os *adversários*. (O texto EM está em itálico)

Esse texto está no idioma sumério original, com uma tradução acadiana fiel duplicando-o. Sitchin diz sobre ele: "Suas palavras, de fato, dão a impressão de que foi esse ou originais sumérios semelhantes que serviram como fonte para a narrativa bíblica" (*Guerras*, 330).

Nós vimos como Nergal roubou do templo de Marduk, antes do Dilúvio, "a Pedra Sagrada Radiante que Desintegra Tudo". Mas enquanto Marduk, poucos meses antes do holocausto, avançava em direção à sua cidade para reivindicá-la, nós vimos que Nergal profanou o templo de Enlil em Nippur, esvaziando-o de seus MEs. Agora parece que há provas de que foi Nergal quem também profanou os templos dos outros deuses, enquanto havia desordem suficiente para atribuir os feitos a Marduk. Assim, o que aconteceu com os MEs e armas roubados de outros dois templos profanados? Um era o templo-moradia de Shamash (o chefe das instalações espaciais no terreno e, nomeadamente, do porto espacial antediluviano em Sippar); certamente tal deus possuía MEs poderosos. Mas as armas mais letais e destruidoras devem ter sido recuperadas do templo de Inanna, a muito experiente Deusa da guerra, que subjugara tantas regiões com armas sofisticadas e MEs (veja figura 5.8).

Figura 5.8. Inanna como a guerreira impiedosa.

Se, de fato, Nergal tinha em mente um plano preciso enquanto saqueava esses templos, encobrindo seu verdadeiro objetivo profanando-os e agindo como se Marduk o fizera, então, surge um cenário totamente novo. Outro ME de Marduk, que ele nunca devolveu, era chamado "Instrumento que Emite Ordens". Seria esse ME um tipo de dispositivo de controle neuronal ou controle da mente que forçaria a população a obedecer às ordens de alguém? Nergal teria adquirido MEs que controlam a mente para que ele pudesse mobilizar os outros deuses da Assembleia a favor de seu plano altamente arriscado? Dispositivos que controlam a mente e que colocaram até mesmo o fiel Ninurta sob o seu feitiço a ponto de ele, o Guerreiro de Enlil, encobrir para Nergal o saque do templo de seu pai, Enlil e, simultaneamente, deixar o Comandante enfurecido o suficiente para estimular sua decisão de utilizar armas nucleares? Influências que controlam a mente e que apenas mentes fortes e sábias como a de Enki seriam capazes de contrariar (ele que conhecia todos os MEs e poderia, assim, se proteger)?

De fato, podemos nos perguntar se alguma vez houve em Nibiru qualquer outro gênio tecnomágico astuto e brilhante o suficiente para criar toda essa variedade de MEs. E se Enki criou a maioria deles ele mesmo, e o fez na Terra? Os muitos problemas que ele tinha de resolver na Terra, e entrar em sincronia com as mentes rápidas dos terráqueos, poderiam ter estimulado a inteligência de Enki? E se seus filhos mais espertos e inteligentes – Ningishzidda e Marduk – também desenvolveram essa capacidade de criar novos MEs para enriquecer ainda mais seu tipo muito especial de ciência holística?

O fato de Nergal talvez ter possuído um dispositivo que controla a mente pode explicar (embora ligeiramente) sua influência, de outra forma inexplicável, primeiro sobre Enlil e, então, sobre a Assembleia; e o fato de ele ter carregado e preparado os mísseis antes de receber o consentimento da Assembleia. E, no entanto, sua enorme violação do protocolo não foi nem mesmo repreendida. Mas, outra vez, mesmo tendo isso em mente, não exonera os chefes dos deuses, especificamente Enlil e, em menor grau, Anu, da responsabilidade e autoria de seus atos e decisões chocantes e genocidas.

Vamos ver agora o relato do Livro sobre esses acontecimentos.

6

A Destruição de Sodoma

O Texto do Livro

PERMITAM-ME RETROCEDER, como uma introdução ao relato do Livro da aniquilação de Sodoma e Gomorra, ao segundo texto que revela um campo semântico de Estrutura Moralista (EM), semelhante àquele do Livro, o texto K-5001:

> Senhor, Portador do Escaldante que queima o *adversário*; que Obliterou a *região desobediente*; que secou a vida dos *seguidores Da Palavra Maligna*; que choveu pedra e fogo sobre os *adversários*. (O texto EM está em itálico)

Ele fala de armas poderosas que esmagam a região desobediente que, por causa de sua desobediência, seria vista como "o inimigo". Na Guerra dos Reis do Oriente, Nannar e Inanna foram os principais intervenientes. E, frequentemente, eles condenavam os próprios reis que lutaram por eles, em razão de disputas triviais. Foi esse o caso de Amar-Sin (certamente um amante de Inanna) e de seu irmão, Shu-Sin que, como vimos, reinou depois dele e foi assassinado pelos próprios deuses. Shu-Sin rejubilava-se (após tantos antes dele) de ser o "amante de Inanna", mas também por ter sido eleito deus pelo próprio Nannar (*Guerras*, 318). A inscrição de Shu-Sin afirma que

> "A sagrada Inanna...
> Deu-lhe armas para "se engajar na batalha [EI]
> Com a região *inimiga* que é *desobediente*". [EM]

Nesta sentença, nós vemos novamente uma mistura de informações (EI) com fortes julgamentos moralistas (EM). Assim, nós vemos que, como Enlil, a instigadora de guerra Inanna chama qualquer cidade que não prometeu fidelidade a ela (e contribuiu com impostos), de uma "região desobediente" que deve ser atacada e invadida.

Apesar de lutar em guerras por Inanna, Shu-Sin, inseguro se tinha ou não o apoio contínuo dos Grandes Deuses (talvez ele tivera uma premonição do destino que o aguardava), continuou tentando propiciá-los com presentes magníficos. Assim, ele construiu um barco especial para Enki, um que podia ir e voltar da África (certamente carregando minérios de ouro). Em seguida, ele buscou os favores de Enlil e Ninlil adornando o templo de Enlil em Nippur com uma estela (onde ele se proclamou Alto Sacerdote); erigindo um novo templo para ele próximo do antigo: e, finalmente, ele construiu um barco grande para os prazeres do amor que, como nós vimos, incitou Enlil a retornar para uma bela estadia na Suméria e levar consigo sua esposa quando partiu.

A véspera do desastre:
Definindo o raciocínio

O relato do Livro começa com três "homens" (a Divindade e dois emissários, ou Malachim) visitando Abraão, que estava sentado em sua tenda perto de Hebrom. Abe apela a eles que compartilhem de uma refeição exuberante e ele ordena que a comida seja preparada. Os "três homens" comem e descansam, a Divindade promete a Abe um filho de sua esposa Sara – assim, um herdeiro legal. Na partida, ao anoitecer (após conversarem durante horas),

> E os homens levantaram-se dali para inspecionar sobre a Suméria, e o Senhor disse: "Posso ocultar de [Abe] *aquilo que estou prestes a fazer*"?

A Divindade, então, revela que decidira "descer e verificar" as acusações, seus dois emissários prontos para agir:

> A indignação quanto a Sodoma e Gomorra foi grande, e a acusação contra elas foi grave;... se for como o protesto que chega a mim, eles destruirão totalmente.

Sitchin observa sobre a destruição de duas cidades como relatado no Livro: "o acontecimento, definitivamente, *não* foi uma calamidade natural. Ele é descrito como sendo um acontecimento premeditado", além disso, evitável e prorrogável (*Guerras*, 311).

É nesse momento que acontece a famosa negociação entre Abe e a Divindade (enquanto os dois emissários partiram para inspecionar Sodoma). Ele tenta salvar a cidade argumentando que

> Talvez haja 50 Justos dentro da cidade; você destruirá e não poupará o lugar por causa de 50 Justos? *Longe de você fazer tal coisa, matar os Justos com a culpa! Longe de você, o Juiz de Tudo na Terra, não fazer justiça!*

Sitchin diz: "Um mortal pregando a uma Divindade! E a súplica é para cancelar a destruição – a destruição premeditada e evitável" (*Guerras*, 311).

Em seguida, Abe nogocia o número de Justos e chega a 10. "E o Senhor disse: 'Eu não destruirei se foram 10'; e ele partiu". Já era noite. Mais tarde, dois emissários do Senhor chegaram a Sodoma, onde Lot (que vivia ali) convida-os para partilhar uma refeição e passar a noite em sua casa. Mas conforme as visitas se sentaram, "o povo da cidade, o povo de Sodoma, cercou a casa – jovens e velhos, toda a população, de todos os bairros". Eles perguntam a Lot quem são os visitantes, eles querem vê-los "para que possamos conhecê-los". Lot recusa e a multidão quer entrar à força, mas, nesse momento, os dois Malachim "atingiram as pessoas que estavam na entrada na casa com cegueira, jovens e velhos". Em seguida, ordenaram a Lot que trouxesse todos os seus parentes para a casa: "Tire-os deste lugar [cidade], pois estamos prestes a destruí-lo" (*Guerras*, 312).

Depois o texto diz que os filhos e os genros de Lot (plural), ao ouvirem a ameaça, gargalharam e, ao amanhecer, Lot estará apenas com sua esposa e duas filhas solteiras.

Sitchin diz (*Guerras*, 325): "Como agora sabemos por meio dos textos babilônicos, a 'indignação', (a acusação) contra as cidades 'pecadoras' e 'perversas' do texto bíblico foi a sua mobilização para o lado de Marduk e Nabu". O alvo das explosões nucleares foram as cidades que apoiavam Marduk, e o objetivo era matar Nabu, que se escondia ali no momento. Nabu escapou para uma ilha e, porteriormente, reinou ali.

E nós recordamos que a esposa de Lot olhou para trás e se transformou em uma "coluna de vapor". (De fato, Sitchin constrói um caso sólido sobre a tradução da palavra hebraica para *vapor*, e não *sal*).

De manhã, Abe "levantou-se cedo... e olhou na direção de Sodoma... e avistou a fumaça erguendo-se da terra como a fumaça de uma fornalha" (*Guerras*, 314). Aparentemente, ele dormiu bem, não pensou em Lot, na cidade, se ela fora poupada. Ele não foi despertado pela explosão e a "fornalha" (Hebrom ficava mais ou menos a 72 quilômetros de Sodoma). Também devemos declarar que Abe tinha 99 anos no momento desses acontecimentos, e que ele tivera um filho com sua concubina, Hagar, apenas com 86 anos. Não tendo um filho legítimo em uma idade avançada, seu sobrinho Lot tornara-se seu único herdeiro legal até 13 anos antes, e é por isso que, aos 70 anos, ele viajara de Harã, no Eufrates, em direção a Hebrom, com Lot (cujo pai morrera) como filho representante.

Há, em minha visão semântica, muitos temas e questões que surgem dessa versão dos fatos contada pelo "narrador bíblico do Gênesis 18", como Sitchin coloca. Comparado com o texto do jardim do Éden, que eu analisei utilizando a teoria dos campos semânticos em *DNA dos Deuses*, nós vemos uma evolução do roteiro na direção:

- O desaparecimento de sentenças completas apresentando uma Estrutura Informacional (EI). Os fatos são reduzidos à mínima informação encobertas pelas afirmações de Estrutura Moralista (EM).
- Nós observamos um excesso de julgamentos morais negativos enquanto (para deixar o assunto mais claro) os terráqueos são tidos como desesperadamente maldosos ou indignos (com uma exceção: Abe). Tudo isso induz os leitores a concordarem que os dois grandes "homens" demonstravam tanto cuidado e misericórdia – enquanto nós não temos ideia de quais eram exatamente os pecados dos habitantes: eles nunca serão declarados nesse texto. No entanto, os pecados eram tão horríveis – por isso "a indignação" foi tão grande e "a acusação" tão grave – que eles "ofenderam o Senhor". A Divindade diz que não atuará sem verificação; entretanto, sua mente já está tão decidida que suas palavras são reveladoras: "O que *eu estou prestes*

a fazer", e não algo como "Eu ainda estou considerando se farei (ou deveria fazer) isso ou aquilo".

- Nós observamos um acúmulo de detalhes descarrilando do ponto principal (e que apenas agravam o desmerecimento de meros terráqueos), como se o narrador tentasse esconder a escassez de informação que ele quer transmitir (que é reduzida a uma linha de informação simbólica e insuficiente).
- Além disso, a glorificação do senhor e de seus emissários é tão constante quanto excessiva, e os leitores vivenciam, habitualmente, um impacto psicológico cujo objetivo é priorizar emoções de autoculpabilidade, impotência e sensação de desmerecimento diante do Senhor da Justiça.

O fato de nós, os leitores, não sabermos o que eles fizeram apenas agrava a situação (Sou eu um Justo? Eu pequei de alguma forma? Qual?). Por meio do boca a boca, o legado do termo *sodomia*, é claro, parece nos dar uma indicação do que aconteceu ali (totalmente enganosa), e nada é dito sobre isso, que atinge três golpes com apenas uma pedra: Primeiro, ele esconde o pretexto ilegítimo e superficial de ordenar o genocídio de um povo porque eles decidiram venerar outro deus. Segundo, o texto é, assim, poupado de mentir, enquanto, terceiro, ele sugere, todavia, o pior "mal" que qualquer um possa considerar como abominável, cada leitor supondo sua própria ideia de culpabilidade. E isso diz muito sobre a abominação específica que a Igreja escolheu para projetar em Sodoma! "E Gomorra?" Eu perguntei a alguém informado. "Ah! É o mesmo (homossexualidade), mas para mulheres". O grande problema com essa interpretação é que relações sexuais entre o mesmo sexo é algo que um anunnaki, masculino ou feminino, não via como errado. Eles são informais em relação a isso, como eram os filósofos gregos, com esposas, filhos e rapazes amantes entre seus estudantes. Tais histórias (sedução, sexo) não são raras nas tábuas, apenas são menos cantadas em poemas do que a união heterossexual.

Se nos aproximarmos do relato do Livro com desprendimento e sem sermos levados pelo campo semântico religioso, insensível àquela aura de reverência, e se, com esse estado de espírito, lermos o relato novamente, nós poderemos, mortais do século XXI, ficar totalmente desconcertados, envergonhados e indignados, mas não diante das mesmas pessoas. (É para possibilitar esse distanciamento – e evitar ser puxada ou sugada para essa lógica instigada por esses textos – que eu, sistematicamente, me recuso a utilizar os nomes comuns, que são atrativos tão poderosos que eles simplesmente nos impedem de pensar).

Nós não vemos dois emissários dos grandes deuses, que também são deuses (nibiruanos), sentados à volta de uma mesa baixa com Abe e partilhando um almoço de convidados antes de iniciarem seu jogo sujo belicoso de lançar mísseis contra a população e nada menos do que cinco cidades? Se a divindade quisesse verificar a indignação (a propósito, de quem?), qual seria seu critério para destruir ou não destruir uma população civil? A forma como Abe começou a negociar o massacre ("Vocês destruirão os Justos...?") significa claramente que, de antemão, a divindade estava determinada a cometer um massacre global. Também ofensivo, não é a divindade (que está repleta de uma raiva impressionante e intenção letal) seduzindo Abe ao prometer-lhe um herdeiro legal de sua esposa que ele não gerou durante sua vida? E, no entanto, o relato sublinha todo o poder e grandeza de um senhor capaz de fazer tais milagres acontecerem. Nessa sentença de Abe, o líder dos três homens é claramente identificado como "o Juiz de Toda a Terra", ou seja, o Rei do Céu e da Terra (o título herdado de Enlil) e, todavia, esse juiz pretende cometer um genocídio muito injusto e radical. Porém, pela perspectiva do narrador, ele demonstra imensa compaixão e misericórdia.

Nesse momento, Abe, que "saíra com eles para se despedir" (significando, para os acompanhar um pouco), "retorna a sua casa". Os três homens chegaram no "calor do dia", por volta do meio-dia, e sabemos que os dois emissários partem por volta do anoitecer, e a conversa com o senhor acontece em uma duna (a duna onde ele verá a fornalha mais tarde, isso para sugerir que ele estava seguro, estando tão distante).

Em Sodoma ao anoitecer

Em seguida, nós temos apenas dois emissários chegando a casa de Lot que, imediatamente, reconhece seu estatuto divino. Foi-nos dito que eles deveriam estimar quantos não pecaram e poderiam ser poupados, e isso aconteceu apenas em Sodoma. Era evidente que, não tendo protegidos para poupar em Gomorra e nas três outras cidades, essas estavam, de fato, fora da negociação de misericórdia e, portanto, seriam destruídas *de qualquer maneira*. Agora, vamos imaginar os dois emissários que tinham a missão, dada por seus deuses, de primeiro avaliar o pecado e, em seguida, destruir as cidades – e em vez de fazer uma coisa e depois a outra, eles aceitaram o convite de Lot (insistente, é claro), para passar a noite ali e, antes disso, de partilhar uma refeição. Essa refeição, de acordo com a especialista em crítica bíblica e psicoanalista Ilona Rashkow, em seu livro "*Daddy-Dearest and the 'Invisible Spirit of Wine'*", "um suntuoso banquete com bebidas", como denota o "termo *misteh* (festa, banquete)... é, em geral, ocasião para consumo excessivo de bebidas" (99). Não há nada errado em participar de dois banquetes pesados no mesmo dia e dormir toda a tarde e, também, à noite. Mas quando os convidados estão preparados para destruir a região ao amanhecer, e a própria família de seu anfitrião, trata-se de algo bastante grosseiro e beirando a imoralidade.

Agora, como eles iriam estimar o número de Justos permanecendo na casa de Lot? (Eu quero dizer que se eles possuíam clarividência ou onisciência, eles não precisariam "verificar", mas já que eles decidiram verificar, por que não fizeram algo para esse efeito?) E quanto a Abe, na tenda de seu acampamento, o narrador sublinha fortemente a insistência de Lot e Abe em tratar seus convidados de honra para incutir a ideia de que os três homens seriam "gentilmente obrigados" a aceitar o convite – ou seja, algo que um pai respeitoso e afetuoso não pode recusar nem seus generais de guerra, todos eles trajando clamor e vestimentas de guerra.

As tábuas que nós vimos descreveram precisamente o que significava para os dois anunnaki, Nergal e Ninurta, preparados para uma missão de vingança por Enlil e a Assembleia, se prepararem: eles estavam envoltos "em brilho", vestindo suas armas, suas naves suspensas no ar e as "armas impressionantes criando um rastro atrás delas". Porque, mesmo se pousassem em Sodoma, eles ainda teriam duas outras cidades da planície da Jordânia e o porto espacial do Sinai que eles pretendiam destruir a todo custo na manhã seguinte.

Portanto, preparados para atacar de qualquer forma, o mínimo estado em que os emissários poderiam estar seria com uma disposição violenta, armados e preparados com armas de destruição em massa para o ataque de múltiplos alvos que eles levariam a cabo de qualquer forma. E com aquele espírito e vestimenta assustadores, eles apenas sentam-se para beber e comer e vão se deitar como ovelhas mansas para uma boa noite de sono, esquecendo tudo sobre sua missão divina de "inspecionar" e "verificar" o que foram apenas (nas próprias palavras do líder) acusações que "chegaram a ele" como rumores que não tinham a validade de certezas.

E agora, "a população inteira", se dirige à porta da casa de Lot e pergunta a ele quem são aqueles visitantes; eles querem ver quem eles são a fim de "conhecê-los". "Traga-os até aqui para que possamos conhecê-los". Há algo errado ou especificamente ameaçador de morte nesse pedido de um povo desarmado (com suas esposas e filhos) diante de generais totalmente armados e furiosos? Lot recusa. Isso significa que os promotores em uma missão para avaliar a responsabilidade e pecados da população se recusam a sair e conhecer essa mesma população. Então, o que podemos concluir dessa mesma fuga de avaliação?

Seria essa suposta missão de verificação apenas um pretexto? Uma história que sugere que tudo foi feito de maneira justa – acusação e defesa – a verificação dos rumores que chegaram aos ouvidos do Chefe dos Deuses, a "indignação" de quem quer que seja? É claro, podemos nos perguntar, com tantos deuses possuindo suas próprias cidades e seguidores dedicados, quem poderiam achar ultrajante que algum deus encontrasse seguidores e, especialmente, tão longe da Suméria? Quer dizer, seguidores entre as populações terráqueas que, em geral, não tinham outro destino (naquela época) a não ser seguidores de qualquer deus que fosse a divindade de sua cidade. (De fato, foi algo inédito que o carisma de Nabu tivesse algum interesse para as cidades canaanitas, permitindo, assim, que elas pudessem escolher seu deus. Nós vemos como mesmo os reis, inseguros, e com razão, multiplicavam suas alianças com deuses diferentes apenas para manterem-se em atividade).

Uma vez que nenhuma ação de verificação foi iniciada, nós temos de concluir que essa missão de verificação foi apenas um truque moralista do narrador (no perfeito estilo EM).

E, assim, a multidão fica impaciente e quer entrar na casa de Lot para realmente encontrar os visitantes e "saber" qual o motivo dessa visita. O narrador enfatiza, tornando a história totalmente irrealista, que "a população da cidade, o povo de Sodoma" (uma só vez não é suficiente, ele tem de exagerar, por mais excessivo que já seja), "jovens e velhos, *a população inteira*, de todos os bairros... que cercam a casa". Insistência redobrada porque todos têm de ser culpados, preparando a mente do leitor para que a raiva, a *ira*, do deus pareça justa e correta. Assim, é claro que nossos "emissários" sentem que são merecidamente atacados. E não são? E porque são tão poderosos, "eles golepearam as pessoas que estavam na entrada da casa". Sem discriminação. A chamada autodefesa. Então, qual é a próxima inferência? Os emissários percebem que o povo de Sodoma, exceto Lot, são pecadores. Portanto, eles merecem amplamente o grande castigo: os habitantes da cidade serão assassinados. O único problema é que eles deviam ter sido – todos eles, jovens e velhos, a população inteira – "afetados pela cegueira" e, além disso, no meio da noite! Então como poderiam dispersar e voltar para suas casas?

Ainda mais revelador, os emissários agora pedem a Lot que vá e traga toda sua família, "um genro, *teus filhos e filhas* [ambos no plural], qualquer outro parente – todos que estiverem na cidade – tire-os desse lugar, pois estamos prestes a destruí-lo". Nesse momento, tudo se torna épico. Imagine a "população inteira" atacada pelos emissários do deus pela cegueira, todos urrando e gritando enquanto tentam voltar a suas casas, e agora Lot corre para dar "a notícia" a seus filhos e "*genros*" (plural na próxima sentença, nas quais suas esposas permanecem anônimas, e não menos do que *as próprias filhas* de Lot, e seus filhos, que são seus netos). Nós já contamos: 2 filhas de Lot + 2 genros (seus maridos) + 2 filhos e herdeiros de Lot + 4 pessoas da casa de Lot – isto somam dez sem incluir os filhos desses casais ou "qualquer outro parente" a quem a "misericórdia" se extendia.

Além disso, quando os emissários ordenam a Lot que busque toda sua família, eles realmente perguntam se a conta será dez? De forma alguma. O final da sentença é, "Tire-os desse lugar, pois nós iremos destruí-lo". Assim, eles já quebram a promessa que fizeram a Abe mesmo antes de pedirem a Lot que vá e busque sua grande família e parentes. (Mas toda a população, jovens e velhos, os *tinham* atacados, não tinham?)

Assim, aqui, temos um excesso de contradições. A chegada dos visitantes, mesmo depois do anoitecer, foi tão impetuosa ou surpreendente (seus veículos eram aeronaves armadas com mísseis, seu esplendor, sua vestimenta divina, suas armas de senhores de guerra) que toda a população, imediata e instintivamente, manteve-se vigilante e queria vê-los cara a cara e fazer-lhes perguntas. Observe que, caso eles tivessem uma mentalidade culpada, aguardando esses deuses específicos (que devem ter sido descritos por aqueles que os viram chegar) para matá-los, eles teriam fugido ou se trancado em suas casas. Assim, essa população não tinha consciência alguma de ser o alvo da ira de um deus. Até aquele dia, eles certamente foram usados pelos deuses em suas lutas contra si, e os deuses utilizavam seus seguidores terráqueos como um exército, mas o costume tinha sido travar guerras, e não "matar" cidades inteiras. Também devemos observar que se Lot quisesse ajudar a população, ele teria dito ao povo para ser fiel a esse deus e assim não seriam assassinados, ou então que fugissem durante a noite. Mas nessa história toda, Lot joga totalmente no campo dos emissários (no entanto, contrariamente àquilo que a história quer que acreditemos, ele não será agradecido por isso, muito longe disso!).

E então, Lot vai buscar as famílias de seus filhos e filhas. Como assim? Eles não faziam, seguindo a lógica, parte de "toda a população, de todos os bairros"? (O narrador nem se permitiu a desculpa de que eles tinham bebês para cuidar). Eles não ouviram a notícia da chegada de dois deuses guerreiros com trajes de guerra? Eles não poderiam ter ouvido os gritos e a confusão de todas as pessoas, de toda a cidade, gritando que tinham sido atacados e estavam cegos? Sejamos claros, nessa época, as cidades eram como grandes aldeias – e nem ficavam na Suméria. E apenas os pais de Lot estariam em casa, como se fossem cegos e surdos, e apenas eles duvidaram daquilo que Lot, chocado, dizia? Por isso, o narrador, agora, tem um bom pretexto para prevenir seus leitores de que não é sábio duvidar do imenso poder e ira de uma divindade, e também que Lot, sua esposa e suas filhas mais jovens são merecedores o suficiente de serem salvos.

Uma análise aprofundada do relato do Livro revela que os emissários quebraram a promessa de seu Senhor a Abe em dois momentos só nesse episódio de Sodoma: primeiro, eles não estabeleceram nenhuma avaliação dos rumores, não inspecionaram a população nem contaram os fiéis. Segundo, eles não esperaram que Lot, sua esposa e suas duas filhas adolescentes chegassem a um abrigo seguro antes de iniciar seu ataque e bombardear, no mínimo, a primeira cidade; uma explosão que assustou de tal forma a esposa de Lot que ela olhou para trás. Para acrescentar, os emissários mandaram *a* família fiel salvar suas vidas e correr na mesma direção de uma das cidades alvo do ataque em vez de correr na direção norte, para o exército e acampamento de seu patriarca. Abe, além disso, teria tido bastante tempo, durante a noite, para resgatar toda a sua família que vivia em Sodoma, composta por, pelo menos, dez pessoas, em sua rápida cavalaria de camelos.

O amanhecer em Sodoma

E agora chegamos ao amanhecer. Nesse ponto (como relatado pelo Gênesis 19), Lot hesita; mas porque a "misericórdia de Y. estava sobre ele", "os homens... os tiraram e os desambarcaram fora da cidade". Em seguida, os homens ordenaram a Lot, "Fuja para as montanhas, para não morrer; fuja por sua vida, não olhe para trás nem pare em lugar algum da planície". Lot, então, implora para que adiem a destruição até ele chegar à cidade de Zoar, e eles concedem. Então:

> O sol ergueu-se sobre a Terra quando Lot chegou em Zoar; e o senhor choveu, sobre Sodoma e Gomorra, *dos céus fogo e enxofre vindos de Y*. E Ele agitou aquelas cidades e *toda a planície, e todos os habitantes* das cidades e toda a vegetação,... todas as cidades *que ultrajaram o Senhor*.

Os emissários, na noite anterior, terminaram sua refeição e foram dormir? E Lot e sua família também?

Ao amanhecer, os emissários disseram a Lot para fugir (apenas com sua esposa e suas duas filhas), mas nos disseram que Lot "demorou" e não queria se mover. Por quê? Ele não testemunhou a agressividade mortal dos emissários? Toda a população não fora atacada na noite anterior, todos doentes e se lamentando, sentando-se onde podiam, incapazes de enxergar o caminho para suas casas? Ele precisava de outra demonstração de seus poderes? Ele poderia duvidar por um segundo, depois de atingir de tal forma pessoas que queriam fazer perguntas, que eles seguiriam adiante com seu plano assassino? Mais um efeito literário para mostrar a "misericórdia" da divindade. "Mas Lot demorou; então os homens tomaram sua mão [que cordiais!] e a mão de sua esposa e as mãos de suas duas filhas – pois a misericórdia de Y. estava sobre ele – e os trouxeram para fora, e os desembarcaram fora da cidade". "Desembarcaram" significa que eles foram transportados de forma aérea, como Sitchin sublina: "Tendo literalmente transportado os quatro no alto, e os desembarcam fora da cidade, os emissários exortaram a Lot que fugisse para as montanhas" (*Guerras*, 312).

Aqui, nós temos de levantar algumas questões da maior relevância. Todos nós sabemos que a pobre esposa de Lot realmente olhou para trás, certamente assustada pela(s) imensa(s) explosão(ões) que acabara de ouvir, e foi "transformada em uma coluna de vapor", e morreu durante sua fuga desesperada. (Mas, na Estrutura Moralista do narrador, ela foi responsável, não foi? Ela olhou para trás e foi punida – justamente, é claro!)

Como sempre, nós temos uma gama de inconsistências lógicas e científicas. Um ponto interessante é que, se você imaginar o cenário terrível, a fim de olhar para trás, a esposa de Lot deve ter diminuído o passo (nós imaginamos que, se eles não estavam correndo, andavam o mais rápido que possivelmente podiam). Então, a esposa de Lot olha para trás e é imediatamente desintegrada em vapor (ou fica imobilizada como uma coluna de sal). Mas quem viu isso? Para que pudesse ver, o marido também teria de olhar para trás e presenciar sua esposa sendo transformada em vapor (ou mesmo sal, não faz qualquer diferença, já que estamos em um completo conto de fadas). E o mesmo se aplica aos filhos. Dessa forma, a história nos quer contar (apenas por causa da imortalidade) que, se alguém desobedece, deve morrer. Mas isso implicaria que Lot manteve o passo sem mesmo querer ver o que se passava com sua esposa! Ninguém lhes disse: "Se você olhar para trás, será transformado em uma coluna de vapor". Não. Foi-lhes dito: "Fujam para as montanhas, senão morrerão... não olhem para trás", – e vamos segurar o holocausto até você chegar à cidade de Zoar: "*Eu ficarei incapaz de fazer qualquer coisa até você chegar* lá". Uma mentira hedionda e terrível, que custou a vida da esposa de Lot! (*Guerras*, 313)

Assim, Lot continua caminhando – sua esposa, que começou a se virar para os lados, um grande ponto de interrogação. E as filhas continuaram caminhando, sem se preocupar com a mãe, que já não está aqui. É nesse momento que o narrador – tão disposto a exonerar seu deus e racionalizar sobre seus atos abomináveis e, por essa razão, obrigado a colocar a culpa nos terráqueos, como se fosse uma lição de moral – cai em total incoerência e, pior de tudo, na mais terrível imoralidade.

Aqui estão alguns temas acrescentados apenas por essa sequência: (1) Se os emissários poderiam erguer as quatro pessoas tão facilmente e voá-las para fora de Sodoma, e já que tinham prometido esperar – pelo Armagedom – até elas chegarem a um lugar seguro nas montanhas, por que eles não poderiam voá-las 32 quilômetros adiante? (Eles dormiram toda a tarde após uma refeição pesada na tenda de Abe, e a noite toda em Sodoma após outra refeição, e tinham de esperar de qualquer forma). (2) Os emissários manifestaram preocupação por Lot e sua família a ponto de atrasarem suas operações; se eles não começaram, então o que causou a morte da esposa de Lot? Apenas a desobediência a um conselho que, enquanto oferecido firmemente, não seria reivindicado com pena de morte caso fosse transgredido? (3) Não há base científica para uma pessoa acometida pela morte na mesma distância que outras pessoas que a acompanham (a menos que sejam crianças ou idosos), e *assistir* a uma explosão, não faz diferença no que diz respeito à morte. Se ela tivesse olhado para trás para ver uma explosão nuclear, ela teria ficado cega (já que eles deviam estar a uma distância segura da morte). (4) Se os emissários já tivessem iniciado a explosão nuclear em Sodoma, então eles quebraram seu juramento. (5) Se os emissários estavam tão preocupados com Lot e sua família (concedendo-lhes tamanha extensão de sua "misericórdia"), então por que não se certificar de que nenhum mal, de qualquer natureza, não aconteceria a *nenhum deles*? Seja qual for a análise, a história não faz sentido e é seriamente imperfeita do ponto de vista moral – e não pela parte dos terráqueos, contrariamente ao que o narrador gostaria de que nós acreditássemos.

Em seguida, surge outro grupo de questões. Dizem-nos que os emissários, após Sodoma, seguiram para destruir Gomorra e, então, toda a planície, e que cada vez aguardaram até Lot estar a uma distância segura. Claro que isso é um total absurdo. Por que eles os mandaram correr (com o medo arrebatando-os e, em seguida, Lot perdendo sua esposa) *como coelhos, na direção errada, em primeiro lugar?* Eles não poderiam, de uma vez por todas, mandá-los embora de todas as cidades condenadas e da planície? Mas isso não é tudo. Abe, em Hebrom, estava a 72 quilômetros de Sodoma, em total segurança. Abe sabia que os emissários se dirigiam para a casa de Lot, em Sodoma. Muito provavelmente, ele esperava (dado o comportamento dos emissários em relação a ele) que eles encontrariam dez Justos, uma vez que só a família de Lot excedia esse número.

Mesmo que Abe estivesse razoalvelmente esperançoso que a conta de dez fosse atingida, ele não poderia estar seguro que seria assim. Mesmo que seu deus prometera salvar Lot – um fiel, assim como Abraão – um pai não pode simplesmente esquecer tudo sobre o destino de seu filho adotivo. Tendo em conta que o pai de Abe, Terá, foi o Alto Sacerdote de Enlil em seu principal templo em Nippur (e, em seguida, em Ur), Abe foi criado e educado para se tornar, ele mesmo, o próximo Alto Sacedorte. E, uma vez que os domínios científicos também estavam implicados, a aprendizagem começava cedo, e a mesma instrução prolongada seria dada ao herdeiro legal de Abe, Lot, que, na tradição suméria, também estava destinado a se tormar um Alto Sacerdote e ensinar em conformidade. Essa instrução foi, então, necessariamente passada a Lot até Abe gerar um filho com sua concubina, Hagar, apenas 13 anos antes e, em seguida, ao filho de sua concubina. (Será no ano seguinte a esses acontecimentos que Abe conceberá, com sua esposa Sara, um herdeiro que receberá o título e a função.) Desse modo, durante sua vida já longa, Abe, considerando Lot como seu herdeiro, necessariamente ensinara-lhe as ciências mística e sacerdotal. Assim, que tipo de pessoa não enviaria Lot para seu pai adotivo, Abraão, seu professor durante a vida toda, a apenas 72 quilômetros de distância – dois ou três dias de caminhada, no máximo? (A questão fica cada vez mais angustiante e dolorosa quando sabemos a que destino, além de perder sua esposa, Lot ia ao encontro.) Que tipo de pessoa, além de alguém totalmente destituído de sentimentos paternais e de humanidade? Alguém como Enlil, capaz de repreender seu filho Nannar em vez de salvá-lo, quando este corria um perigo letal e terrível?

Um aparte para meus leitores e aliados

Neste ponto, eu devo parar porque estou arrasada com o que a análise desses acontecimentos trará à luz. Em nenhum momento eu esperaria fazer algo além de endireitar algumas mentiras sérias que, eu sinto, foram imensamente prejudiciais às mulheres e à clarificação do que ainda estava por se fazer – honestamente, por uma mulher. Mesmo ao ler e reler As Crônicas da Terra, de Sitchin, e os textos sumérios não me prepararam para a bofetada de mão cheia que levei com o que minha análise desvendou – porque sempre lemos rápido demais; mesmo quando refletimos sobre um texto, somos levados adiante pela próxima sentença, o próximo acontecimento. Apenas quando analisamos o texto, e pesamos cuidadosamente cada palavra cuidadosamente em cada sentença, que podemos trespassar o grosso manto do campo semântico de um patrimônio literário, legado a nós com seu espelho e interpretação presos a ele. Eu estou arrasada e me pergunto coisas como: Eu deveria? Eu realmente quero esse peso sobre minhas costas? Por que eu estou indo longe demais, cavando tão fundo, desenraizando traumas psíquicos enterrados por nossa história que são muito mais siginificativos e consequentes do que aqueles relativos à nossa origem? Traumas que afetaram nossos deuses, assim como nós, todos envolvidos em um mesmo tecido psíquico, todos nós (humanos da Terra, deuses-humanos de Nibiru) interligados em nossos genes e nossas almas. O que é essa força de Espírito que me fez tirar o véu da revelação máxima desses últimos dias e noites?

E, no entanto, algumas vezes, descobertas me fazem rejubilar, e eu sei que não há nada mais importante do que seguir em frente nessa árdua recordação porque, eu sinto, é aí que estão as mentes preciosas de nossa humanidade futura; onde (e apenas onde) o caminho pode ser aberto para reunir com outras civilizações dos mundos habitados inteligentes, quando teremos rasgado o véu, quando as escamas cairão de nossos olhos.

Tudo o que eu sei, que sinto, que prevejo, é que esse desvendar é apenas o primeiro estágio na criação de uma nova obra espiritual, uma composição coletiva; e logo, outro véu será removido, e o processo de abertura a outras civilizações exoplanetárias inteligentes começará, e com ele um novo épico da humanidade desabrochará.

Homens cobertos de resplendor

A insistência do texto do Gênesis em utilizar o termo *homens* para se referir aos Malachim – cuja tradução literal, de acordo com Sitchin, é "emissários", geralmente traduzido como "anjos" – nos faz concluir que eles se pareciam com homens, e não realmente com anjos alados. O fato de Abe reconhecê-los imediatamente como seres divinos, seu Senhor acompanhado por dois emissários, pode, é claro, ser atribuído a encontros prévios, mas eles deviam estar "cobertos de resplendor" (ou "brilho") como os anunnaki preparados para lutar, vestindo seus MEs de poder e também armas. Além disso, nós lemos que quando Enlil recebeu a notícia de que seu templo em Nippur fora profanado, ele, imediatamente, foi para Nippur com vestimenta semelhante e foi descrito descendo de um veículo, ou carruagem, transportado pelo ar: "Conduzindo à frente deles vinham deuses *cobertos de resplendor; [ele] emitia brilho como relâmpago*" (*Guerras*, 323; minha ênfase). Quem, além dos dois que perversamente instigaram sua raiva vingadora e o precederam – os devastadores – *cobertos de resplendor*?

Também nos lembramos que Inanna possuía um ME que tinha tal efeito, e que ela era, pela virtude de seu título de rainha, divinamente justa. "*Senhora dos MEs, rainha com brilhos resplandecente, coberta de resplendor*". Vamos considerar um texto sobre o Rei Ur-Nammu, que era apoiado não apenas por Enlil, mas também por Inanna e Nannar, e chamado de "a Força de Nannar". Assim que ele se tornou rei (o primeiro da terceira dinastia de Ur) – o "Pastor Justo" deu início a recuperações estruturais dos templos de muitos deuses; no entanto, logo ele travou guerra contra Lagash e ocupou-a, assim como a outras sete cidades. Após reconstruir o Ekur, em Nippur, Enlil confiou-lhe uma arma formidável: "A Arma Divina, aquela *que nas terras hostis empilha os rebeldes em montes*, a Ur-Nammu, o

Pastor, Ele, o Senhor Enlil, concedeu; como um touro *para destruir a terra estrangeira*, como um leão para caçar; *para destruir cidades malignas, limpá-las da oposição ao Altivo*" (*Guerras*, 276; minha ênfase). (Observe como, na tábua acima, "a terra estrangeira" é equiparada ao mal e como o mal é equiparado à oposição aos senhores.) De forma semelhante, Shu-Sin, após restaurar o templo de Nippur e erguer uma nova estela, recebeu da deusa Ninlil (esposa de Enlil), uma *"arma que, com brilho, derruba... cujo relâmpago impressionante alcança o céu"* (*Guerras*, 318; minha ênfase).

Dessa maneira, nós vemos como os deuses, nos tempos precendentes ao holocausto, não param de lutar entre si, criando exércitos de terráqueos e colocando reis em tronos, mas ordenando que eles subjuguem cidades ou países supostamente desobedientes, que são, em geral, seus vizinhos sumérios. A única coisa que eles ainda não fizeram foi desenterrar as armas nucleares e utilizá-las.

Abe mobiliza seu exército para salvar Lot durante a Guerra dos Reis

Vejamos o comportamento de Abe, em relação a Lot, há mais ou menos uma década e meia. Abe fora enviado em uma missão para deter o avanço a sul dos Reis do Oriente, que queriam conquistar o porto espacial na montanha do Sinai, ou seja, no Deserto do Parã. Durante a Guerra dos Reis, Abe estava com tropas de elite e cavalaria de camelos (e armas, nós supomos), e a maioria das quais ele recebera do Egito, em 2042 a.C. Ele estabeleceu acampamento para as tropas (e suas famílias) em um oásis próximo a Hebrom quando veio de Harã, há 24 anos, e sempre retornava ali. Com Lot, eles trouxeram seus rebanhos (para alimentação); o texto diz que Lot levou seus próprios rebanhos para Sodoma. Eles tinham seus camelos para a cavalaria (os corpos de elite extremamente velozes que foram capazes de alcançar os Reis do Oriente próximo a Damasco). Eles também possuíam burros para transportar a carga de Harã (tendas, comida, etc.). Assim, o acampamento permanente era como uma cidade militar de tendas, com famílias, crianças e rebanhos pastando no oásis.

Abe detExit o adversário em dois locais diferentes. A primeira vez foi em um oásis não distante de Jericó (que era a "passagem para o Sinai"), chamado Kadesh-Barnea (Ein Mishpat). Foi ali que os reis canaanitas das cidades de Sodoma, Gomorra, Admá, Zebi e Bela (também chamada Zoar) marcharam adiante e travaram batalha com os Reis do Oriente, diz o Livro. Essas eram as cinco cidades canaanitas que seriam erradicadas, mas, como Sitchin observa, "a batalha com esses Reis canaanitas foi, então, uma fase tardia da guerra e não seu primeiro propósito" (*Guerras*, 305). É assim que sabemos que a cidade de Zoar deve ser erradicada.

O verdadeiro objetivo dos invasores era o Deserto do Parã, ou seja, como alguns pesquisadores descobriram, o oásis de Nakhal. E vamos ressaltar que esse exército de reis orientais da Suméria foi o que começou as hostilidades ao invadir Canaã; eles atacaram, um a um, os pontos de travessia e os principais postos avançados ao longo do Rio Jordão. Nenhum pesquisador conseguiu imaginar porque o exército estava (como o Livro afirma) apontando para o Deserto do Parã (o "Local Glorificado de Deus"), "um oásis isolado em uma planície vasta e desolada". Sitchin é taxativo e diz que "o único significado para esse destino era o porto espacial, e quem deteve o avanço para Kadesh-Barnea foi Abraão... Os Textos Quedorlaomer... deixam claro que a guerra tinha a intenção de evitar o retorno de Marduk e impedir os esforços de Nabu para ganhar acesso ao porto espacial... Foi para impedir isso que os deuses que se opunham a Marduk mandaram [o rei] Quedorla'omer [ou Kudur-Laghamar] capturar e profanar a Babilônia (*Guerras*, 305-6).

> Os deuses... para Kudur-Laghamar, Rei da terra de Elã, eles decretaram: "Desça ali!"... Na Babilônia, a cidade do rei dos deuses, Marduk, o reinado de [Kudur-Laghamar] ele derrotou; para matilhas de cães, seu templo, ele transformou em covil; corvos sobrevoando, uivos altos, seu excremento deixavam cair ali. (Textos Quedorlaomer)

O deus Utu (irmão gêmeo de Inanna) então acusou Nabu de ter liderado uma rebelião com o intuito de deixar de pagar tributos e lealdades a seu pai, Nannar. Foi assim que a coalisão entre os "reis leais" do oriente foi criada. Primeiro, Quedorla'omer destruiu o santuário de Nabu, em Borsippa, e matou seus filhos. Em seguida, o exército seguiu para Canaã. No plano militar sumério original, todos os lugares deveriam ser invadidos, e todas as cidades canaanitas (incluindo Gaza e Beer-Sheba, no Negev) deveriam ser punidas. Mas isso não aconteceu porque, de acordo com o Texto Babilônico, "em Dur-Mah-Llani, *o filho do sacerdote*, que os deuses em seu conselho verdadeiro *ungiram*", colocou-se no caminho dos invasores e "evitou a espoliação". *Ungido*: ou seja, transformado em Alto Sacerdote. Vamos relembrar que Terá, pai de Abraão, era o Alto Sacerdote de Nippur, no santo dos santos de Enlil, Chefe dos Deuses, portanto ele era, por hierarquia, o alto sacerdote de todas as cidades e templos de todos os deuses da Suméria; além disso, como Alto Sacerdote naquela época, ele devia ter ascendência mista. Abe era seu herdeiro legal, portanto o novo Alto Sacerdote – *o filho do sacerdote*. Após defender o porto espacial com seu exército, Abe voltou para Hebrom, sua base e acampamento do exército.

Agora, em 2041 a.C., enquanto recuava para o norte, o exército Oriental foi atacado pelos reis canaanitas, mas os subjugaram e, em seguida, rumaram *para saquear Sodoma e Gomorra*, levar Lot como refém, enquanto retornavam apressados para a Suméria. Abe, então, imediatamente dirigiu sua cavalaria em perseguição ao exército Oriental a fim de regastar Lot. Ele e seus cavaleiros ultrapassaram o exército em retirada próximo a Damasco (por volta de 257 quilômetros de distância), libertaram Lot e recuperaram todas as posses saqueadas. Em seguida, no retorno para Hebrom, Abe foi aclamado como vencedor em Jerusalém (o Vale de Shalem). O rei de Shalem e os reis canaanitas ofereceram partilhar os bens e espólios recuperados – mas Abe recusou, explicando que "na guerra entre a Casa de Nannar e a Casa de Marduk, ele era neutro. Foi por "Yahweh, o Deus Mais Elevado, *Possuidor do Céu e da Terra*, 'que eu levantei minhas mãos', ele afirmou" (*Guerras*, 309; minha ênfase).

Assim, Abe foi e ainda é o chefe de um exército de sucesso que derrotou o exército dos reis orientais patrocinado por Ishtar/Inanna, Nanar e Utu (e inspirado por "um oráculo de Ishtar"), um exército sob as ordens diretas da deusa marcial, que era definitivamente mais perspicaz e competente do que seu pai, Nanar. Por todo o tempo, o exército de Abe residiu em Hebron. Apenas Lot foi se estabelecer em Sodoma com sua família e suas ovelhas.

O detestável destino de Lot, o Justo

Assim, vamos retornar à horrorosa história de Lot. (*Respire profundamente!*)

Lot acabou de perder sua esposa, e ele ainda está vivo, assim como suas duas filhas, isso porque ele não se virou para ver o que acontecia com ela (como nos foi dito). Perfeitamente obedientes, os três continuam correndo. Lembre-se, *era o amanhecer* em Sodoma quando os emissários os "baixaram fora da cidade", e quando Lot pediu-lhes para atrasar a "reviravolta" até eles alcançarem a cidade de Zoar. Em seguida, "*O sol ergueu-se* sobre a terra quando Lot chegou em Zoar". *[sic]* Muito rápido! Isso seriam uns bons 32 quilômetros correndo, ainda por cima com duas filhas pequenas... e a perda de uma esposa... algo que desaceleraria qualquer coração humano. Novamente: Por que Abe não correu para Hebrom (apenas o dobro da distância de Sodoma)?

Vamos também observar que a cidade de Zoar (Bela), parte das cidades dos reis canaanitas, estava, desde o início, marcada para ser destruída, e que o narrador diz que os emissários supostamente mandaram Lot escapar para essa mesma cidade, próxima em sua lista para uma *ira* matinal! Não faz sentido, uma vez que eles comandaram que Lot escapasse de Sodoma precisamente porque eles estavam "prestes a destruí-la" – então porque mandá-lo para outra cidade que eles estavam prestes a destruir em um ataque nuclear gigante e global? E mais uma vez: Por que mandá-lo para o oriente, região inimiga (O único sobrevivente de um holocausto seria bem-vindo?), em vez de mandá-lo para norte, em direção a Hebrom e o acampamento seguro de Abe? Além disso, o narrador obviamente não saiba que os moradores do deserto caminham e viajam em camelos durante a noite, guiados pelas estrelas, e não no calor abrasador do dia. Ele não estimou que alguém como Lot – que viajara por meses no deserto, quando jovem, com sua esposa e a família de Abraão, de Harã a Hebrom – conhecia o deserto de dentro para fora e, para ele, o acampamento de Hebrom estava mesmo ao lado. Lot certamente conhecia o caminho para o acampamento de Abe melhor que o caminho para Zoar. E o próprio Lot não contaria isso aos emissários?

Agora, uma vez que Abe ainda tinha seus cavaleiros de camelos em Hebrom, como que o Senhor, ou os guerreiros divinos, não pediram a ele que fosse, com alguns camelos, resgatar Lot e sua família *de qualquer maneira* – já que eles sabiam que eram Justos – se o acampamento de Abe ficava apenas a seis ou oito horas de viagem em camelo (e levando com eles o número de Justos que pudesse ser encontrado em Sodoma, caso a soma de dez não fosse conseguida)? Mais em desacordo com Abe: Por que ele não forçou seu objetivo (após tentar seu melhor para salvar a cidade) para que, caso os dez não fossem encontrados, pelo menos ele tiraria os Justos da cidade condenada, incluindo a família de Lot? Ele concluíra quatro vezes essa distância para resgatar Lot em Damasco, mal descansando com seu exército para que pudessem superar o avanço do exército adversário. E agora eles tinham toda a noite para chegar a Sodoma (a melhor hora para se movimentar com os camelos no deserto, orientando-se pelas estrelas) e tempo suficiente para retornar a Hebrom ao amanhecer – enquanto os emissários passavam uma boa noite de sono na casa vazia de Lot. A história é totalmente incompatível com o comportamento e os sentimentos de Abe em relação a Lot durante a Guerra dos Reis, apenas 18 anos antes.

É para ocultar essas ilógicas e terríveis reviravoltas que o narrador apresentou Lot como hesitante e "que ele demorava" para escapar do inferno, assim como o total irrealista ataque de famílias contra deuses totalmente armados; e nada mostra mais seu raciocínio instável e fraco do que a introdução da descrença nos filhos, filhas e parentes de Lot. (E Zoar possui, convenientemente, dois nomes, uma para a rota de fuga e outro, Bela, quando citada em guerra?)

Ou nós devemos acreditar que Abe, agora prometido (algumas horas atrás) que teria um herdeiro legal com sua esposa e meia-irmã, Sara, apenas ficou totalmente indiferente ao fato de o filho adotivo, *que ele orientou durante toda a sua vida para ser seu herdeiro na linha sacerdotal* e missão divina. Permitam-me salientar, mais uma vez, que Abe tinha 86 anos quando teve um filho com sua concubina, e após décadas perdendo a esperança de conseguir gerar um herdeiro natural também significa que Lot *já fora iniciado na linha sacerdotal*. Sob essa luz, o que acontece a seguir parece mesmo mais estranho.

Se seguirmos o texto, no momento em que Lot foi mal-sucedido na mobilização das famílias de seus filhos e filhas, o único lugar e família seguros que lhe sobraram eram os de seu pai, em Hebrom, uma vez que todos os outros membros morreriam em Sodoma, com a bênção da divindade.

Também há problemas graves com essa narrativa no que diz respeito a Abe. Primeiro, Lot, sendo até 13 anos antes o herdeiro sacerdotal de Abe, não são apenas os filhos e filhas de Lot que duvidam do perigo iminente de que serão assassinados com a cidade, será também a linha sacerdotal original de Abe. Segundo, o texto coloca, estranhamente, a ênfase nos *genros* – porque eles são psicologicamente mais distantes, como família, do que seus próprios filhos e filhas; isso para que os leitores os tratem como família *distante* quando fica claro que eles serão exterminados com a cidade inteira de "pecadores". Enquanto isso, Abe tem apenas sua esposa Sara, sua concubina Hagar e Ismael, o filho jovem que ele teve com Hagar, morando com ele em Hebrom (e, claro, as famílias de seu exército); mas o restante de sua família, seu primeiro herdeiro e seus descendentes, estão em Sodoma – a cidade envolvida pela ira da divindade.

Como Alto Sacerdote eleito por Enlil, sendo totalmente insubstituível e necessário, Abe poderia ter exigido que sua família – todos fiéis ao verdadeiro deus – fosse poupada. Seu objetivo era salvar Sodoma – o que era um sinal de alta moralidade e grande compaixão; no entanto, em seu raciocínio para salvar a cidade, a proteção de Lot e seus descendentes era definitivamente um subscrito, um pacto de confiança subjacente com Deus. Como nós vimos, Abe assumira, no passado, uma responsabilidade imensa; opor-se ao exército dos reis sumérios, chefiados por deuses, entre eles Nannar, o filho e herdeiro legal de seu deus, certamente não era proeza pequena. Todavia, dentro de sua missão, ele agiu com surpreendente espírito de independência e livre-arbítrio. Ele apenas bloqueou seu avanço e forçou-os a retroceder; ele não ordenou um massacre dos derrotados, ele se recusou a abandonar sua neutralidade, o que significa que ele impôs sua neutralidade como uma condição para que sua defesa militar continuasse. À divindade, que ordenou que ele detivesse o exército dos reis do oriente, ele podia ter respondido (como o vizir de Enlil lhe contara durante seu golpe no Abzu): "Meu senhor, estes são seus filhos!" Ou então, sobre Sodoma: "Meu senhor, estes são meu filho adotivo – seu fiel sacerdote – e seus descendentes!"

Respire profundamente.

Lembre-se de que, após Abe lutar e derrotar o exército dos reis do oriente próximo a Damasco, e após ter libertado Lot – seu filho adotivo e herdeiro sacerdotal nessa altura – ele recuperou o espólio do saque feito em Sodoma, retornou a Canaã e sua vitória foi celebrada em Shalem (Jerusalém). "Malkizedek, o rei de Shalem...abençoou [Abe] dizendo... 'Abençoado pelo Deus Mais Elevado *que colocou seus inimigos em sua mão*'". Não foi esse o caso. Eles não eram *seus* inimigos. Abe respondeu que era neutro na guerra travada entre o filho Nannar (herdeiro de Enlil) e o filho Marduk (herdeiro de Enki); e que apenas ao Deus Mais Elevado [Enlil] ele era fiel. Mas o narrador da saga de Sodoma quer que nós acreditemos que uma pessoa de tão alta moral – que confrontaria seu Senhor na questão "Longe de você não fazer justiça!" – não tentaria (mesmo que não pudesse salvar a cidade) salvar ao menos os Fiéis de seu deus, seu filho adotivo e sua família, não importa qual fosse o resultado da contagem; e que Abe dormiria durante a noite com o extermínio de, pelo menos, duas cidades em jogo. E, além disso, o narrador nos conta que quando, "*cedo pela manhã*", ele [Abe] olhou na direção de Sodoma e Gomorra e a região da planície... ele avistou ali fumaça erguendo-se da terra como fumaça de uma fornalha". Observe que a fornalha que lançava fumaça ficava em três ângulos grandes – duas cidades com o porto espacial entre elas, e a planície – isso é um ângulo muito amplo! Vasto o suficiente para que um morador do deserto possa deduzir, pela fornalha e pela fumaça, que algumas cidades (não apenas Sodoma) foram consumidas pelas chamas. Agora ele sabe que a contagem de dez não foi conseguida. Então, o que dizer de Lot e de sua própria família? E a promessa de seu Senhor? Ele deve concluir que sua família não era a quantidade suficientes de Justos, e que, de fato, seu Senhor podia e, na verdade, *realmente já* "assassinara os Justos com os culpados"?

Os emissários do Senhor se incomodam em dar notícias a Abe sobre seu filho adotivo e a família deste? Como a pequena família de Lot deveria ser protegida até *eles* estarem seguros – e que, infelizmente, a esposa pecadora que desobedeceu às ordens divinas, não fazia parte do *eles* e encontrou a morte?

Em seguida, nos dizem que Abe (vendo o desastre da colina) não se sentiu seguro nas montanhas de Hebrom, levantou acampamento e partiu para Gerar, a oeste, para viver ali, e que em nenhum momento posterior ele retornou ao Sinai. Quando, muito mais tarde, seu filho Isaac desejou partir para o Egito e fugir da fome, Y. "apareceu para ele e disse 'Não vá para o Egito; viva na região que eu lhe mostrarei'" (*Guerras*, 316-17). Então, ninguém conta a Abe sobre o destino de seu filho adotivo Lot, e Abe não pergunta. O general, o guerreiro de Deus em missão, não tem uma forma de contactar seu Senhor – Abe apenas pode ser contactado.

O narrador quer que nós acreditemos que Abe, ao ver a destruição das cidades e da planície, apenas conclui que Lot e sua família estão mortos (que sua divindade matou os Justos), e que ele coloca um ponto final no passado e e esquece tudo sobre o assunto... ele, que mobilizou seu exército inteiro para recuperar Lot quando este foi levado como refém! Isso significa que ele não considera que haja uma chance para salvar Lot, ou protegê-lo, e, portanto, para estar ao seu lado no acampamento. Ele esquece tudo e decide seguir em direção à sua própria segurança.

Em suma, nós devemos acreditar que Lot, o viajante experiente e morador do deserto, seria estúpido o suficiente para seguir a única trilha de camelos em direção a Hebrom (sua primeira moradia em Canaã e onde, mais tarde, ele deve ter visitado Abe várias dezenas de vezes). Em Hebrom, Abe partiria sem saber nada certo sobre Lot e sua família, nem mesmo enviaria um condutor de camelo por essa trilha de terra para procurar por ele. Se Lot alguma vez chegou a Hebrom, e seu tio/pai já tivesse partido com seu exército, ninguém seria capaz de dizer para onde se dirigiu o filho de Terá, Alto Sacerdote de Enlil – ele mesmo Alto Sacerdote, protegido do deus principal, aquele cuja fama e façanhas foram celebradas em Shalem? Que o destino do célebre Abe com todas as suas tropas, família e caravanas, ninguém saberia em uma cidade de poucas centenas de almas, no máximo, em uma travessia de duas ou três trilhas pelo deserto? É nisso que nós devemos acreditar.

Mas o que nós podemos claramente concluir, ao contrário, pelos menos pelo relato do narrador do Gênesis 18 e 19, é que a divindade não se importa com nenhum laço familiar, com o amor de um homem por sua esposa e vice-versa, o amor de filhas por sua mãe e vice-versa, nem pelo vínculo entre um pai adotivo e seu primeiro herdeiro e descendentes (que, nós sabemos, é o valor que vem em primeiro lugar para os anunnaki); que a divindade se importa apenas com seu devoto Alto Sacerdote, a quem confiou seus planos para o futuro, seu guerreiro que defendeu a Montanha dos Deuses e impediu sua profanação; que ela se importa apenas com seus templos e seguidores futuros e, em relação aos seus sacerdotes devotos, o grau de cuidado vai até onde o próprio indivíduo serve para seus planos. O jogo de xadrez, dizem-nos, era praticado pelos deuses – deuses lutando contra deuses, irmãos reais lutando contra irmãos, seus filhos reais lutando pelo patrimônio – cada deus empenhado, principalmente, em proteger seu próprio herdeiro, e o herdeiro de seu herdeiro (ou seja, a menos que fossem ultrapassados, como Enlil com Nannar).

A fuga de Lot para Zoar e o refúgio em uma caverna

Então, como Lot fugiu, segundo o narrador?

> O sol ergueu-se sobre a Terra quando Lot chegou em Zoar; e *o Senhor* fez chover sobre Sodoma e Gomorra, dos céus, *enxofre e fogo que vinham de Yahweh*. E *Ele* revoltou aquelas cidades e toda a planície e todos os habitantes das cidades e toda a vegetação que cresce do solo.

Sitchin diz: "Uma por uma, as cidades 'que ultrajaram o Senhor', foram agitadas, e *todas as vezes foi permitido a Lot que escapasse*" (*Guerras*, 313 – 14; minha ênfase).

> Pois, quando *os deuses* destruíram as cidades da planície, *os deuses lembraram-se de Abraão*, e tiraram Lot da agitação das cidades.

Nestas duas sentenças bíblicas, nós observamos uma confusão de temas. O Senhor/Ele (singular) que "fez chover fogo" sobre as cidades e "perturbou aquelas cidades" não é o mesmo que o Senhor Y., que deu (a ele) o enxofre e as armas de fogo. E pior, na próxima sentença, nós retornamos aos Elohim no plural, os Senhores, os Deuses.

Segundo, a reviravolta definitivamente acontece (na segunda sentença) como um repentino e rápido conjunto de acontecimentos, um fato que também é subentendido pela grande "fornalha" que abrange até a direção da planície, que Abe vê "cedo pela manhã" – e significa cedo pela manhã e, todavia, após o amanhecer (quando Lot é enviado para as montanhas), os deuses, plural, já revoltaram cinco cidades e o porto espacial – um trabalho bastante rápido – e, no entanto, nessas duas ou três horas, no máximo, Lot deve chegar a Zoar e, em seguida, às montanhas mais distantes, antes da própria Zoar ser queimada pelo enxofre e pelo fogo. Isso seriam, no mínimo, 48 quilômetros – um tipo de distância que levaria dois terços do caminho para Hebrom, antes que armas de destruição fossem disparadas, e Abe, supostamente, despertou para presenciar tudo isso. Agora, quão cedo um homem do deserto geralmente acorda? Você tem de se levantar antes da aurora, porque só nesse momento terá algum frescor e a pouca umidade do orvalho que o corpo absolutamente necessita para passar o dia inteiro no calor. Eu mesma passei alguns meses atravessando o Saara em caminhonetes e, imediatamente, adotei o hábito dos tuaregues de me levantar antes da auora, no primeiro lampejo – quando toda a natureza ainda está sombria e as cores não estão distintas. Esse é um fato da vida para todas as pessoas que vivem em países muito quentes e, especialmente, em desertos – que mostra que o narrador nunca viveu na natureza selvagem, como fizeram até os habitantes das primeiras "cidades" canaanitas. Outro ponto é o fato de que um morador de tenda de uma região quente como o Médio Oriente nunca se sentará à entrada de sua tenda "no calor do dia" – porque a entrada, especialmente se for uma portinhola aberta que permite a Abe observar os visitantes chegando do alto (como ele supostamente fez), não está protegida do calor escaldante. Os moradores de tendas apenas descansam em sombra completa.

Assim, o que acontece com Lot a seguir, ele que deveria ser salvo pela "misericórdia" da divindade e que, seguindo o plano de resgate dos emissários, foi instruído a "escapar paras as montanhas", para uma cidade precisamente no alvo, e que já perdera sua esposa?

Lot "vivia em uma caverna, ele e suas duas filhas". Então, dizem-nos, que ao testemunhar a destruição de toda vida na planície da Jordânia, eles pensaram ter testemunhado o final da humanidade na Terra. Isso é uma lacuna lógica enorme! Até uma criança de 7 anos, testemunhando um enorme fogo devastador tomando conta de boa parte do horizonte (dentro do alcance de seus braços, formando um ângulo de 90 graus, exatamente como podemos ver em grandes incêndios criminosos, como na Austrália ou na Grécia, que se extendem por centenas de quilômetros), mesmo essa criança não pensaria que todas pessoas da Terra morreram. E, certamente, não o primeiro herdeiro iniciado do Alto Sacerdote, ele próprio filho de Terá, o principal Alto Sacerdote de toda a Suméria, um acadêmico erudito em todos os assuntos de astronomia, matemática, arquitetura sagrada, medicina e ciências gerais, além das Ciências Divinas, entre elas a leitura de oráculos, o conhecimento referente aos deuses e às coisas sagradas. Assim, o narrador, após ter incriminado uma cidade inteira à categoria de "cidade pecaminosa" – isso contabilizando cinco cidades, e toda a região, que deviam ser justificadamente queimadas e carbonizadas pelo fogo da ira de deus – em seguida, reduz a família de Lot para consistir, em sua maioria, de genros céticos e uma esposa desobediente, após enviá-los o mais longe possível de Abe e direto para a próxima fornalha, agora, esse narrador quer que nós acreditemos que o primeiro herdeiro de Abe era mais estúpido que uma criança de 7 anos. Um filho adotivo que, seguindo todos os costumes, já teria aprendido todas as ciências para poder tomar a função de Alto Sacerdote depois da morte de Abe.

Respire profundamente, mais uma vez, e vamos seguir a história.

O narrador está, como de costume, tentando colocar o peso do pecado sobre as mulheres (nós sabemos agora que se trata de uma tendência tão inevitável quanto a gravidade) e, nesse caso, ele realmente precisa disso mais que nunca para poder tirar o primeiro herdeiro do cenário (sem que os leitores sintam qualquer perda, porque eles eram culpados, não eram?). Então, como isso pode ser feito? Agora, a narrativa apresenta Lot sendo induzido *por suas jovens filhas* a cometer o mais terrível pecado com elas! Assim, nosso Lot, de repente, transformado em um perfeito idiota, acredita – assim como suas filhas – que eles são os únicos sobreviventes da raça humana. A narrativa, aqui, chega a um poço sem fundo de estupidez – o que seria risível se uma intenção muito retorcida não começasse (há algum tempo) a emergir como um terrível vazamento de óleo no oceano. Claro que nós achamos o momento da promessa a Abe bastante estranho, e uma maneira bastante rude de se comportar, psicologicamente falando – como oferecer um prêmio antes do açoite, o tipo de presente otimista que apenas um algoz se permitiria oferecer a alguém logo antes de matar seu único "filho" adulto e sua família, e logo antes de destruir uma região inteira e seus habitantes. Mas agora nós vemos o fundo de tudo. Vamos seguir o cenário absurdo do texto: "E a [filha] mais velha disse à mais nova: 'Nosso pai está [realmente!] velho e não *há um homem na terra para nos guiar sobre os costumes de todos na terra*. Venha, vamos fazer nosso pai beber vinho, em seguida, deitemo-nos com ele, para assim preservar a semente da vida'". Que sedutoras perspicazes e diabólicas! Porque, claro, ao ver "toda" a população atacada pela cegueira pelos terríveis emissários divinos, e acordar pela manhã com estes mesmos ardentes guerreiros dizendo-lhes que o dado fora lançado e elas tinham de fugir o mais rápido possível, correr mesmo, para as montanhas antes que a cidade inteira fosse esmagada e reduzida a cinzas, e enquanto Lot "demorou" para fugir, eles foram levados para o alto, para os arredores – e, todavia, acredite ou não, o que eles levaram consigo como a coisa mais preciosa, para guardar com eles? Um jarro de vinho, claro! Então quem? Quem teve essa ideia e voltou atrás para pegar o jarro – nem mesmo água (o que teria sido bastante sensato), nem algo para comer ou para começar um fogo, mas um jarro de vinho! E quem o transportou, correndo até a caverna? Agora, imagine isso novamente.

Ao chegar a Zoar, eles não disseram a ninguém para fugir para as montanhas por segurança, por isso todas as pessoas morreram. Eles não encontraram ninguém (ilogicamente), já que a cidade de Zoar também fora detonada, por isso eles tiveram de fugir para um local mais distante. Eles se esconderam em uma caverna. No entanto, eles "testemunharam" a destruição massiva no horizonte – quando eles se *atreveram* a olhar para trás, sabendo o que acontecera com sua esposa ou mãe? Nenhum dos emissários disse-lhes para permanecer nas montanhas para sempre. Lot perdera sua querida esposa; seus filhos, filhas, genros, netos e amigos... todos mortos. Sua cidade acabara de ser reduzida a cinzas. Tudo o que você precisa para estar com disposição para amar... e, especialmente, quando seus filhos começam a dizer loucuras (de acordo com o texto, claro, do que eu fortemente duvido).

Agora, um comentário sobre o campo semântico do narrador, revelado pelo termo "para nos guiar", supostamente utilizado pelas adolescentes. Um *squire* (no original, em inglês, *escudeiro*, aquele que acompanha, que cuida) era, historicamente, um proprietário de terras, um chefe – assim a tônica é colocada na posse de uma mulher por um homem. Tente compreender, se você puder, uma adolescente imaginando e desejando, em seus sonhos mais loucos, ser *propriedade* e ser *comandada* por um homem "*em todos os costumes da terra*"! Essa não é a perfeita projeção de um homem que acredita que sua esposa é sua posse e que ele é o chefe? E, além disso, essas fantasias com fraco raciocínio devem ser o que ocupam as mentes de duas adolescentes em pleno estresse pós-traumático! E, claro, o pai culto e maduro de filhos e filhas já casados cairia nas garras dessas racionalizações absurdas!

Assim, tendo em mente esse drama chocante e hilariante como contexto – vamos seguir a corrente: uma preparação de nosso narrador em direção à inevitável conclusão. Realmente, esse Lot (que é ele, a propósito, apenas o sobrinho?) não era digno de ser salvo, ele e suas "filhas pecadoras", e sua esposa desobediente. E essa concubina de quem Abe teve um primogênito, não era ela uma empregada, mesmo uma escrava? Felizmente, Abe terá um herdeiro legal, a linhagem será preservada! (Lot se tornara, obviamente, não apenas dispensável, mas bastante difícil de carregar. O narrador deseja um novo começo a partir de agora).

Sim, esse conto é tão triste e chocante quanto parece, ao mesmo tempo que revela, por meio do tecido, os remendos grosseiros – como eu disse, tão claro quanto um derramamento de óleo no oceano, é disso que se trata.

O grande castigo de Sodoma e Gomorra e o rebaixamento de Lot, o Justo

O grande castigo de Sodoma é, incidentalmente, um momento raro no qual podemos testemunhar uma verdadeira "misericórdia": uma vez que uma cidade de pessoas cegas está destinada a morrer uma morte atroz e lenta, matá-los significa abreviar seu sofrimento (mesmo que não fosse essa a intenção).

Nós salientamos, já, como é desleal e injusto tentar (de forma tão grave) salvar uma dessas cidades pela contagem dos Justos, enquanto as outras quatro cidades estão, de qualquer forma, condenadas sem mesmo uma oportunidade de qualquer misericórdia. Nós mostramos que o plano do ataque nuclear já estava preparado e em andamento, e que ele anulou (não importa como) a tentativa de Abe em fazer com que *a divindade utilizasse seu senso de Justiça* e, com sorte, separasse os *Justos* dos *Pecadores* – um pedido de misericórdia que revela em Abe uma autorreflexão e moral muito elevadas do que sabemos que Enlil é incapaz de ter. Como diz a expressão francesa sobre inconsistência e histórias irregulares: foi costurado com linha branca.

Agora nós compreendemos que, da parte do narrador da história de Sodoma, isso foi uma maneira, como sempre, de atingir dois alvos com um disparo, ou seja, (1) exemplificar o máximo possível o desmerecimento dos humanos em geral, e dos inimigos do deus em particular; e (2) preparar os leitores para sentir que a divindade era um tal paradigma de compaixão e misericórdia, que ela até tentou dar uma chance àqueles que "ultrajaram o Senhor". Em sua vontade de exonerar a divindade a qualquer custo (e uma vez que os irmãos inimigos – os divinos adversários – não podem ser aceitos na estrutura do Deus Único), o narrador recorre à apresentação de como os humanos da Terra são desprezíveis, indignos e suspeitos. Assim, a divindade é apresentada como um paradigma de todas as virtudes e em contraste com homens e mulheres, os paradigmas de todas as maldades (exceto no caso de Abe).

O conto e o incesto de Lot

Em relação ao conto de Lot, o fato de que o narrador apresenta o incesto entre pai e filha como uma degradação completa na qual o homem pode cair, mostra como essa inserção de Estrutura Informacional (EI) no texto foi muito mais recente do que a época do Abe. Permita-me explicar a causa.

A língua materna de Abe era o sumério de Nippur, e então, em virtude de suas atividades diplomáticas (na corte do faraó do Egito) e ações militares, ele necessariamente falava acadiano, o idioma internacional para as políticas globais. Seu casamento com sua meia-irmã, Sarai/Sara (cujo nome significa "princesa"), diz tudo: sua educação e cultura eram sumérias, e ele vinha de uma família sacerdotal e real. Assim, Abe, além de sua proximidade a Enlil, também fora criado em uma família e em uma sociedade suméria em constante interação com os deuses anunnaki, e ciente de seus registros históricos e individuais.

E nós vimos que o incesto, na sociedade anunnaki, era um costume aceito e difundido. O fato de que a linha de sucessão real dava prioridade ao filho de uma união entre um meio-irmão e uma meia-irmã diz muito. E a esposa de Abe era sua meia-irmã, assim os costumes também foram adotados pelos humanos de ascendência mista, como eram todos os Alto Sacerdotes e Alto Sacerdotisas. Além disso, nós temos múltiplos exemplos de relações incestuosas entre um pai e suas filhas, e até com netas (Anu com Inanna, ou Enki com suas netas); e a criança nascida dessa relação tinha prioridade na linha de reinado. Assim, mesmo um Alto Sacerdote nascido na Suméria (ou, devemos dizer, especialmente um Alto Sacerdote com conhecimento sobre os deuses e suas famílias) não poderia, de forma alguma, projetar um julgamento moral de degradação sobre uma relação incestuosa entre pai e filha como aquele que foi atribuído a Lot, na época da história, é claro.

Todo o acondicionamento da história – com as filhas como tentadoras e o incesto como uma abominação (tudo isso para que fosse possível Lot ser ludibriado e, assim, não ser responsabilizado) – cheira a uma sociedade milênios mais próxima de nossos tempos, quando o incesto já se tornara tabu, um ato julgado totalmente repreensível e, por isso, maculado pela culpa e sinônimo de degradação moral. Claramente, essa história de um narrador de terceiro escalão não pode, de forma alguma, ter base histórica. E, é claro, ela cheira não apenas a sexismo, mas também a um racismo horroroso.

Crítica bíblica psicológica sobre Sodoma e estupro na história de Lot

Vamos nos voltar para a análise e crítica bíblica da história de Lot, um conto de levantar os cabelos que não trata apenas de incesto, mas também de estupro, e que foi objeto de séculos de exegese e, claro, de um muito necessário escrutínio psicológico e psicoanalítico.

Primeiro, permitam-me explicar porque deixei de lado o que considero ser uma adição definitiva a essa história, por si já enrolada e excessiva, outra adição precisamente com o intuito de confundir, como indiquei anteriormente, a escassez de evidência real factual contra a população e Lot (e, assim, para evitar refletir sobre o ato de genocídio da divindade). Eu queria que vocês, meus leitores, ponderassem se o destaque (e a interpretação) que dei à história poderia se manter por si mesma. A adição do estupro homossexual é, efetivamente, a mais poderosa ferramenta para trazer confusão emocional aos leitores do Livro.

Assim, nós estamos em Sodoma e os emissários já são convidados da família de Lot. A esposa de Lot, sem dúvida, prepara o banquete com suas empregadas. (Vamos observar que Lot, o filho do Alto Sacerdote e herdeiro por quase duas décadas, já que Abe é muito rico e poderoso, não pode ser aquele que o narrador insiste em apresentar como um "forasteiro", e de baixo estatuto).

Nós vamos ficar, agora, espantados com uma exegese antiga que focou principalmente no verbo *conhecer* na sentença (quando toda a população chega e pergunta a Lot sobre os terríveis visitantes, "Traga-os para fora para que possamos *conhecê-los*". Acredite se quiser, o truque do escritor funcionou perfeitamente bem – a preparação na história é a interpretação do pecado de Sodoma, deixado a nossa imaginação – e *conhecer* foi compreendido como conhecer sexualmente, como Adão conheceu Eva. E, assim, imediatamente cego por um ímpeto de emoção subconsciente, os (agora únicos?) homens reunidos à frente da porta de Lot ameaçavam estuprar os emissários. Dessa forma é esquecido o fato de que os "anjos" vieram totalmente armados e prontos para destruir, se não Sodoma, algumas cidades aliadas; também esquecido é o fato de que toda a população, jovens e velhos, estava presente, e estava desarmada. (Imagine os pais, pobres e pequenos humanos diante dos anjos da morte, querendo realizar um estupro homossexual diante de seus filhos e esposas!) E estudantes devotos serão contornados como sendo sem juízo, uma geração após a outra. E isso não é tudo. Quando Lot vê a multidão exigindo explicações, o narrador o apresenta oferecendo suas filhas jovens para a multidão – sua principal obrigação, como anfitrião, seria *proteger* seus convidados, é claro. Um tesouro para os freudianos! E aqui vai nossa crítica psicológica arrojada, que não foca nesses monstros degenerados da destruição, e sim em argumentos sutis sobre estupro, e a exegese sobre o código de honra da hospedagem. Felizmente, a multidão indignada recusa, e é quando os emissários saem da casa e atingem as pessoas com a cegueira. Então, novamente, três coelhos com uma cajadada: Um, Lot já está moralmente humilhado (um arauto para acontecimentos futuros); dois, isso acrescenta uma falta ainda mais pesada por parte da população; e três, a atenção é desviada dos atos abomináveis da divindade.

Nem todos os comentaristas e especialistas foram totalmente contornados pelos elementos sexuais. A perspectiva original de Lyn Bechtel é notável em "*A Feminist Reading of Genesis* 19:1-11", que foca "na comunidade voltada para o grupo, no qual as mulheres são centrais, altamente valiosas e devem ser protegidas como produtoras da salvação" (123). Isso está em oposição à nossa própria sociedade, voltada para o indivíduo, tendenciosa em sua interpretação. No entanto, a suposição de Bechtel é que a multidão, desejosa de proteger sua cidade dos emissários – vistos como espiões ameaçadores, porque eles são forasteiros e mensageiros de um senhor – poderiam, de fato, querer estuprá-los com o intuito de os tornar "incapazes de realizar seu papel como espiões" (117). Bechtel salienta que, em hebraico, "conhecer abrange um amplo conhecimento intelectual, empírico e sexual, e que, talvez, os homens apenas tivessem em mente o conhecimento intelectual". Contudo, nós vemos que, na exegese, "toda a população" tornou-se apenas um grupo de homens, e a conclusão de Bechtel é que os homens da cidade demonstravam uma xenofobia perigosa: "a história desafia essas tendências xenófobas e isolacionistas" que apenas podem trazer destruição (como em Sodoma) e defende "negociações com as nações à volta" (127).

O rebaixamento e a eliminação de Hagar

O pai de Abe, Terá, como um Alto Sacerdote de Enlil, um sumério servindo em seu templo mais sagrado, em Nippur, e em seguida em Ur, tinha de ser de ascendência mista (anunnaki e humana); e, de fato, Sitchin salienta que os nomes de vários membros da família denotam um estatuto principesco ou de nobreza, além daquele da meia-irmã e esposa de Abe, Sarai/Sara. Pela sua união com Abe, Hagar, foi, naturalmente, pelos costumes sumérios, elevada ao estatuto de aristocrata – uma concubina reconhecida e, assim, reverenciada, mãe do filho primogênito de Enki). Como podemos imaginar um Alto Sacerdote, eleito pelo deus principal, ele mesmo de ascendência semideusa, ser atraído por uma mulher indigna dele e ainda desejar ter um herdeiro com ela? Essa certeza torna tudo mais plausível de que o suposto papel de empregada foi apenas uma invenção, como aquela da "prostituta" Madalena, cujo estatuto de Primeiro discípulo (e que recebera um ensinamento secreto de Jesus) foi estabelecido pelo seu redescoberto Evangelho de Maria, e cujo estatuto de iniciado elevado e origens nobres no Egito eu analisei no livro *A Rede Sagrada*. Como Karen King salienta na introdução para o seu livro *The Gospel of Mary of Magdala*, esse Evangelho escrito mais cedo, no século II a.C., pode "fornecer um intrigante vislumbre de um tipo de Cristianismo perdido por quase 1.500 anos" (veja o magnífico retrato de Madalena feito por Simon Vouet, na figura 13). King segue:

> Essa narrativa espantosamente curta apresenta uma interpretação radical dos ensinamentos de Jesus como um caminho para o conhecimento espiritual interior; ela rejeita seu sofrimento e morte como um caminho para a vida eterna; ela expõe a visão errônea de que Maria Madalena era uma prostituta – uma peça de ficção teológica; ela apresenta o argumento mais franco e convincente de qualquer escrito cristão para a legitimidade da liderança das mulheres; ela oferece uma crítica implacável sobre o poder ilegítimo e a visão utópica da perfeição espiritual;... e ela nos pede para repensar a base da autoridade da igreja. Tudo escrito em nome das mulheres. (3-4)

E se, da mesma forma, Hagar fosse uma filha nascida em uma nobre família suméria, cujos pais a enviaram para servir Abe, no sentido de servir um Homem de Deus? (Da forma como, por exemplo, músicos que querem aprender e ser iniciados nos ensinamentos sagrados da música indiana, quando são escolhidos e distinguidos por seu mestre musical, são convidados a ficar em sua casa, mas o servirão de graça, ao mestre honorável, como qualquer empregado. Um costume que eu testemunhei em Benares, mesmo entre discípulos ocidentais). Nesse caso, ela teria sido mais reverenciada porque, então, seria apenas por seus méritos e qualidades – de inteligência, lealdade, beleza, etc. que Abe a distinguiu.

Outra hipótese a se considerar é a de que, ao mudar sua moradia para Canaã, Enlil deve ter pretendido construir um novo templo ali, e Abe fora seu arauto escolhido e Alto Sacerdote idealizado para a nova fé.

A seleção da descendência "escolhida" de Abe

A nova camada de acréscimos é clara como o cristal na história de Lot. Pelos processos de edição e transformação, a linhagem principesca passou do irmão de Abe para Lot foi retirada e descartada. Da mesma forma a união entre Abe e Hagar foi eliminada e, no início, seja quem ela fosse, Hagar conquistou o coração e o amor de Abe, e deu-lhe seu filho primogênito e herdeiro. Como o filho de Hagar, Ismael, tinha apenas 13 anos no momento desses acontecimentos fundamentais (Abe recebeu um novo nome e foi selecionado como primeiro Patriarca da nova fé pela única linhagem do filho prometido, Isaac, na véspera fatal), ele ainda não tinha sido confiado com o conhecimento arcano científico e sacerdotal, como Lot fora. Seu caso apenas necessitava, pelo narrador, que sua mãe fosse subestimada e humilhada (como uma empregada e escrava) e, então, surgia um blecaute total dos acontecimentos dissimulados.

No entanto, como a especialista e historiadora bíblica, Gerda Lerner salienta em *The Creation of Patriarchy*, pela legislação suméria (nomeadamente a hamurábica, que era a vigente na época), os filhos das concubinas tinham "direito a uma parte menor da herança se seu pai os reconhecesse ainda em vida. No caso de Ismael, *Abraão já o tinha reconhecido como filho* e, no entanto, Deus *mandou que ele* expulsasse Hagar e seu filho, como desejou Sara, "...pois será por meio de Isaac que sua linhagem será continuada" (Gen.21:12) (171; minha ênfase).

Minha hipótese – em relação ao destino da descendência de Lot e de Hagar – é que houve algumas razões teopolíticas pertencentes aos próprios narradores. Quanto à aliança, a divindade agora estava presa ao seu "escolhido" e vice-versa (e, de fato, o caráter imperativo e vinculativo desse "contrato" imposto a um grupo étnico, bastante semelhante aos contratos sociais da época, foi largamente discutido por especialistas, entre eles, Rivkah Kluger, como nós vimos). Por isso a provável reestruturação de algumas partes essenciais para focar exclusivamente em um grupo étnico e se livrar das outras linhagens de descendência. No entanto, como o Livro é um exemplo perfeito nesse aspecto, esse fato não pode evitar, e deixa rastros. Uma história como essa, além da de Lot, é claro, a forma como Hagar é banida para o deserto com Ismael, agora com 16 anos (Isaac tem por volta de três anos). O que torna essa história angustiante é o fato de Abraão não dar a ela, nem ao *seu* filho, um suprimento de comida e água para poucos dias e, menos ainda, algumas ovelhas como herança – nada. Ele os manda para a morte conscientemente.

Mayer Gruber, um cientista social, focou naquilo que confundiu os especialistas, nomeadamente o fato de que "há duas narrativas consecutivas referentes ao resgate de Hagar por Deus, que a salvou de morrer de sede no Deserto do Negev", uma segunda vez após ser expulsa por Abe (172). Essa história destaca uma ambiguidade grave da psique de Abe, justamente quando, no Egito, ele permite que seu anfitrião, o faraó, seduza sua bela irmã Sara, sem revelar que ela era também sua esposa (o faraó, quando descobriu esse fato, convidou-os a se retirar e ofereceu-lhes um exército e riquezas). Uma terceira ocorrência de tal ambiguidade surge, claro, quando mais tarde ele se mostra disposto a provar obediência a sua Divindade, seguindo cegamente sua ordem para sacrificar seu filho com Sara, o mesmo Isaac, uma ideia que matou Sara de desgosto antes que um anjo salvasse o adolescente (*mas não a mãe*, agora dispensável). Como Ilona Rashkow ressalta de forma pertinente em *Taboo or Not Taboo*, "as contradições no caráter de Abraão podem ser resultado das complexidades psíquicas que o escritor bíblico concebeu; ou, podem ser o resultado do fato *de Abraão ser um agente em uma narrativa literária com um sistema de convenções elevado e desenvolvido* – suas características podem ser mais uma função dos requerimentos da linha da história do que de sua personalidade" (2; minha ênfase). Esse sistema de convenções (incluindo crenças, valores, visão do mundo) é precisamente aquilo que eu chamo de campo semântico do narrador, inserido no campo semântico coletivo de seu credo e cultura em determinada época e local. Quanto ao objetivo dos ajustes e edição por narradores posteriores, eu acho que foi, principalmente, para descobrir caminhos para exonerar a divindade do Livro. No caso do ataque nuclear de Sodoma e a utilização da descendência de Abe implorando para salvar os Justos, é a exoneração do ato imoral e injusto. No suposto caso do afastamento de Hagar (uma clara sentença de morte) – uma vez que não é nem a Divindade nem Abe – o humano será sacrificado para permitir que a personagem divina demonstre compaixão. Uma segunda linha é a constante reiteração do estatuto de escrava e empregada de Hagar, um objetivo tão evidente que torna a duplicação do "salvamento", no mínimo, duvidosa.

Vejamos a história.

Na primeira vez, Hagar está grávida e foge para o deserto porque a estéril Sarai/Sara, ciumenta, a persegue. Um anjo diz-lhe para voltar à casa de Abe; ele prevê que ela terá um filho e lhe dará o nome de Ismael. (Abe, devemos observar, precisa de seu filho primogênito e herdeiro). Na Segunda vez, o herdeiro legal de Abe, Isaac, tem três anos, e Sara pede que ele "descarte essa escrava e seu filho". Gruber diz: "Deus, de acordo com o Gen. 21.12, diz a [Abe] para não ficar aflito... 'Em relação ao que Sara lhe diz, *obedeça-a*'".

Gruber ressalta que o verbo pode significar obedecer ou ouvir, e escolhe conceder à divindade do Livro um tipo de inteligência emocional pós-Goleman – que foi um conselho que ouviu e conversou com sua esposa e fez com que ela compreendesse (175). E Gruber continua sua argumentação: "Uma vez que, no entanto, pelo Gen. 16 e Gen. 21:17-20, Deus e o anjo de Deus mostram o maior interesse por Hagar e sua progênie e seu bem-estar e sobrevivência, não faz sentido que Deus diga a Abraão que obedeça à ordem de Sara". No entanto, ele não obedece à Sara especificamente, e sim à ordem de sua Divindade, e ele estava seguro, ou se certificou, de que eles morreriam. E, mais uma vez, um anjo (provavelmente o mesmo?) os salvou. (Lembre-se de que todos os anunnaki eram "anjos".)

O argumento acima serve bem para minha constatação. A única questão que mesmo especialistas bíblicos críticos corajosos, como Ilona Gruber, nunca consideraram é que a divindade do Livro pode ter, em diferentes épocas, diferentes agendas políticas (no entanto, sua interferência em assuntos geopolíticos eram um fato da vida para seus profetas posteriores). Com uma terra que recebeu como herança, um povo de devotos é o que ele queria e, na dianteira, uma linhagem de Altos Sacerdotes e/ou Reis, começando com os descendentes de Abe – uma vez que, sendo irmão ou meia-irmã de uma linhagem real e Alto Sacerdotal, eles eram, portanto, semideuses, parcialmente anunnaki. E nós podemos, então, pensar de forma diferente sobre Moisés, do Egito, que, de acordo com alguns especialistas, tinha chifres (como na escultura de Michelangelo, veja figura 6.1), assim como os anunnaki tinham chifres – o único sinal que os identificava em representações.

Figura 6.1. A famosa escultura de Michelangelo, Moisés com chifres (San Pietro in Vincoli, Roma). Fotografia de Jörg Bittner Unna.

Com esse novo olhar, vamos reconsiderar a história de Lot. Como é adequado que ele seja enviado para a montanha para ficar sozinho e desesperado em toda a região. Como é conveniente que

Abe, como disseram, tenha movido seu acampamento e, assim, ficava supostamente impossível de se alcançar. Como é conveniente que a maioria dos descendentes de Lot em Sodoma (incluindo seu herdeiro) tenham sido erradicados com um golpe, e que sua esposa morra – para que seu descendente masculino possa ser dado como morto, e ele mesmo seja reduzido à (pela narrativa surrealista) total degradação. Como é conveniente que Lot seja representado como vilão e pai incestuoso, perdido no pecado, seu único descendente, deixado por suas jovens filhas, considerado imperfeito e, assim, perdido na memória.

Como é conveniente que Abe seja prometido como herdeiro de sua esposa legal, Sara, justo na véspera do holocausto, antes de tudo acontecer – para que, na mente dos leitores, agora aliviados e seguros de que a linhagem de Abe fora preservada, o vergonhoso destino de Lot e toda sua família e sua cidade poderia ser encarado com coração firme, aceito, sem dúvida, como a punição merecida por atos terríveis e malignos. Como é adequado esse relato composto por um povo, uma etnia apenas. Outro primogênito expulso, outro primeiro herdeiro desapropriado, outro irmão (o filho real de Terá) apagado da história oficial.

7

Camadas no texto do Gênesis

Agora, vamos mudar nossa perspectiva para ver as coisas mais globalmente e ordenar os narradores e camadas distintos do texto (lembrando também a análise dos textos sobre o jardim do Éden no livro *DNA dos Deuses*).

A primeira camada do texto

Há uma primeira camada no texto, e são as fontes compostas pelas sentenças de Estrutura Informacional, que nós podemos identificar como sendo de textos antigos sumérios, em sua maioria relatos históricos. Eles constituem, por exemplo, os dados mesopotâmicos das guerras dos deuses e de seus reis, *a Lenda de Adapa*, o *Erra Epos*, o Épico de Etana, etc.

Desde já, os textos de origem que foram escolhidos são aqueles (entre muitas disponíveis nas grandes bibliotecas da Suméria, como a da Babilônia), que adotam seletivamente a perspectiva de Enlil com sua Estrutura Moralista já emergindo – tais como o K-3657 (o relato da Torre de Babel), e o K-5001 (o bombardeamento nuclear da planície da Jordânia).

Não podemos descartar, mesmo neste ponto, que o próprio Enlil tenha ditado sua própria versão da história antiga, e isso explicaria amplamente a versão tendenciosa do jardim do Éden, incluindo o peso do pecado colocado sobre A Mulher, apesar do fato de ele saber que tudo era um plano de Enki – a Serpente! Isso pode explicar o plural *nós*, às vezes utilizado como *eu*, pelos mais importantes entre os deuses e, outras vezes, como um *nós* referindo-se ao grupo (seus filhos ou a Assembleia). A meu ver, todas as características psicológicas que nós desvendamos se encaixam bem no perfil de Enlil como apresentado nas tábuas. Essa possibilidade se ajusta também com algumas características dos anunnaki reais, que apresentam uma tendência (1) a aspirar a serem o único deus – isso fica muito mais consistente, é claro, quando você é o principal de sua época; (2) a ditar sua própria versão das coisas aos seus escribas, ou escrever eles mesmos; (3) a demonizar o irmão inimigo e chamar de "pecador" qualquer um (deus, humano ou cidade) que não seja subserviente; (4) a colocar a responsabilidade de todos os acontecimentos malignos, como os acontecimentos que provocaram guerras e conflitos, em seus inimigos; e, finalmente, (5) eles possuem uma hierarquia dominada pelos homens, começando pelo reinado que passa, essencialmente, aos herdeiros masculinos, e sua obsessão com o herdeiro masculino. Sexismo contra mulheres é desenfreado e a socidade anunnaki é, definitivamente, claramente, machista, especialmente entre os enlilitas e seu aliado natural, Nergal.

Nós vimos dois trechos dos textos que apresentam sentenças de verdadeira Estrutura Informacional misturadas com as sentenças de clara Estrutura Moralista, essa última revela uma perspectiva enlilita da história. Isso é de imensa importância, porque mostra que a Estrutura Moralista, tendenciosa, já existia na Suméria (e, certamente, como a perspectiva de um dos deuses enlilitas), em vez de ser apenas uma adição tardia. É por isso que nós devemos considerá-la como parcialmente contida na primeira camada do texto. A primeira camada do Gênesis, então, torna-se um campo semântico EI + EM.

Vamos relembrar estes dois trechos:

Texto 1. O bombardeamento nuclear da Planície da Jordânia (2024 a.C.). "Senhor, Portador do Escaldante que queimou o inimigo; que destruiu a região desobediente; que minguou a vida e os seguidores da Palavra Maligna; que fez chover pedras e fogo sobre os adversários". (Texto K-5001, idioma sumério, com fiel tradução em acadiano).

Texto 2. A Torre da Babilônia (3450 a.C.). "Os pensamentos" do coração de seu deus "eram malignos; contra o Pai dos Deuses [Enlil] ele foi perverso... o povo da Babilônia ele corrompeu ao pecado", induzindo "pequenos e grandes a se misturarem no monte" ... Porque "eles se revoltaram contra os deuses com violência, De forma violenta, eles [foram esmagados e] eles choraram pela Babilônia; muito eles choraram". (Texto K-3657, acadiano cuneiforme; *Guerras*, 198-99).

Os campos semânticos destes dois textos são muito semelhantes em seus valores e objetivos de EM (como inspirando o medo do deus), no entanto, eu também detecto diferenças.

O autor do trecho da Torre de Babel (texto 2) tenta nos comover e despertar emoções por meio de uma instrução moral paternalista e barata, enquanto o texto do bombardeamento nuclear é muito mais acentuado e duro em seus julgamentos. O autor do primeiro texto acredita que ele é o Grande Mestre, todo-poderoso, e deve ser temido (os textos biográficos no original sumério, em geral, alteram a utilização do *eu* para a terceira pessoa, mas nunca para o plural *nós*), ao passo que o autor do segundo texto acredita ser um pastor e tem de educar seu povo que, em sua opinião, só pode ser conduzido como ovelhas. Ele quer nos fazer chorar diante do terrível destino do "desobediente" de uma forma muito semelhante ao autor do relato de Lot, e ele se permite (para o bem maior de seu ensinamento), uma grande mudança dos fatos sem qualquer hesitação. Os mesmos valores e EM enlilitas, mas diferentes imagens do eu, e diferentes estilos relacionais – sendo assim, diferentes autores. E os dois textos estão em acadiano (revelando assim um desejo de ser amplamente distribuído pelo mundo civilizado da época). O texto do bombardemanto nuclear possui uma versão em sumério, uma ligação ao império original antes do domínio de Ágade/Akkad, de Inanna (iniciado por volta de 2400 a.C.). No entanto, ele fala que o holocausto nuclear acontece em 2024 a.C. Enquanto que os acontecimentos relatados no texto da Torre de Babel são de 14 séculos antes do ataque nuclear. Ambos os textos têm de ser escritos depois do acadiano ter se tornado o idioma mundial.

Eu atribuiria o texto ríspido, arrogante e crítico do ataque nuclear a um imortal anunnaki que falava sumério e que escreveu um louvor para seu próprio culto – ou Enlil, ou Nergal. E o texto da Torre de Babel eu atribuo a um narrador muito mais recente e altamente moralista, um padre – precisamente, aquele que inventou a história de Lot.

De fato, o autor da primeira camada (os textos de origem) poderia ser o próprio Enlil (ou um de seus parentes ou emissários) escrevendo ou ditando a um escriba fiel e escolhido. Se Enlil ditou sua própria versão da história a escribas devotos, esses escribas teriam respeitado o texto ao máximo como a palavra divina, ou *parole*, e teriam sido meticulosamente fiéis a ele. Nós podemos deduzir que a própria primeira camada é uma compilação de textos escritos em diferentes períodos, sob a estrita supervisão de Enlil, como globais anais dos principais capítulos da história da humanidade. Assim, o primeiro escriba (dos acontecimentos antediluvianos) poderia ter sido Enoque/Enmeduranki, o sétimo governante/patriarca antediluviano da Suméria, Adapa/Adão sendo o primeiro. Nós sabemos que Enoque foi levado para o "céu" (Nibiru) para ser educado e, sob o comando da divindade, ele recebeu instrumentos de escriba para escrever o que o arcanjo Pravuel *lia para ele dos livros antigos* (*Encontros*, 63). Assim, aqui nós temos uma explicação sólida para a descoberta de trechos de arquivos sumérios antigos no texto do Livro.

Outros capítulos (ainda influenciados pela assinatura moralista do campo semântico enlilita) poderiam ter sido escritos após acontecimentos importantes pelos Altos Sacerdotes e escribas devotos de Enlil.

No entanto, houve adições definitivas à versão original EI + EM, inventadas muito mais tarde, e duas camadas delas podem ser distinguidas pela nossa análise semântica. A história de Lot é, sem alguma dúvida, um relato totalmente acrescentado, com uma Estrutura Moralista tão tendenciosa e tão extrema que se torna totalmente irrealista – descobrindo e exemplificando a terceira camada.

A segunda camada do texto

Assim, a segunda camada é onde nós podemos ver emergindo à superfíce um narrador moralista que pertence a uma era da Terra e a uma civilização muito mais recentes – vamos chamá-lo de Narrador 2. Ele não sabe de nada (mais) sobre a ciência anunnaki e quem cuida da verdadeira história dos anunnaki reais, nem de suas lutas, por meio da perspectiva exclusiva de Enlil. Outros deuses (a família de Enlil, irmãos e descendentes) tornaram-se devotos e comandados por ele (incluindo os famosos emissários/Malachim), ou então eles são enquadrados como perversos, ídolos e/ou falsos. Esse narrador mais recente, nós vimos, não era um morador da cidade, mas foi, quase com certeza, um morador de templo durante quase toda sua vida, um sacerdote devoto que viveu em um ambiente isolado, rico e organizado, distante dos leigos e da sociedade em geral. Ele é tendencioso em relação às mulheres (assim como Enlil), e enquanto ele, certamente, possuía uma família e transmitiu seu conhecimento e função a um de seus filhos, ele, no entanto, permaneceu muito arrogante e distante. Dessa forma, ele não pode conceber a perspectiva de uma mãe ou de uma mulher, a psicologia das crianças, os fatos da natureza ou o que significa viver em condições difíceis. Ele é excessivamente confiante e orgulhoso de seu conhecimento sacerdotal secreto e o ensina ao seu herdeiro e a uma elite. Ele é um erudito e sacerdote bem informado e, no entanto, tende a viver em moral estrita, preceitos de fé e regras, e não possui flexibilidade mental. Ele não aprendeu a exercitar sua mente por meio da filosofia (como os gregos), da ciência (como os egípcios e os gregos), ou como viver em uma sociedade aberta, na qual todas as opiniões e experiências divergem. Por sua estreita EM, podemos deduzir que ele nunca viajou extensivamente, e que ele mal se aventurou para fora de seu templo. A personalidade do narrador da segunda camada é, assim, a de um sacerdote e erudito de um templo, um homem – certamente ele deve ter sido um Alto Sacerdote da descendência de Abraão.

Agora, essa personalidade do narrador da segunda camada, vista pelos textos do Livro do Gênesis, enquanto é definitivamente tendenciosa e moralista, pertence, todavia, a um erudito de alta posição, de tal forma que ele respeita os inevitáveis textos de origem e seus fatos históricos (as sentenças de EI) – nomeadamente a primeira camada (a versão enlilita EI + EM) – que estava, nós podemos concluir, disponível a ele nas versões originais em acadiano (o idioma antepassado do hebraico e das línguas semíticas em geral), ou suas cópias e traduções e outros idiomas do Oriente Médio.

A segunda camada, em meu entender, foi composta no momento da tradução do texto de origem (e outros textos do Oriente

Médio) para a (então) nova linguagem do hebraico (será a primeira versão em hebraico). Esse texto de origem principal do Narrador 2 já reflete uma perspectiva enlilita EM dos acontecimentos, embora seja também ciente dos outros textos – tais como os da Babilônia, que refletem a perspectiva de Marduk de um deus único. Um erudito importante e liberal, ciente das políticas mundiais dos tempos, apesar de sua tendência moralista extrema e sua repugnância pelo mundo dos leigos, respeitará e manterá o plural *Senhores* (Elohim) e o termo *homens* para ser referir aos Senhores e outros seres divinos (assim, ele sabe que eles pertencem à espécie humana, mesmo que imortais). Isso significa que o Narrador 2 sabia – por meio de seus textos de origem e da tradição transmitida a ele, se não pelo contato direto com os Senhores – de três verdades básicas: (1) que houve vários deuses de uma mesma árvore genealógica real, (2) que eles lutaram entre si, e (3) que esses deuses eram homens, de uma raça humana, com esposas, irmãos, filhos, emoções e propensos a agir em acessos de raiva.

Agora nos surge outro grupo de questões: podemos pensar sobre as éticas desse narrador da segunda camada, cujo propósito era fazer os humanos se conectarem apenas ao deus principal e abandonar os outros grandes deuses, e sua estratégia dupla para atingir esse objetivo constituía em rotular todos os outros reais (incluindo o Rei do Céu e pai) como superstição ou idolatria, e utilizar os atos enfurecidos de Enlil para induzir o temor a deus.

Paradoxalmente, eu realmente acredito que um efeito positivo do monoteísmo na humanidade tenha sido estimular em nós uma grande evolução em termos de autoconsciência, autorreferência, ética e individualização – por que (ao contrário dos deuses) nós confrontamos nossos próprios pecados diários e defeitos, e tentamos emular as qualidades divinas da justiça e/ou compaixão que projetamos em apenas um deus. Não que tenhamos atingido esse objetivo impossível, mas, pelo menos, a tentativa nos permitiu o ímpeto para o automelhoramento. No entanto, como analisamos tantos efeitos terríveis do monoteísmo, também acredito que chegou o momento para seguirmos em frente.

A terceira camada do texto

Com base na Teoria dos Campos Semânticos e na análise psicológica, há uma terceira camada do texto de, pelo menos, um autor/editor – o vazamento de óleo espalha-se pela superfície em grandes manchas. Há, claramente, uma edição definida e uma narrativa totalmente acrescentada com preconceitos tendenciosos extremos, e cujo objetivo é construir um dogma – religioso, moral, social (em termos de uma sociedade civilizada do gênero), e ética. Esse esforço se resume a elevar ou alavancar a história de apenas um povo, a religião de apenas um povo – por meio do foco seletivo em apenas uma linha de descendentes de Abe.

Essa terceira camada, no meu entender, é semelhante ao crescimento do dogma católico – um grupo completo de crenças amarrado para formar um corpo estrito de dogmas que servirão, posteriormente, como medidas para organizar e pesar os verdadeiros católicos e os hereges, os pagãos e os "não nós", e isso introduzirá uma sobreposição de desprezo pelas mulheres apresentado pela Divindade única.

Quanto à religião católica, essa elaboração de uma doutrina essencial aconteceu em um acontecimento único e memorável, perfeitamente documentado. Aconteceu quando o imperador romano, Constantino I, solicitou um Conselho – normalmente, uma assembleia de *todos* os bispos das diversas crenças cristãs. Nessa época, na Europa e no Oriente Médio, o panorama religioso era bastante diversificado. Muitos grupos de cristãos primitivos desenvolveram seu próprio tipo de fé com costumes específicos, rituais e crenças (como os gnósticos). Essas crenças cristãs primitivas floresceram em meio a fés egípcias, gregas, persas e romanas, tais como os Mistérios de Ísis e o culto de Mitras, este último era a crença que mais extensão teve no mundo daquela época. Com a coroação de Constantino I, o Império Romano fora reunificado (ele se estendia por toda a Europa) e a perseguição dos cristãos fora interrompida; na altura, os cristãos formavam apenas um décimo de sua população. Um fato interessante é que Constantino, toda sua vida, aderiu a um ramo monoteísta de uma religião romana chamada *Sol Invicti* (ligada a Apolo e Mitras) e era particularmente atraído pela crença arianista; mas ele sempre foi tolerante e desejava, acima de tudo, uma religião unificada. Mas um novo dogma promovido pelo Bispo Ário surgira no Cristianismo, criando muito desacordo. O conflito era sobre a relação do Pai com o Filho (e o Espírito Santo). Os católicos defenderam a consubstancialidade – uma essência única em três pessoas diferentes – e os arianistas defendiam uma essência semelhante, mas não única. Puramente por razões políticas, para impor a autoridade do imperador sobre a religião e uma unidade forçada sobre o Império, o próprio Constantino I convocou o Concílio de Niceia, em 325 EC. Entre 250 e 300 bispos propensos ao Catolicismo foram convidados, e apenas 14 arianistas. Sem ser batizado como católico, o imperador, no entanto, presidiu o conselho. Após dias de discussão, dos 14 bispos arianistas, apenas três se recusaram a adotar o dogma católico, entre eles o próprio Ário – e eles foram excomungados ali mesmo. Depois desse esmagador voto positivo de um público cuidadosamente escolhido, os bispos discutiram e estabeleceram outros artigos de fé, como a Trindade. Estranhamente, Constantino foi batizado mesmo antes de morrer, 12 anos mais tarde (durante uma de suas campanhas), mas por um bispo arianista, sendo assim, de acordo com a fé arianista! No entanto, seus filhos foram criados como católicos. O cenário do dogma essencial que, mais tarde, escolheu quais textos entre as escrituras e evangelhos deveriam se tornar canônicos. Dessa forma, surgiu a versão aprovada das escrituras do Novo Testamento. E os textos que foram rejeitados se tornaram os textos e evangelhos apócrifos, ou seja, apócrifo em relação a (ou fora da) crença católica.

De fato, a existência dos livros apócrifos nas margens das escrituras judaicas – tais como o Livro dos Jubileus e o Livro de Enoque – que nos fornecem muita informação em concordância com as tábuas sumérias que estão ausentes no Livro, parece apontar a tal possibilidade. Em determinado ponto, alguns textos antigos tornaram-se canônicos, e outros foram rejeitados, formando, assim a Apócrifa.

Assim, com essa terceira camada (e Narrador 3), os textos do Livro do Gênesis (pelo menos) passaram primeiro por uma organização dos elementos básicos do dogma, fiéis ao desejo de Enlil, como expresso nas camadas anteriores – seu campo semântico, ou seja, seus julgamentos e valores essenciais, especialmente o novo modelo monoteísta; e, em seguida, uma edição com adições no texto salientando seu poder e induzindo o temor a deus. O objetivo global, como nós vimos com a constituição do Novo Testamento Católico, teria sido unificar a fé e, simultaneamente, torná-la a fé de um grupo étnico específico. Essas adições e edições teriam sido enxertadas na primeira e segunda camadas, que já interpretavam e avaliavam a história pelo ponto de vista do campo semântico de Enlil.

Como vimos, a principal transformação produzida na segunda camada foi para cimentar a mudança de um panteão de deuses (muito humanos) para uma estrutura monoteísta estrita e moralista – a fé de um deus único imposta por Enlil e já desenvolvida e exposta em seus escritos/ditados da primeira camada – apagando assim, totalmente, a família de Enlil. Isso é semelhante à forma como a fé católica apagou qualquer menção aos irmãos de Jesus (salvo raros lapsos) e de sua esposa de ascendência real, Maria Madalena, uma apóstola altamente iniciada, transformando-a na mulher "pecadora" – dessa forma, sendo relegada a prostituta por um apóstolo. Assim, os textos nos levaram a interpretar sua presença equiparável ao lado de Jesus (que eles não conseguiram expungir totalmente dos textos canônicos), pelo fato de Jesus ter salvado sua alma, ela se tornou totalmente dedicada a ele como penitência e, já que ela era rica, atendia às suas necessidades.

Quando a terceira camada é construída, um ou dois milênios mais tarde, todos os detalhes sobre a família de Enlil já foram esquecidos, tudo sobre a civilização suméria e sua ciência (e o nascimento e educação de Abe em Nippur) foram apagados ou desfocados a ponto de se tornarem irreconhecíveis nas primeiras duas camadas. O processo deixou apenas algumas discrepâncias e artimanhas linguísticas, como o plural que se tornou singular em *Elohim* e *nós*. Na composição dessa terceira camada são acrescentados contos com o intuito de remendar as estranhas e inexplicáveis discrepâncias – uma tarefa adequada ao serviço da Divindade, já que o narrador não compreende porque estão ali, em primeiro lugar – e, simultaneamente, acontecem em uma construção menos que genuína de uma versão coerente e alargada para fundamentar o corpo do dogma em apenas uma pessoa, utilizando como base a estrita EM, a fé religiosa e o contexto cultural desenvolvidos durante séculos por esse povo. Para realizar esse feito, outro tema deveria ser resolvido claramente pelo corpo de dogmas: Y. selecionou apenas uma linhagem de descendentes de Abe... as outras ramificações tinham de ser habilmente expurgadas e isso exigia bons e verdadeiros motivos. E, assim, a descendência de Lot é descrita como assassinada ou tornando-se degenerada.

As camadas que revelam um Deus gigantesco

Ao longo deste livro, nós exploramos e analisamos os textos antigos da Suméria e do Oriente Médio, assim como o Livro do Gênesis, utilizando o espelho da Teoria dos Campos Semânticos. Isso nos levou a distinguir narradores, reconhecíveis pelos seus amplamente divergentes campos semânticos, e a identificar qual camada do texto pertence a um ou a outro. O processo também nos permitiu extrair informação relativa ao tipo de civilização e a época a que esses narradores pertenciam.

Assim, vemos, com o monoteísmo, o surgimento de um deus totalmente desencarnado, que não é nem humano nem alienígena, mas um espírito imaterial dotado (apenas) de qualidades positivas em uma medida absoluta – onisciente, onipotente, criador de tudo que existe, infalível, absolutamente justo, etc. (E, naquele ponto, a história real tinha, definitamvente, de ser apagada). Mas, ao fazê-lo, a discrepância com o estado realista do mundo – ou seja, as ações malignas, o sofrimento, a desordem – tinha de ter um motivo, uma causa que não podia ter origem em Deus, o criador perfeito e todo-poderoso. Então, a entidade do demônio tinha, naturalmente, de emergir como um conceito capaz (como nós analisamos anteriormente) de constelar uma personalidade com todas as qualidades negativas opostas igualmente extremadas. Isso explica a elaboração da *constelação semântica* do Demônio, que agora tinha um nome: a Serpente, Satã. E é assim que o conflito entre diferentes visões divinas do mundo foi, ele mesmo, transformado em uma nova batalha entre Deus/bem e o Demônio/mal. Tudo que não fosse o dogma estrito tornava-se maligno, ou um complô do Demônio, e era punido como tal.

No entanto, os fatos básicos da narrativa (a EI nas camadas 1 e 2) dão uma falsa ideia dos epítetos superlativos, como se fossem qualidades demonstradas pelo deus irado, o deus ciumento e injusto, governando apenas pela ordem e falsa misericórdia, e pisando nos seres humanos sempre que acontecimentos despertam sua ira ou ciúme – sejam os humanos culpados ou não.

Os sumérios eram mais honestos quando eles representavam um deus altaneiro, um gigante, pisando e matando os humanos da Terra que tentavam, com esperanças e coragem, construir seu próprio Vínculo Céu-Terra (torre) – como visto nos estalhes de pedras (veja figura 14).

Onde vimos Enlil ou a divindade do Livro realmente dando alguma coisa à humanidade nos textos que avaliamos? Dizem-nos que, após um grande ataque de ravia e a maldição da Mulher, do Homem e da humanidade, a divindade fez algumas vestimentas para o Primeiro Casal (que simpático, após o "presente" das maldições terríveis e eternas que não poderiam ser eliminadas!). Vimos como foi desonesto o presente da "misericórdia" a Lot – como se uma mão tirasse o que a outra era forçada a dar – um presente que, no fim, agravou o destino de Lot (na narrativa). Também vimos como o presente de Abe (o milagre de um filho com Sara, já em idade avançada) tinha o sabor amargo de um acordo e de uma forma para o narrador excluir do cenário os decendentes de Lot, assim como de Hagar. Deste suposto "pai" irascível e rígido psicologicamente, os comandos (como um estilo predominante de comunicação) e os castigos (como um estilo predominante de reação) seriam, de certa forma, compreensíveis apenas se ele tivesse concedido à humanidade o presente mais precioso – a vida –, isto é, caso ele fosse nosso Criador. Mas, se olharmos para as coisas no contexto em que realmente aconteceram historicamente, ele parece mais um herdeiro real que assumiu o governo como se por direito divino, o que não era o caso, já que seu pai, Anu, e seu adversário, Alalu, continuaram usurpando o trono um do outro (embora de acordo com costumes aceitos e com toda a justiça).

Enlil, como o Comandante da Terra, era um fato da realidade, um destino terrível para a humanidade jovem, que não podia ser contornado – mesmo se o príncipe brilhante, irmão e poderoso concorrente, o próprio Enki, não pudesse fazer o suficiente.

Conclusão

Ainda poderíamos duvidar firmemente que tais eventos aconteceram, especialmente o holocausto nuclear na Suméria, se não tivéssemos centenas de milhares de tábuas sumérias, se não tivéssemos as descobertas de vários locais na Terra com rochas vitrificadas e inexplicáveis, a não ser evocando explosões nucleares e calor, se não tivéssemos os esqueletos radioativos no Vale do Indo e, não menos, vestígios de duas explosões termonucleares em Marte e a evidência de um planeta com vida exuberante que foi queimado até a morte.

Agora podemos nos perguntar: Por que essas incessantes ondas de descobertas por tantos campos científicos diferentes e domínios periféricos de pesquisa? E por que agora? Porque, apesar de recentes guerras devastadoras e ataques a sítios sagrados por grupos religiosos extremistas que, estranhamente, tiveram como alvo precisamente artefatos antigos e os museus sumério e assírio, estamos no limiar de um salto qualitativo na consciência humana, um salto de proporções importantes.

A informação sobre civilizações inteligentes no universo em nossos arredores e capazes, desde há muito tempo, de nos visitar – um fato que vem para a linha de frente com tanta insistência e tanta força que foi encoberto por tempo demais. Mas, em anos recentes, mesmo indivíduos em postos importantes e dirigentes sabem da urgência do povo da Terra em estar totalmente ciente do nosso próximo passo, de interagir em um nível geopolítico com a federação de civilizações inteligentes e, então, integrar sua organização.

Quanto mais pesquiso a cultura suméria, mais fico persuadida de que, apesar de sua disposição em nos fornecer o máximo de conhecimento sobre suas origens e seu mundo natal, há um grupo de informações que Enki, Ninmah e Ningishzidda/Hermes não passaram para nós – e foi a sua interação com tal federação galáctica. Um tema, eu aposto, sobre o qual eles refletiram e chegaram à conclusão de que era algo que nós teríamos de consquistar por *nós* mesmos, porque só então estaríamos prontos para lidar com isso.

Entretanto, aconteceu que as forças que queriam nos manter como burros de carga – produzindo riquezas e metais que eles descartariam, sem nem mesmo pagar por eles ou pelo trabalho – esses poderes fantasmas usaram todos os meios possíveis para nos impedir de atingir essa compreensão e, quando alguns indivíduos perspicazes o fizeram, eles foram rápidos em silenciá-los em nome da razão e do bom senso, das estatísticas e leis da física do século XIX, ou por incompatibilidade religiosa com seus dogmas e visões do mundo.

Temos muito a aprender sobre como a verdade nua foi encoberta, por que, e quais incentivos psicológicos eles utilizaram. E eu espero, claro, ter estimulado um grau dessa consciência, enquanto cumpri minha parte ao levantar o véu e decifrar vestígios, ao lado de tantos outros pesquisadores deste ou de outros domínios relacionados.

Entretranto, temos mesmo mais a aprender ao entrar totalmente no novo paradigma que afirma que vida e civilizações inteligentes fervilham no universo e mesmo à nossa porta; e que eles sempre tiveram contato conosco. No entanto, previsivelmente, também há maus elementos por lá, assim como aqui – mafiosos, predadores de muitos lugares e déspotas cegos como Enlil, ainda que em escala cósmica. Mesmo que tenha havido apenas civilizações alienígenas que desceram, haveria, por força, temas cosmopolíticos tão intrincados e complexos com esses exomundos, que ainda precisaríamos ser os mais astutos e perspicazes possível.

Essa é a nossa vez, então, para usar essa oportunidade e dar esse salto.

Bibliografia

Uma relação das tábuas e textos antigos citados neste trabalho é fornecida no final da bibliografia.

Anonymous & John D. Smith. *The Mahabharata*. New York: Penguin Classics, 2009.

Apuleius, *The Golden Ass*. New York: Penguin Classics, 1999.

Asimov, Isaac. *Foundation's Edge*. N.Y.: Doubleday & Co. Inc., 1982.

Aucker, Gene. *Guides to Biblical Scholarship*. Mineapolis, Minn.: Augsburg Fortress, 2001.

Baigent, Michael, Richard Leigh e Henry Lincoln. *Holy Blood, Holy Grail*. New York: Arrow Books/Random House, 1982.

Bachtel, Lyn M. "A Feminist Reading of Genesis 19:1-11". *In* Brenner, *Genesis: A Feminist Companion to the Bible*, segunda série, 108-28.

_____. "Rethinking the Interpretation of Genesis 2.4b-3.24". *In* Brenner, Genesis: *A Feminist Companion to the Bible*, primeira série, 77-117.

_____. "The Adam and Eve Myth as a Myth about Human Maturation". *In The 1994 Annual of Hermeneutics and Social Concern*, editado por Justus George Lawler, 152-73. New York: Continuum International Publishing Group, 1994.

Beit-Hallahmi, Benjamin e Michael Argyle. "God as a Father Projection: The Theory and the Evidence". *British Journal of Medical Psychology* 48, nº 1 (1975): 71-75. Disponível *on-line*, busca em DOI: 10.1111/j.2044-8341.1975.tb02310 (acessado em 1º de setembro, 2013).

Bergson, Henri. *Creative Evolution*. New York: MacMillan Co., 1911. Kessinger Reprints, Amazon/CreateSpace, 2012.

Black Elk, Wallace e William S. Lyon. *The Sacred Ways of a Lakota*. New York: HarperCollins, 1991.

Blyth, Caroline. *The Narrative of Rape in Genesis 34: Interpreting Dinah's Silence*. New York: Oxford University Press, 2010.

Bohm David. *Wholeness and the Implicate Order*. Londres: Routledge e Kegan Paul, 1980.

Boscawen, W.S.C. Texto K_3657. *In Transactions of the Society of Biblical Archaeology*, volume 5. Oxford, Inglaterra: Longmans, Green and Dyer, 1877.

Brenner, Athalaya, ed. Genesis: *A Feminist Companion to the Bible*, 1ª e 2ª séries. Sheffield, Reino Unido: Sheffield Academic Press, 1993, 1998.

Brandenburg, John. *Beyond Einstein's Unified Field: Gravity and Electromagnetism Redefined*, Ill.: Adventures Unlimited Press, 2011.

_____. *Death on Mars: The Discovery of a Planetary Nuclear Massacre*. Kempton, Ill.: Adventures Unlimited Press, 2015.

_____. *Life and Death on Mars: The New Mars Synthesis*. Kempton, Ill.: Adventures Unlimited Press, 2011.

Brin, David. *The Uplift Trilogy*. New York: Bantam Books, 1995-1998.

Brown, Dan. *The Da Vinci Code*. New York: Doubleday/Random House, 2003.

Bruns, Edgar. "Depth Psychology and the Fall". *Catholic Biblical Quarterly 21* (1959):78-82.

Capps, Donald. "Foreword". *In* Ellens, *Psychology and the Bible: A New Way To Read the Scriptures*. Volume 4.

Castaneda, Carlos. *The Fire from Within*. New York: Pocket Books, 1991.

_____. *The Power of Silence*. New York: Pocke Books, 1991.

Casti, John L. *Paradigms Lost*. New York: William Morrow, 1989.

Childress, David Hatcher. *Technology of the Gods: the Incredible*

Sciences of the Ancients. Kempton, Ill.: Adventures Unlimited Press, 2000.

Combs, Allan e Mark Holland. *Synchronicity: Science, Myth, and the trickster*. New York: Marlowe, 1995.

Cooper-Whitre, Pamela. *The Cry of Tamar: Violence against Women and the Church's Response*. Minneapolis, Minn.: Fortress, 2012.

Cremo, Michael. *Human Devolution*. Badger, Calif.: Torchlight Publishing, 2003.

Cremo, Michael e Richard L. Thompson. *Forbidden Archeology*. Los Angeles, California: Torchlight Publishing, 2003.

Csikszentmihalyi, Mihaly. Flow: The Psychology of Optimal Experience. New York: Harper & Row, 1990.

Delaney, Carol. Abraham on Trial: *The Social Legacy of Biblical Myth*. Princeton, N.J.: Princeton University Press, 1999.

_____. "Abraham and the Seeds of Patriarchy". *In* Brenner, *Genesis: A Feminist Companion to the Bible*, 2ª série, 129-49.

Deleuze, Gilles e Felix Guattari. *A Thousand Plateaus*. New York: Continuum P. G., 2004.

Dennard, Linda. "The New Paradigm in Science and Public Administration". *Public Administration Review 56*, nº 15 (1996): 495-99.

Dossey, Larry. *Recovering the Soul: A Scientific and Spiritual Approach*. New York: Bantam New Age Books, 1989.

Dourley, John. *The Illness That We Are: A Jungian Critique of Christianity*. Toronto, Canadá: Inner City Books, 1984.

Eco, Umberto. *The Name of the Rose*. Orlando, Florida: Harcourt Brace, 1984.

_____. *The Role of the Reader: Explorations in the Semiotics of Texts*. Bloomington: Indiana University Press, 1979.

Edinger, Edward. *Archetype of the Apocalypse: Divine Vengeance. Terrorism and the End of the World*. Chicago: Open Court, 2002.

_____. *The New God-Image A Study of Jung's Key Letters Concerning the Evolution of the Western God-Image*, Wilmette, Ill.: Chiron, 1996.

Eisler, Riane. *The Chalice and the Blade: Our History, Our Future*.

São Francisco: Harper and Row, 1987.

_____. *The Power of Partnership*. Novato, California: New World Library, 2002.

_____. The Real Wealth of Nations. São Francisco: Berrett-Koehler Pub., 2007.

Eisler, Riane, David Loye, e Kari Norgaard. *Women, Men, and the Global Quality of Life*. Pacific Grove, California: Center for Partnership Studies, 1995.

Eliade, Mircea. Myth and Reality (*Religious Traditions in the World*). Long Grove, Ill.: Waveland Press, 1998.

Ellens, J. Harold. "The Psychodynamics of the Full Story: Genesis 2.25-3.24". *In* Ellens and Rollins, *Psychology and the Bible*, volume 2, De *Genesis to Apocalyptic Vision*, 23-39.

_____. "Toxic Texts". *In The Destructive Power of Religion: Violence In Judaism, Christianity, and Islam*, editado por J. Harold Ellens. Westport, Conn.: Praeger/Greenwood, 2004.

Ellens, J. Harold e Wayne G. Rollins, eds. *Psychology and the Bible: A New Way to Read the Scriptures*. 4 volumes. Westport, Conn.: Praeger/Greenwood, 2004.

Erikson, Erik H. *Childhood and Society*. New York: Norton, 1950.

_____. Young Man Luther: *A Study in Psychoanalysis and History*. New York: Norton, 1958.

Falkenstein, Adamn, Igor M. Diakonov, Claudio Saporetti e Mario Liverani. *The Sumerian Temple City*. Los Angeles, Califórnia: Undena Publications, 1974.

Faulkner, Raymong O. *The Ancient Egyptian Pyramid Texts*. New York: Oxford Univ. Press/Claredon Press, 1969.

Feinstein, David e Stanley Krippner. *The Mythic Path*. New York: Tarcher/Putnam, 1997.

Fodor, A, "The Fall of Man in the Book of Genesis". *American Imago* 11 (1954): 203-31.

Freeman, Walter. Societies of Brains: *A Study in the Neurosciences of Love and Hate*. Hillsdale, N.J.: Lawrence Erlbaum, 1995.

Freud, Sigmund. *Moses and Monotheism: Three Essays. The Complete Psychological Works of Sigmund Freud*, volume 23. Londres, Inglaterra: Hogarth, 1939.

_____. Totem and Taboo. *The Complete Psychological Works of Sigmund Freud,* volume 13. Londres, Inglaterra: Hogarth, 1913.

Fromm, Erich. *Psychoanalysis and Religion.* New Haven, Conn.: Yale University Press, 1950.

_____. *You Shall be as Gods: A Radical Reinterpretation of the Old Testament and Its Traditions.* New York: Holt, Rinehart & Winston, 1966.

Gallo, Max. *Jeanne D'Arc, jeune fille de France brûlée vive.* Paris, França: Xo Editions, 2011.

Gardner, Laurence. *Genesis of the Grail Kings.* Glouscester, Mass.: Fair Winds Press, 2002.

Gell-Mann, Murray. *The Quark and the Jaguar.* New York: W. H. Freeman and Co., 1994.

Gleick, James. *Chaos,* New York: Viking Press, 1987.

Goleman, Daniel. *Emotional Intelligence.* New York: Bantam, 1995.

Gorbovsky, Alexander. *Riddles of Ancient History.* Moscou: Soviet Publishers, 1966.

Greven, Philip J. *Spare the Child: The Religious Roots of Punishment and the Psychological Impact of Physical Abuse.* New York: Knopf, 1991.

Grof, Stan. Healing Our Deepest Wounds: *The Holotropic Paradigm Shift.* New Castle, Wash.: Stream of Experience Productions, 2012.

Gruber, Mayer. "Genesis 21.12: A New Reading of an Ambiguous Text". *In* Brenner, Genesis: *A Feminist Companion to the Bible,* 2ª série, 172-179.

Guastello, Stephen. *Chaos, Catastrophe, and Human Affairs.* Mahwah, N.J.: Lawrence Erlbaum Associates, 1995.

Hallo, William W. e J. J. A. Van Dijik. *The Exaltation of Inanna.* New Haven, Conn.: Yale University Press, 1986.

Hameroff, Stuart, Alfred W. Kaszniak e Alwyn C. Scott, eds. *Toward a Science of Consciouness*. Cambridge, Mass.: MIT Press/Bradford Books, 1996.

Hancock, Graham. Fingerprints of the Gods: *The Evidence for Earth's Lost Civilization*. Photography by Santha Faiia. New York: Three Rivers Press/Random House, 1995.

Hapgood, Charles. *Maps of the Ancient Sea-Kings: Evidence of Advanced Civilization in the Ice Age*. Kempton, Ill.: Adventures Unlimited Press, 1997. Primeira publicação 1965.

Hardy, Chris H. *Cosmic DNA at the Origin: A Hyperdimension before the Big Bang: The Infinite Spiral Staircase Theory*. CreateSpace IPP, 2015.

_____. *DNA of the Gods: The Anunnaki Creation of Eve and the Alien Battle for Humanity*. Rochester, Vt.: Bear & Co., 2014.

_____. *Butterfly Logic: Experimental Planet Earth*. CreateSpace IPP, 2016.

_____. "Nonlocal Processes and Entanglement as a Signature of a Cosmic Hyperdimension". *Journal of Consciousness Exploration & Research* (JCER) 6, nº 12. (dezembro, 2015). https://independent. Academia. edu/ChrisHHardy/Papres.

_____. *The Sacred Network*. Rochester, Vt.: Inner Traditions, 2011.

Hardy, Christine. "Complex Intuitive Dynamics in a Systematic Cognitive Framework". Proceedings of the International Society for the Systems Sciences. CD-ROM. Creta, Grécia, 2003.

_____. *La prediction de Jung: la metamorphose de la Terre*. Paris: Dervy/ Trédaniel, 2012.

_____. *Le vécu de la transe*. Paris: Editions du Dauphin, 1995.

_____. "Multilevel Webs Stretched across Time: Retroactive and Proactive Interinfluences". *Systems Research and Behavioral Science* 20, nº 2 (2003): 201-15.

_____. *Networks of Meaning: A Bridge between Mind and Matter*. Westport, Conn.: Praeger, 1998.

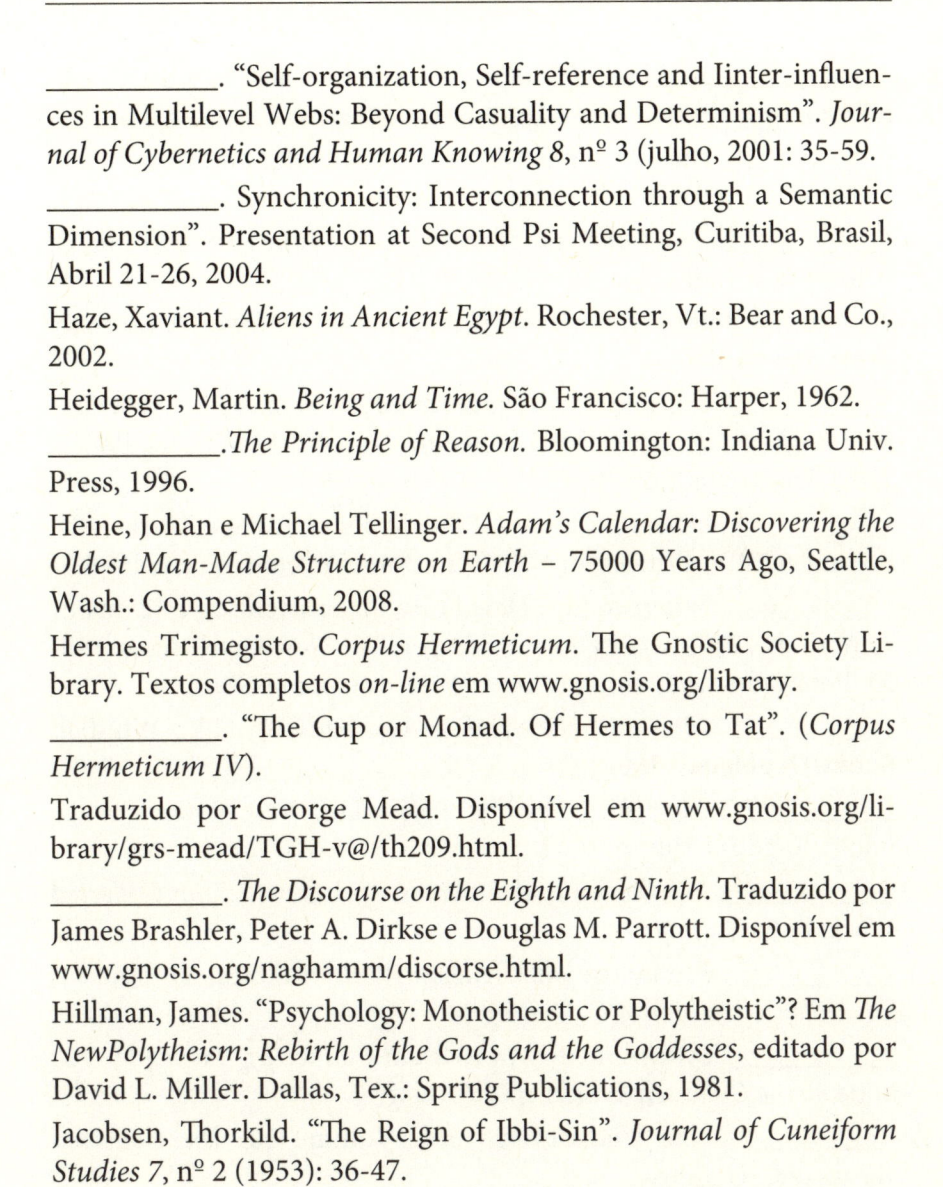

_____. "Self-organization, Self-reference and Iinter-influences in Multilevel Webs: Beyond Casuality and Determinism". *Journal of Cybernetics and Human Knowing 8*, nº 3 (julho, 2001: 35-59.

_____. Synchronicity: Interconnection through a Semantic Dimension". Presentation at Second Psi Meeting, Curitiba, Brasil, Abril 21-26, 2004.

Haze, Xaviant. *Aliens in Ancient Egypt*. Rochester, Vt.: Bear and Co., 2002.

Heidegger, Martin. *Being and Time*. São Francisco: Harper, 1962.

_____.*The Principle of Reason*. Bloomington: Indiana Univ. Press, 1996.

Heine, Johan e Michael Tellinger. *Adam's Calendar: Discovering the Oldest Man-Made Structure on Earth* – 75000 Years Ago, Seattle, Wash.: Compendium, 2008.

Hermes Trimegisto. *Corpus Hermeticum*. The Gnostic Society Library. Textos completos *on-line* em www.gnosis.org/library.

_____. "The Cup or Monad. Of Hermes to Tat". (*Corpus Hermeticum IV*).

Traduzido por George Mead. Disponível em www.gnosis.org/library/grs-mead/TGH-v@/th209.html.

_____. *The Discourse on the Eighth and Ninth*. Traduzido por James Brashler, Peter A. Dirkse e Douglas M. Parrott. Disponível em www.gnosis.org/naghamm/discorse.html.

Hillman, James. "Psychology: Monotheistic or Polytheistic"? Em *The NewPolytheism: Rebirth of the Gods and the Goddesses*, editado por David L. Miller. Dallas, Tex.: Spring Publications, 1981.

Jacobsen, Thorkild. "The Reign of Ibbi-Sin". *Journal of Cuneiform Studies 7*, nº 2 (1953): 36-47.

Jansen, Frans, H. P. M. "On the Origin and Development of the so-called Lajjagauri". *South Asian Archaeology 1991*, 457-72. Stuttgart, Alemanha: Franz Steiner Verlag, 1993.

Jung, Carl Gustav. *Aion*. Volume 9, *The Collected Works of C. G. Jung*.

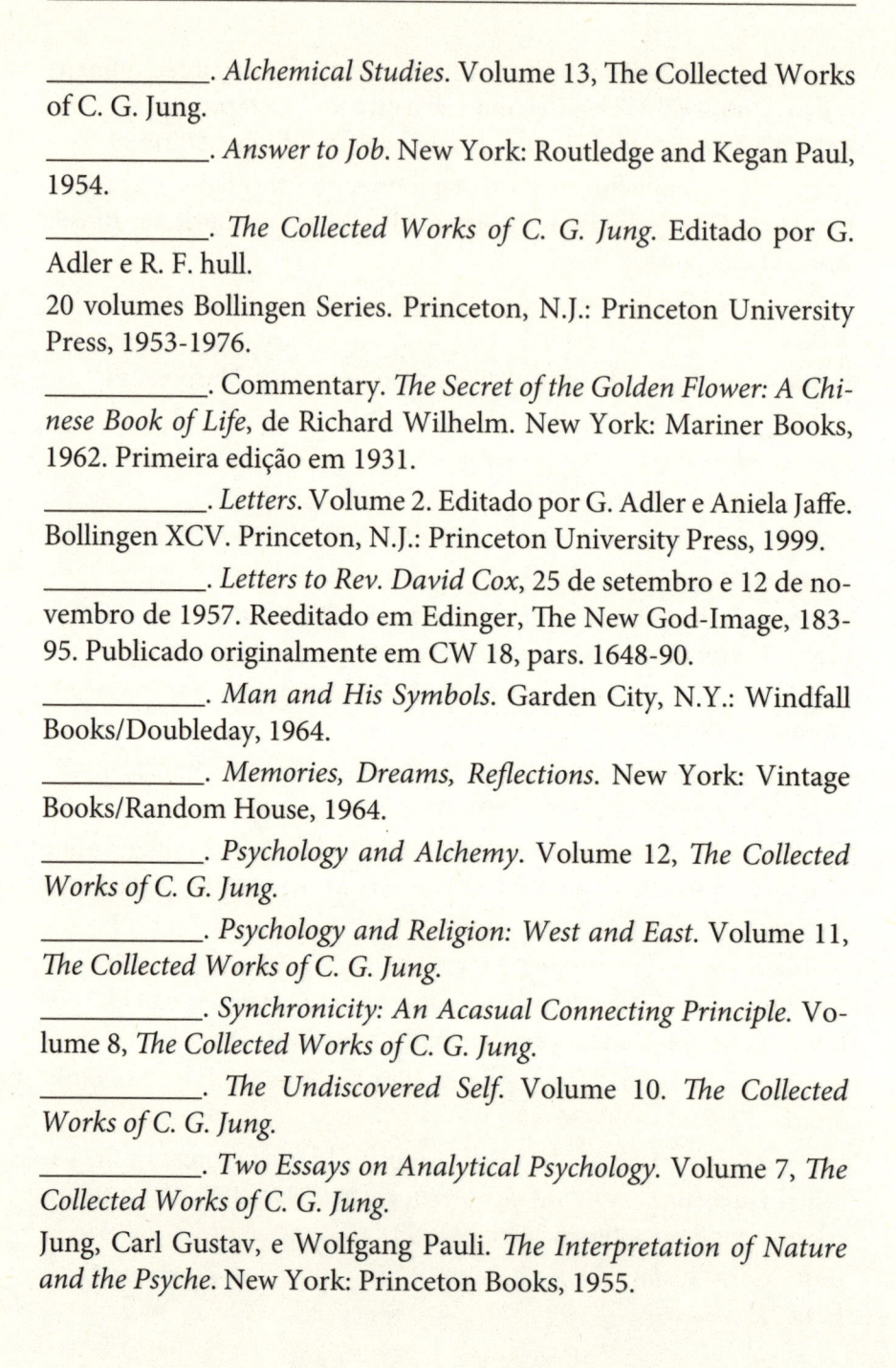

_____. *Alchemical Studies.* Volume 13, The Collected Works of C. G. Jung.

_____. *Answer to Job.* New York: Routledge and Kegan Paul, 1954.

_____. *The Collected Works of C. G. Jung.* Editado por G. Adler e R. F. hull.

20 volumes Bollingen Series. Princeton, N.J.: Princeton University Press, 1953-1976.

_____. Commentary. *The Secret of the Golden Flower: A Chinese Book of Life*, de Richard Wilhelm. New York: Mariner Books, 1962. Primeira edição em 1931.

_____. *Letters.* Volume 2. Editado por G. Adler e Aniela Jaffe. Bollingen XCV. Princeton, N.J.: Princeton University Press, 1999.

_____. *Letters to Rev. David Cox*, 25 de setembro e 12 de novembro de 1957. Reeditado em Edinger, The New God-Image, 183-95. Publicado originalmente em CW 18, pars. 1648-90.

_____. *Man and His Symbols.* Garden City, N.Y.: Windfall Books/Doubleday, 1964.

_____. *Memories, Dreams, Reflections.* New York: Vintage Books/Random House, 1964.

_____. *Psychology and Alchemy.* Volume 12, The Collected Works of C. G. Jung.

_____. *Psychology and Religion: West and East.* Volume 11, The Collected Works of C. G. Jung.

_____. *Synchronicity: An Acasual Connecting Principle.* Volume 8, The Collected Works of C. G. Jung.

_____. *The Undiscovered Self.* Volume 10. The Collected Works of C. G. Jung.

_____. *Two Essays on Analytical Psychology.* Volume 7, The Collected Works of C. G. Jung.

Jung, Carl Gustav, e Wolfgang Pauli. *The Interpretation of Nature and the Psyche.* New York: Princeton Books, 1955.

Kane, D., S. Cheston e J. Greer. "Perceptions of God by Survivors of Childhood Sexual Abuse: An Exploratory Study in an Under-Researched Area".
Journal of Psychology and Theology 21 (1993): 228-37.
Kille, Andrew. "Psychological Biblical Criticism". Em Aucker, *Guides to Biblical Scholarship*.
_____. "The Day of the Lord from a Jungian Perspective: Amos 5:18-20. *In* Ellens, *Psychology and the Bible*, volume 2, 267-76.
King, Karen. *The Gospel of Mary of Magdala: Jesus and the First Woman Apostle*. Santa Rosa, Calif.: Polebridge Press, 2003. Trecho em www.gnosis.org/library/GMary-King-Intro.html. King, Leonard W. *Babylonian Magic and Sorcery*. Milton-Keynes, Reino Unido: BibliLife. Reedição de Londres, Inglaterra: Luzac & Co. Publishing, 1896.
_____. "Legends of Babylon and Egypt in Relation to Hebrew Tradition". The Schweich lectures, The British Academy, Londres, Inglaterra, 1916.
Disponível *on-line* em www.sacred.texts.com/ane.beheb.htm (acessado em 7 de setembro de 2013).
_____. *The Seven Tablets of Creation*. 1902. Reedição, Charleston, S.C.: BiblioBazaar, 2007.
Klug, Sonja. *Kathedrale des kosmos*. Hugendubel, Alemanha: V. Heinrich, 2001.
Kluger, Rivkah S. Psyche in Scripture: "*The Idea of the Chosen People*" and Other Essays. Toronto, Canadá: Inner City, 1995.
Knafo, Ariel, e Tziporit Glick. "Genesis Dreams: Using a Private, Psychological Event as a Cultural, Political Declaration". *Dreaming* 10, nº 1 (2000): 19:30.
Knapp, Bettina L. *Manna and Mystery: A Jungian Approach to Hebrew Myth and Legend*. Wilmette, Ill.: Chiron, 1995.
Koestler, Arthur. *The Act of Creation*. New York: Penguin, 1989.
Kramer, Daniela e Michael Moore: "Sour Grapes: Transgenerational Family Pathology in the Hebrew Bible". *Journal of Psychology and Judaism* 22 (1998): 65-69.

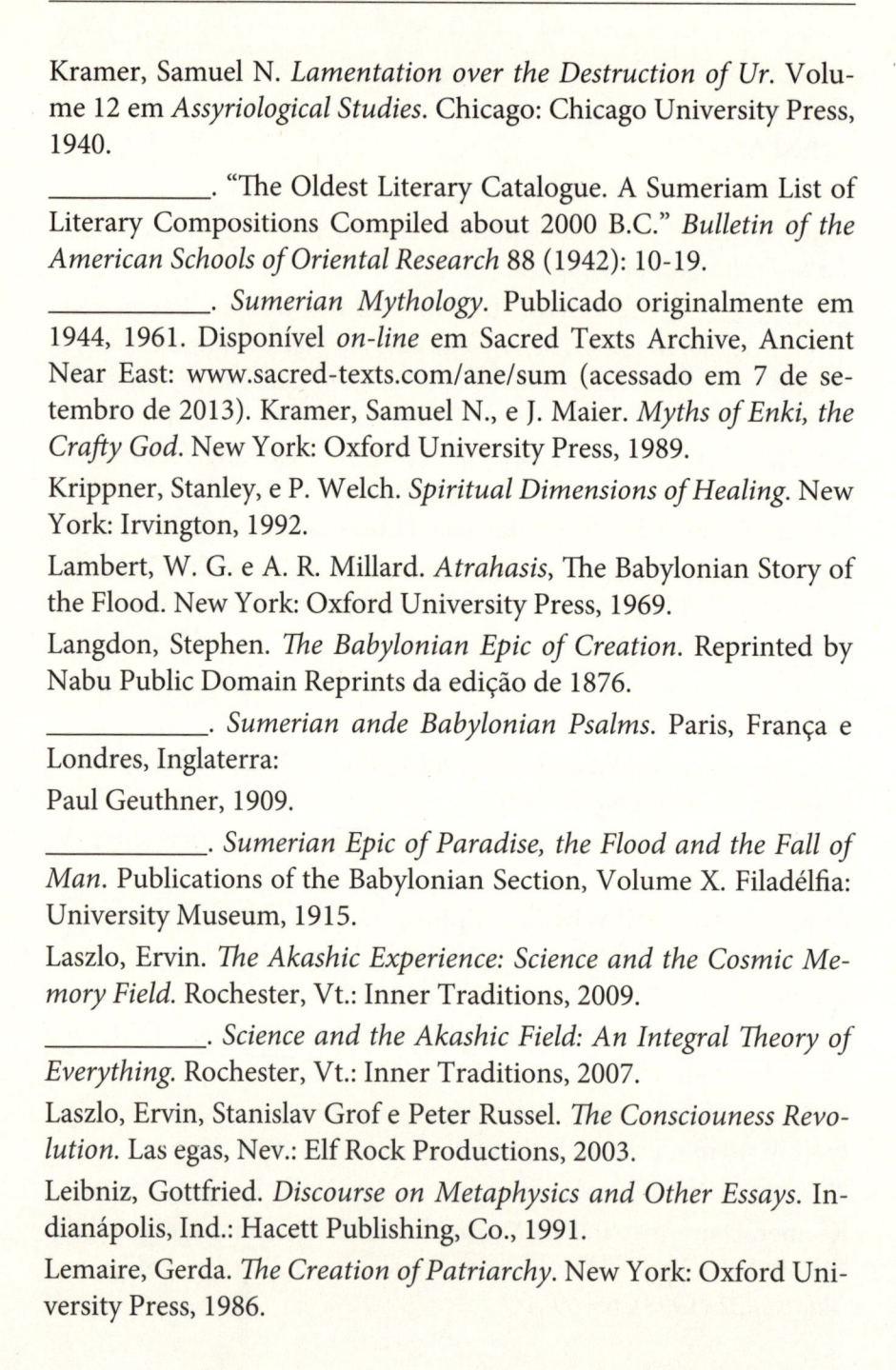

Kramer, Samuel N. *Lamentation over the Destruction of Ur*. Volume 12 em *Assyriological Studies*. Chicago: Chicago University Press, 1940.

_____. "The Oldest Literary Catalogue. A Sumeriam List of Literary Compositions Compiled about 2000 B.C." *Bulletin of the American Schools of Oriental Research* 88 (1942): 10-19.

_____. *Sumerian Mythology*. Publicado originalmente em 1944, 1961. Disponível *on-line* em Sacred Texts Archive, Ancient Near East: www.sacred-texts.com/ane/sum (acessado em 7 de setembro de 2013). Kramer, Samuel N., e J. Maier. *Myths of Enki, the Crafty God*. New York: Oxford University Press, 1989.

Krippner, Stanley, e P. Welch. *Spiritual Dimensions of Healing*. New York: Irvington, 1992.

Lambert, W. G. e A. R. Millard. *Atrahasis*, The Babylonian Story of the Flood. New York: Oxford University Press, 1969.

Langdon, Stephen. *The Babylonian Epic of Creation*. Reprinted by Nabu Public Domain Reprints da edição de 1876.

_____. *Sumerian ande Babylonian Psalms*. Paris, França e Londres, Inglaterra:
Paul Geuthner, 1909.

_____. *Sumerian Epic of Paradise, the Flood and the Fall of Man*. Publications of the Babylonian Section, Volume X. Filadélfia: University Museum, 1915.

Laszlo, Ervin. *The Akashic Experience: Science and the Cosmic Memory Field*. Rochester, Vt.: Inner Traditions, 2009.

_____. *Science and the Akashic Field: An Integral Theory of Everything*. Rochester, Vt.: Inner Traditions, 2007.

Laszlo, Ervin, Stanislav Grof e Peter Russel. *The Consciouness Revolution*. Las egas, Nev.: Elf Rock Productions, 2003.

Leibniz, Gottfried. *Discourse on Metaphysics and Other Essays*. Indianápolis, Ind.: Hacett Publishing, Co., 1991.

Lemaire, Gerda. *The Creation of Patriarchy*. New York: Oxford University Press, 1986.

Lewin, Isaac. "*The Psychological Theory of Dreams in the Bible*"; Journal of Psychology and Judaism 10 (1983): 73-88.

Lovelock, James. *The Ages of Gaia*. New York: Bantam Books, 1990.

Margulis, Lynn e Dorion Sagan. Microcosmos: *Four Billion Years of Evolution from Our Microbial Ancestors*. New York: Simon and Shuster/ Summit Books, 1986.

Markale, Jean. *Carnac et L'énigme de l'Atlantide*. Paris, França: Pygmalion/ Watelet, 1987.

_____. *The Druids: Celtic Priests of Nature*. Rochester, Vt.: Inner Traditions, 1999.

Marrs, Jim. *Our Occulted History: Do the Global Elite Conceal Ancient Aliens?* New York: William Morrow, 2013.

Mead, George R. S., trans. *Thrice- Greatest Hermes*, Volume 2. Corpus Hermeticum V. (VI.) "Though Unmanifest God is Most Manifest". www.gnosis.org/library/grs-mead/TGH-v2/th211.html.

Ménard, Louis, trans. *Hermès Trismégiste*. Paris, França: Guy Trédaniel/Ed. de la Maisnie, 1977, 2004.

Mercer, S. A. B., trans. *The Pyramid Texts*. 4 volumes. New York: Longmans, Green and Co., 1952.

Merkur, Daniel. "The Prophecies of Jeremiah". *American Imago* 42 (1985): 1-37.

_____. "Psychotherapeutic Change in the Book of Job". In Ellens, *Psychology and the Bible*, volume 2, 119-40.

Miles, Jack. *God, a Biography*. New York: Knopf, 1995

Miller, David. "*Attacks on Christendom*". In Stein and Moore, *Jung's Challenge to Contemporary Religion*.

Mishlove, Jeffrey. *The Roots of Consciouness*. New York: Marlowe and Co., 1997.

Narby, Jeremy. *The Cosmic Serpent: DNA and the Origins of Knowledge*. New York: Tarcher/Putnam, 1999.

Pagels, Elaine. *Adam, Eve, and the Serpent*. New York: Vintage Books/Random House, 1989.

_____. *The Gnostic Gospels*. New York: Vintage Books/Random House, 1989.

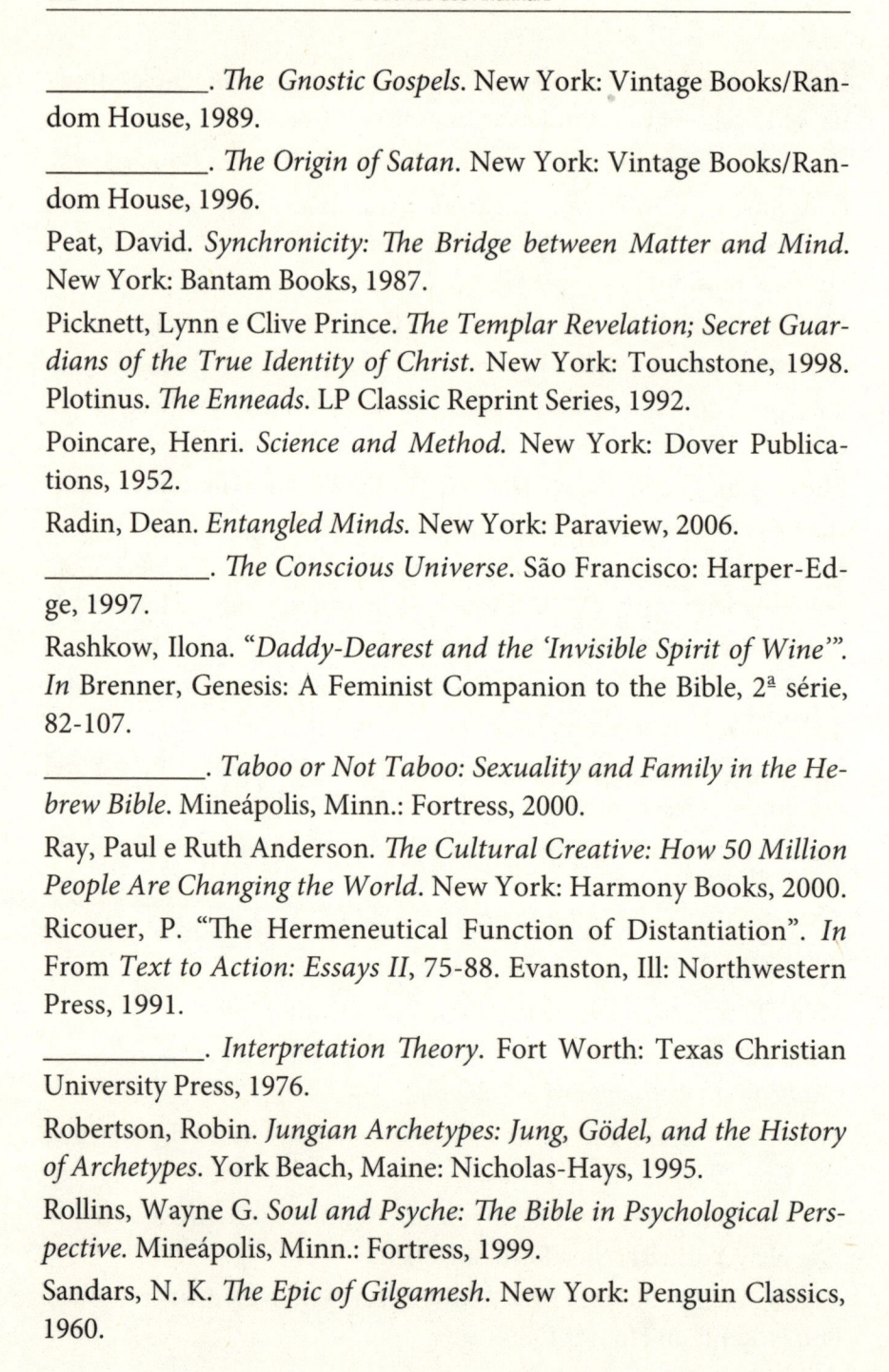

_____. *The Origin of Satan*. New York: Vintage Books/Random House, 1996.

Peat, David. *Synchronicity: The Bridge between Matter and Mind*. New York: Bantam Books, 1987.

Picknett, Lynn e Clive Prince. *The Templar Revelation; Secret Guardians of the True Identity of Christ*. New York: Touchstone, 1998.

Plotinus. *The Enneads*. LP Classic Reprint Series, 1992.

Poincare, Henri. *Science and Method*. New York: Dover Publications, 1952.

Radin, Dean. *Entangled Minds*. New York: Paraview, 2006.

_____. *The Conscious Universe*. São Francisco: Harper-Edge, 1997.

Rashkow, Ilona. "Daddy-Dearest and the 'Invisible Spirit of Wine'". *In* Brenner, Genesis: A Feminist Companion to the Bible, 2ª série, 82-107.

_____. *Taboo or Not Taboo: Sexuality and Family in the Hebrew Bible*. Mineápolis, Minn.: Fortress, 2000.

Ray, Paul e Ruth Anderson. *The Cultural Creative: How 50 Million People Are Changing the World*. New York: Harmony Books, 2000.

Ricouer, P. "The Hermeneutical Function of Distantiation". *In* From *Text to Action: Essays II*, 75-88. Evanston, Ill: Northwestern Press, 1991.

_____. *Interpretation Theory*. Fort Worth: Texas Christian University Press, 1976.

Robertson, Robin. *Jungian Archetypes: Jung, Gödel, and the History of Archetypes*. York Beach, Maine: Nicholas-Hays, 1995.

Rollins, Wayne G. *Soul and Psyche: The Bible in Psychological Perspective*. Mineápolis, Minn.: Fortress, 1999.

Sandars, N. K. *The Epic of Gilgamesh*. New York: Penguin Classics, 1960.

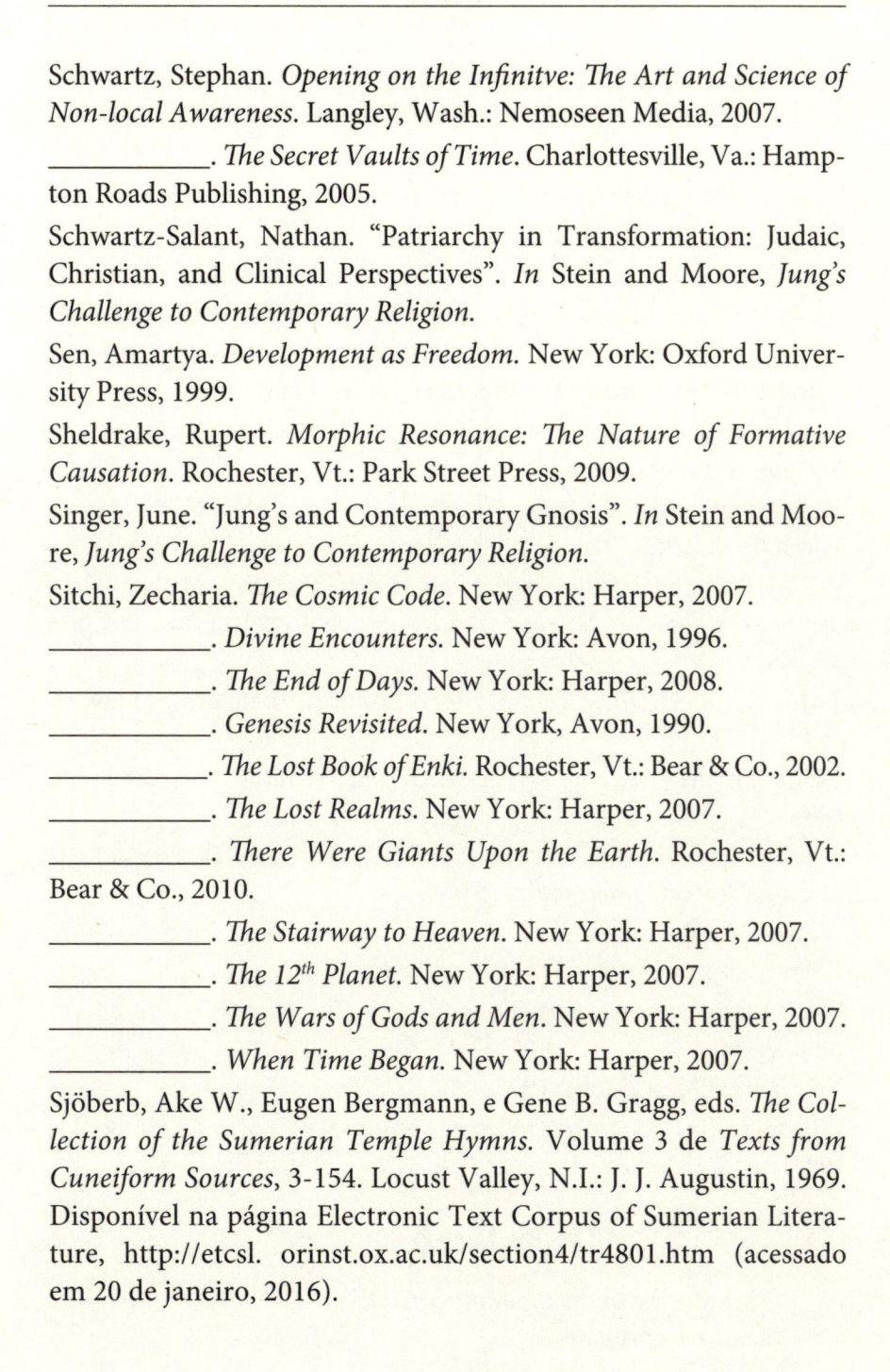

Schwartz, Stephan. *Opening on the Infinitve: The Art and Science of Non-local Awareness*. Langley, Wash.: Nemoseen Media, 2007.

_____. *The Secret Vaults of Time*. Charlottesville, Va.: Hampton Roads Publishing, 2005.

Schwartz-Salant, Nathan. "Patriarchy in Transformation: Judaic, Christian, and Clinical Perspectives". *In* Stein and Moore, *Jung's Challenge to Contemporary Religion*.

Sen, Amartya. *Development as Freedom*. New York: Oxford University Press, 1999.

Sheldrake, Rupert. *Morphic Resonance: The Nature of Formative Causation*. Rochester, Vt.: Park Street Press, 2009.

Singer, June. "Jung's and Contemporary Gnosis". *In* Stein and Moore, *Jung's Challenge to Contemporary Religion*.

Sitchi, Zecharia. *The Cosmic Code*. New York: Harper, 2007.

_____. *Divine Encounters*. New York: Avon, 1996.

_____. *The End of Days*. New York: Harper, 2008.

_____. *Genesis Revisited*. New York, Avon, 1990.

_____. *The Lost Book of Enki*. Rochester, Vt.: Bear & Co., 2002.

_____. *The Lost Realms*. New York: Harper, 2007.

_____. *There Were Giants Upon the Earth*. Rochester, Vt.: Bear & Co., 2010.

_____. *The Stairway to Heaven*. New York: Harper, 2007.

_____. *The 12th Planet*. New York: Harper, 2007.

_____. *The Wars of Gods and Men*. New York: Harper, 2007.

_____. *When Time Began*. New York: Harper, 2007.

Sjöberb, Ake W., Eugen Bergmann, e Gene B. Gragg, eds. *The Collection of the Sumerian Temple Hymns*. Volume 3 de *Texts from Cuneiform Sources*, 3-154. Locust Valley, N.I.: J. J. Augustin, 1969. Disponível na página Electronic Text Corpus of Sumerian Literature, http://etcsl. orinst.ox.ac.uk/section4/tr4801.htm (acessado em 20 de janeiro, 2016).

Smith, George. *The Chaldean Account of Genesis.* Londres, Inglaterra: Sampson Law, et al, 1876. Reedição de Nau Public Domain Reprints.

Disponível em http://sacred-texts.com/ane/caog/index;htm (acessado em 20 de janeiro de 2016).

Stein, Murray. "Jung's Green Christ: A Healing Symbol for Chritianity". *In* Stein and Moore, *Jung's Challenge to Contemporary Religion.*

_____. *Jung's Treatment of Chritianity: The Psychotherapy of a Religious Tradition.* Wilmette, Ill.: Chiron, 1985.

Stein, Murray e Robert L. Moore. *Jung's Challenge to Contemporary Religion.* Wilmette Ill.: Chiron, 1987.

Teilhard de Chardin, Pierre. *Phenomeno of Man.* New York: Harper Torch Book, 1965.

Tellinger, Michael. *Slave Species of the Gods: The Secret History of the Anunnaki and Their Mission on Earth.* Rochester, Vt.: Bear & Coo., 2012.

Temple, Robert. *The Sirius Mystery.* Londres, Inglaterra: Sidgwick and Jackson, 1976.

Trible, Phyllis. *Texts of Terror.* Mineápolis, Minn.: Fortress Press, 1984.

Waite, Arthur Edward, ed. *Hermetic and Alchemical Writings of Paracelsus.* Boston: Shambhala, 1976.

Waters, Frank. *The Book of the Hopi.* New York: Viking/Penguin, 1963.

West, John Anthony. *Serpent in the Sky: The High Wisdom of Ancient Egypt.*
New York: Quest Books, 1993.

Wilson, Colin. *From Atlantis to the Sphinx.* New York: Virgin Books, 1997.

Tábuas Mesopotâmicas

Creation of Man by the Mother Goddess
The Curse of Agade
Epic of Creation (Enuma Elish)

Epic of Gilgamesh
Epic of Etana
Erra Epic (Erra Epos)
The Exaltation of Inanna
Hymn to Enlil the All-Beneficent
Hymn to Eridu
Inanna's Descent to the Underworld
Khedorlaomer Texts
Kingship in Heaven
The Kutchean Legend of Naram-Sin
Myths of Enki
The Myth of the Pickax
The Myth of Zu
Tale of Adapa (Generations of Adapa)
Tales of the Magicians
Text CT-XVI, 44-6
Tet K-3657, primeira tradução de George Smith; retraduzido por W. S. C. Boscawen
Text K-5001, em *Oxford Editions of Cuneiform Texts*, volume 6.
When the Gods as Men

Apócrifo Judaico

O Livro de Enoque
O Livro dos Jubileus

Apócrifo cristão/Textos Nag Hammadi

The Authoritative Teaching (traduzido por George W. MacRae). Disponível em http://gnosis.org/naghamm/autho.html (acessado em 27 de fevereiro de 2016).

The Gnostic Society Library (website). Index of Nag Hamadi texts (traduções *on-line*) Index. www.gnosis.org/naghamm/nhlapha.html (acessado em 27 de fevereiro de 2016).

The Gospel of Mary. Disponível em www.gnosis.org/library/mary-gosp.htm

The Gospel of Philip (traduzido por Marvin Meyer). Disponível em http://gnosis.org/naghamm/GPhilip-Meyer.html (acessado em 27 de fevereiro de 2016).

The Gospel of Thomas (traduzido por Thomas O. Lambdin). Disponível em www.gnosis.org/naghamm/gthlamb.html (acessado em 27 de fevereiro de 2016).

Hypotasis of the Archons: Veja The Reality of the Rulers.

Library Codices: Índice de todos os 52 textos Nag Hammadi. Inclui os Evangelhos gnósticos. Disponível em The Gnostic Society Library, http://gnosis.org/naghamm/nhlcodex.html (acessado em 7 de setembro de 2013).

The Nag Hammadi Library in English. Editado por James M. Robinson, São Francisco: HarperCollins, 1990 (edição revisada; 1ª publicação, 1977).

The Nag Hammadi Texts. Versão integral da pesquisa em inglês e francês, em Laval University Quebec, www.naghammdi.org/traductions/traductions.aspx?lang=eng (acessado em 7 de setembro de 2013).

The Reality of the Rulers (The Hypostasis of the Archons) (traduzido por Willis Barnstone e Marvin Meyer). Disponível em http://gnosis.org/naghamm/Hypostas-Barnstone.html (acessado em 27 de fevereiro de 2016).

The Secret Book of John (The Apocryphon of John) (traduzido por Stevan Davies). Disponível em www.gnosis.org/naghamm/apocjn-davies.html (acessado em 27 de fevereiro de 2016).

The Sophia of Jesus Christ (traduzido por Douglas M. Parrott). Disponível em www.gnosis.org/naghamm/sjc.html (acesssado em 27 de fevereiro de 2016).

The Thunder, Perfect Mind (traduzido por George W. MacRae). Disponível em www.gnosis.org/naghamm/thunder.html (acessado em 27 de fevereiro de 2016).

Writing Without Title. Text NH II, 5; XIII, 2. Nos textos Nag Hammadi. Pesquisa Integral de Louis Painchaud em francês, na Laval University Québec, www.naghammadi.org/traductions/textes/ecrit_sans_titre.asp (acessado em 7 de setembro de 2013).

Nota do Editor

A Madras Editora não participa, endossa ou tem qualquer autoridade ou responsabilidade no que diz respeito a transações particulares de negócio entre o autor e o público.

Quaisquer referências de internet contidas neste trabalho são as atuais, no momento de sua publicação, mas o editor não pode garantir que a localização específica será mantida.

Sobre a Autora

Teorista de sistemas e cientista cognitiva, Ph.D. em antrolopogia psicológica e pesquisadora nos Laboratórios Psicofísicos de pesquisa de Princeton, Chris H. Hardy passou as últimas duas décadas investigando consciência não local e potenciais estimulantes da mente. Autora de mais de 60 dissertações e 17 livros no campo dos temas científicos, bem como autora facilitadora em *workshops*.

Em seu livro *Networks of Meaning: A Bridge Between Mind and Matter*, Hardy desenvolveu uma teoria cognitiva, constituindo uma consciência não local, da qual o professor e autor Allan Leslie Combs diz, "Esse livro pode muito bem ser o primeiro passo para uma compreensão totalmente nova e profundamente humana da mente". Recentemente, ela expandiu o tema em uma teoria cosmológica, postulando a consciência como uma teia cósmica em *Cosmic DNA at the Origins*.

Hardy passa muito tempo viajando e explorando várias culturas e sistemas de conhecimento, e tem aguçado interesse pelas religiões orientais, xamanismo e esoterismo. Ela se apresenta com regularidade em diversas conferências internacionais e é membro de várias sociedades científicas que exploram teoria de sistemas, teoria do caos, parapsicologia, estudos da consciência e o novo paradigma mente-matéria na física.

Para mais informações (p. ex. dados sobre a historicidade das tábuas sumérias, descobertas astronômicas recentes que apoiam os dados da Suméria, etc.), visite seu *blog* em http://chris-h-hardy-dna-of-the-gods.blogspot.fr.

Índice Remissivo

A

Abel (Abel) 14, 57, 58, 76
Abraão 58, 60, 81, 82, 85, 87, 112, 172, 173, 175, 177, 210, 222, 226, 227, 228, 233, 243, 244, 245, 252
Abzu (África) 31, 32, 35, 36, 39, 50, 52, 54, 68, 71, 72, 104, 105, 106, 120, 121, 122, 151, 152, 155, 230
Adão (Adâmico)/Adapa/Adamu 14, 18, 31, 33, 38, 39, 54, 83, 88, 90, 91, 96, 97, 122, 125, 126, 129, 167, 240, 251
Água da Vida 45, 47, 48
Alalu 30, 42, 43, 50, 64, 75, 105, 185, 198, 258
Alto Sacerdote/Sacerdotisa 53, 99, 158, 172, 210, 222, 227, 230, 232, 233, 235, 239, 240, 241, 242, 243, 252
Amar-Sin 175, 209
Ankh 124
Apócrifa 255, 276
Ararat 81, 128, 135, 146, 150, 152
Árvore da Vida 45, 46, 47, 48, 49, 102, 126, 129, 167
Árvore do Conhecimento (bíblica) 37, 39, 45, 125, 141, 143, 278, 279,
  na Sumérica 37, 39, 45, 124, 125, 141, 143
Asherah 83, 84, 86
Atrahasis 42, 131, 133, 136, 146, 270

B

Baalbek 63, 149, 152, 155
Babilônia 13, 41, 51, 80, 97, 98, 101, 102, 103, 111, 112, 118, 150, 151, 159, 160, 161, 162, 163, 165, 166, 168, 169, 173, 174, 175, 176, 178, 179, 185, 188, 193, 194, 196, 205, 226, 248, 250, 253
Base 279, 280
  controle 23, 26, 63, 119, 151, 155, 157, 158, 161, 169, 180, 183, 198, 208, 279, 280
  nave 12, 139, 146, 154, 156, 279, 280
  porto 21, 26, 50, 51, 75, 97, 99, 101, 151, 152, 188, 205, 221, 227, 239, 242, 254, 256
Bem/Mal 87, 88, 94, 163
Beroso 27, 118, 149, 150, 159, 161
Buzur (Enki) 34, 123

C

Caim/Kain 54, 57, 76
Camadas (no texto). Veja também teoriia do campo semântico 7, 248
Campos semânticos 142, 162, 254, 257
  e Hardy, C. 3, 4, 9 13, 14, 15, 266, 278
  Teoria dos 142, 162, 254, 257,
  Teoria dos/e a Gênese 142, 162, 254, 257
Conhecimento. Veja Árvore do Conhecimento 37, 39, 45, 124, 125, 141, 143, 183
Corpus Hermeticum (Hermes) 100, 267, 271
Crítica bíblica psicológica 25, 28, 29
Crítica bíblica. Veja também crítica b[íblica psicológica 239
Cruz 30, 31, 38, 47, 92,
  da Criação 33, 43, 84, 88
  de Ágade 127, 250
  de Enlil. Veja também Sala Dirga 30, 31, 38, 47, 92

D

Demiurgo 38
Demônio. Veja também Satã 257
Deus Criador 142
Disco Alado 30, 102, 139
Dumuzi 53, 72, 73, 74
Duranki. Veja também Vínculo Céu-Terra 63, 71

E

Eanna 44
EI (Estrutura Informacional) 81, 125, 126, 128, 129, 163, 164, 167, 206, 209, 212, 238, 249, 251, 252, 257
Ekur 22, 62, 71, 118, 148, 158, 178, 180, 186, 198, 224
Elohim 80, 82, 83, 129, 233, 253, 256
EM (Estrutura Moralista) 81, 125, 126, 128, 129, 163, 165, 166, 167, 168, 206, 209, 212, 216, 249, 250, 251, 252, 253, 256
Enki como 15, 16, 18, 21, 22, 24, 26, 27, 30, 31, 32, 33, 34, 35, 36, 37, 39, 40, 42, 44, 45, 50, 51, 52, 53, 54, 55, 62, 64, 66, 67, 68, 74, 75, 76, 85, 97, 104, 105, 106, 117, 121, 122, 123, 124, 127, 128, 129, 130, 131, 132, 133, 134, 135, 136, 137, 141, 144, 145, 147, 148, 149, 150, 151, 152, 154, 155, 156, 157, 158, 160, 161, 168, 174, 175, 179, 180, 181, 183, 184, 185, 186, 187, 191, 193, 197, 202, 206, 208, 210, 231, 239, 242, 248, 258, 260, 269, 273, 275
  como Instrutor/Sofia 37, 38, 84, 85, 91, 92, 181
  como Satã 15, 16, 18, 21, 22, 24, 26, 27, 30, 31, 32, 33, 34, 35, 36, 37, 39, 40, 42, 44, 45, 50, 51, 52, 53, 54, 55, 62, 64, 66, 67, 68, 74, 75, 76, 85, 97, 104, 105, 106, 117, 121, 122, 123, 124, 127, 128, 129, 130, 131, 132, 133, 134, 135, 136, 137, 141, 144, 145, 147, 148, 149, 150, 151, 152, 154, 155, 156, 157, 158, 160, 161, 168, 174, 175, 179, 180, 181, 183, 184, 185, 186, 187, 191, 193, 197, 202, 206, 208, 210, 231, 239, 242, 248, 258, 260, 269, 273, 275
Enlil. Ver Sala Dirga 7, 14, 15, 22, 24, 26, 27, 32, 33, 36, 37, 39, 41, 44, 50, 52, 53, 57, 63, 64, 65, 66, 68, 69, 70, 71, 74, 75, 79, 84,

85, 86, 96, 97, 98, 104, 105, 106, 107, 112, 113, 116, 117, 118, 119, 120, 121, 122, 125, 127, 128, 130, 131, 132, 133, 134, 135, 136, 137, 140, 141, 143, 144, 147, 148, 149, 152, 154, 155, 156, 157, 158, 159, 160, 161, 162, 164, 165, 166, 167, 168, 169, 170, 171, 172, 173, 174, 175, 176, 177, 178, 179, 180, 181, 182, 183, 184, 185, 186, 187, 188, 189, 192, 196, 198, 199, 201, 205, 206, 207, 208, 210, 214, 215, 222, 224, 225, 227, 230, 231, 232, 233, 238, 239, 241, 243, 248, 249, 250, 251, 252, 253, 255, 256, 258, 260, 275
Enoque 18, 85, 251, 255, 276
Enuma Elish. Veja também Épico da Criação 275
Épico 40, 43, 48, 67, 158, 173, 179, 182, 186, 188, 189, 248
Ereshkigal 68, 168
Eridu 33, 35, 39, 40, 66, 104, 117, 133, 148, 154, 155, 162, 193, 275
  sábios de 33, 35, 39, 40, 66, 104, 117, 133, 148, 154, 155, 162, 193, 275
Erra Epos 23, 151, 161, 248, 275,
  de Etana 40, 67, 158, 248, 275
  da Criação 33, 43, 84, 88
  de Gilgamesh 23, 151, 161, 248, 275
Esagil 51, 112, 151, 161, 162, 168, 169, 179, 180, 193
  de Ninmah, no Sinai; na África. Veja também Baalbek 51, 112, 151, 161, 162, 168, 169, 179, 180, 193
Essência da Vida (DNA) 32, 41, 152
Eufrates 172, 194, 212
Evangelho 37, 39, 89, 242
  de João 37, 39, 89, 91, 113
  de Maria 37, 39, 89, 242

F

Felicidade (ananda) 107

G

Gênesis (Livro de) 7, 14, 16, 24, 25, 27, 29, 33, 67, 79, 80, 159, 166, 212, 219, 224, 232, 248, 249, 252, 255, 257
  autoria 7, 14, 16, 24, 25, 27, 29, 33, 67, 79, 80, 159, 166, 212, 219, 224, 232, 248, 249, 252, 255, 257

Gilgamesh (Rei) 48, 49, 272, 275
Gizé. Veja também Ekur 22, 62, 156
Grande Deusa (desusa mãe) 22, 35, 84, 86
  do Vale do Indo 22, 35, 84, 86

H

Hermes (Tot) 18, 22, 26, 35, 36, 43, 69, 92, 100, 113, 114, 115, 116, 149, 155, 183, 201, 260, 267, 271
  e Corpus Herneticum 18, 22, 26, 35, 36, 43, 69, 92, 100, 113, 114, 115, 116, 149, 155, 183, 201, 260, 267, 271
Hipóstase dos Arcontes 84, 181
História (versus mito) 4, 83
Hitita (Terra Hatti) 102
Homem-Águia 283
Homo erectus 14, 32, 54, 123
Homo sapiens 66, 76, 149
Hórus 69, 102, 155, 158

I

IA (inteligência artificial) 56
Igigi (astronauta) 21, 50, 63, 64, 105, 118, 130, 138, 152, 156, 169, 188, 190, 205, 206
Imortalidade. Veja também Árvore da Vida 45, 51, 141, 143, 149
Inanna 18, 22, 26, 35, 41, 43, 48, 62, 68, 69, 70, 72, 73 98, 105, 112, 127, 141, 148, 152, 158, 160, 168, 175, 177, 178, 185, 186, 192, 197, 201, 202, 207, 209, 210, 224, 226, 227, 239, 250, 265, 275
  e Ágade 127, 250
  como astronauta 18, 22, 26, 35, 41, 43, 48, 62, 68, 69, 70, 72, 73, 98, 105, 112, 127, 141, 148, 152, 158, 160, 162, 168, 175, 177, 178, 185, 186, 192, 197, 201, 202, 207, 209, 210, 224, 226, 227, 239, 250, 265, 275
Inquisição 26, 70, 89, 90, 95
Ira (deus) 107
  e a Bíblia 107
Irineu 84
Ísis 35, 158, 254

J

Jerusalém 80, 86, 103, 148, 155, 177, 227, 231
Job (livro de) 268, 271
  e Jung 267, 271
Juiz (júri) 211, 214
Jung, Carl 26, 60, 77, 84, 87, 88, 90, 92, 93, 95, 106, 108, 110, 111, 182, 263, 267, 268, 271, 272, 273, 274, 275
  e a imagem divina 26, 60, 77, 84, 87, 88, 90, 92, 93, 95, 106, 108, 110, 111, 182, 263, 266, 267, 268, 271, 272, 273

K

Kumarbi 49, 50, 64

L

Liberação, estado de 55
Lista de Reis 175
Logos/Cristo 38, 91
Lua (base no espaço). Veja também Marte (base em) 139, 151, 152, 157, 169

M

Maldição 7, 125, 127
  de Ágade 127, 250
  de Jerusalém 7, 125, 127
Marduk 12, 18, 21, 22, 24, 26, 27, 41, 49, 50, 51, 55, 64, 68, 70, 74, 76, 80, 97, 98, 101, 102, 103, 105, 112, 130, 141, 149, 151, 155, 156, 157, 158, 159, 160, 161, 162, 163, 164, 165, 166, 168, 169, 171, 173, 174, 175, 176, 177, 178, 179
  aprisionado 285
  casado com uma terráquea 44, 112, 132, 152, 168
  e Nergal 12, 18, 21, 22, 24, 26, 27, 41, 49, 50, 51, 55, 64, 68, 70, 74, 76, 80, 97, 98, 101, 102, 103, 105, 112, 130, 140, 149, 151, 155,

156, 157, 158, 159, 160, 161, 162, 163, 164, 165, 166, 168, 169, 171, 173, 174, 175, 176, 177, 178, 179, 180, 181, 185, 186, 187, 188, 193, 194, 196, 198, 204, 207, 208, 211, 226, 227, 231, 253
Maria Madalena 242, 256
Marte 19, 20, 21, 23, 50, 105, 118, 151, 152, 153, 154, 157, 169, 200, 204, 205, 259
Matusalém 128
ME 23, 24, 40, 51, 64, 65, 71, 144, 208, 224
Moksha. Veja também estado de liberação 116

N

Naga 34, 35
Nag Hammadi 276, 277
Narrador (Gênesis) 81, 251, 253, 255
Nefilim. Veja também igigi 18, 188
Nergal (Erra) 18, 24, 51, 68, 69, 105, 106, 112, 136, 151, 161, 173, 174, 175, 178, 179, 180, 181, 183, 184, 185, 186, 187, 188, 189, 190, 192, 196, 198, 199, 205, 207, 208, 215, 249, 251
Nibiru 13, 14, 18, 20, 24, 30, 31, 40, 42, 43, 44, 45, 50, 52, 54, 63, 66, 67, 71, 75, 102, 104, 105, 107, 111, 112, 117, 118, 120, 138, 139, 140, 142, 146, 148, 152, 153, 161, 169, 170, 179, 180, 199, 208, 223, 251
Ningishzidda. Veja também Hermes 55, 69, 130, 149, 152, 155, 157, 201, 208, 260
Nínive 98, 159, 160, 162, 165
Ninki 18, 31, 32, 105, 122, 160, 193
Ninmah 18, 26, 31, 32, 33, 34, 36, 37, 39, 40, 44, 52, 54, 55, 66, 67, 68, 84, 86, 105, 106, 117, 120, 121, 122, 130, 141, 144, 146, 148, 149, 152, 155, 156, 157, 158, 161, 162, 168, 192, 196, 260
Ninti (Deusa da Vida/Ninmah). Veja também Ninmah 33, 34, 86, 146
Noé (Ziusudra) 14, 15, 18, 27, 34, 40, 48, 49, 53, 74, 81, 85, 128, 131, 132, 135, 136, 145, 148, 149
Nuclear/armas nucleares 1, 3, 20, 262
  e Marte 19, 20, 21, 23, 50, 105, 118, 151, 152, 153, 154, 157, 169, 200, 204, 205, 259
  e Sodoma 1, 3, 20, 262

O

Olho de Hórus 102
Osíris 69, 158

P

Pássaro (avião). Veja também Águia Ormuzd 63, 102, 136, 156
Pecado 15, 58, 88
  e queda 286
  original 15, 58, 88
Pecado. Veja pecado original 15, 58, 88
Pecado (ver pecado: original) 15, 58, 88
Pirâmide 22, 148, 152
  Textos 69, 159, 178, 180, 191, 205, 226, 267, 275
  Guerra 4, 22, 152, 155, 158, 172, 175, 201, 209, 225, 229
  Veja também Ekur/Gizé 22, 148, 152, 158, 186, 196
Planeta da Travessia/Planeta Nômade (Nibiru) 18, 20, 30, 43, 102, 153
Porto 82, 97, 105, 148, 150, 152, 155, 156, 161, 176, 177, 184, 186, 187, 188, 189, 190, 198, 205, 206, 207, 215, 225, 226, 227, 231, 234
Previsão. Veja também predição 110
Psi 267
Psique (alma) 29

R

Radiância 72
Rá (Marduk) 12, 18, 155, 156, 158, 160, 161, 162, 175
Rei, Rainha. Ver Naga 11, 14, 30, 35, 44, 47, 49, 50, 52, 64, 68, 70, 75, 92, 103, 104, 105, 107, 111, 117, 118, 119, 135, 141, 143, 149, 160, 171, 172, 173, 175, 176, 177, 178, 182, 199, 214, 224, 226, 253
  Veja também Serpente; Hermes 11, 14, 30, 35, 44, 47, 49, 50, 52, 64, 68, 70, 75, 92, 103, 104, 105, 107, 111, 117, 118, 119, 135, 141, 143, 149, 160, 171, 172, 173, 175, 176, 177, 178, 182, 199, 214, 224, 226, 253

S

Sabedoria/Sofia 37, 38, 84, 91, 92, 123, 183
Sábios de 40, 66
Satã. Veja também Serpente 33, 257
Sefirot 45, 46
Self (Jung) 26, 266, 268
Serpente 15, 33, 34, 35, 37, 38, 39, 91, 122, 127, 145, 248, 257
Shakti 85
Shiva 34, 35, 101
Sin/Nannar 18, 43, 68, 101, 102, 136, 175, 176, 205, 209, 210, 225, 267, 275
Sodoma 7, 14, 29, 81, 82, 83, 163, 172, 175, 177, 179, 189, 197, 209, 210, 211, 212, 213, 214, 215, 217, 218, 219, 221, 222, 225, 226, 227, 228, 229, 230, 231, 233, 237, 238, 239, 240, 241, 245, 247
  e Lot 29, 81, 172, 173, 176, 177, 211, 212, 214, 215, 216, 217, 218, 219, 220, 221, 222, 225, 227, 228, 229, 230, 231, 232, 233, 234, 235, 236, 237, 238, 239, 240, 241, 243, 244, 246, 247, 250, 251, 257, 258
  contagem sunérica 7, 14, 29, 81, 82, 83, 163, 172, 175, 177, 179, 189, 197, 209, 210, 211, 212, 213, 214, 215, 217, 218, 219, 221, 222, 225, 226, 227, 228, 229, 230, 231, 233, 237, 238, 239, 240, 241, 245, 247

T

Tábua dos Destinos 62, 63, 64
Tábuas, lista de 51, 275
Templários 90
Templo 80, 103, 138
Tiamat/Eva 18, 31, 32, 36, 37, 39, 43, 55, 66, 122, 123, 124
Torre de Babel 14, 27, 97, 112, 158, 159, 162, 166, 167, 175, 204, 248, 250, 251
Trovão, Mente Perfeita 91

U

Uruk. Veja Ereque 191, 192

V

Vale do Indo 21, 22, 23, 39, 119, 158, 200, 201, 202, 204, 259
Vida (filha de Sofia) 32, 33, 41, 45, 46, 47, 48, 49, 84, 86, 89, 102, 126, 129, 141, 151, 152, 167
Vida (hayya/Eva) 32, 33, 41, 45, 46, 47, 48, 49, 84, 86, 89, 102, 126, 129, 141, 151, 152, 167
Vimana 203
Vínculo Céu-Terra (Duranki) 63, 71, 118, 158, 161, 162, 180, 258

Y

Yantra 202

Z

Ziusudra (Noé/Atra Hasis/Atrahasis) 14, 15, 27, 34, 40, 48, 53, 54, 74, 75, 97, 128, 131, 135, 145, 147, 148, 150, 151, 156
  Veja também Noé 14, 15, 27, 34, 40, 48, 53, 54, 74, 75, 97, 128, 131, 135, 145, 147, 148, 150, 151, 156
Zu 62, 64, 65, 275